彭林 主编

朱軾全集

第七册 駁呂留良四書講義

復旦大學出版社

本册總目

駁呂留良四書講義

邵逝夫 整理

整理説明

孔、顔、曾、思、孟五聖之學，盡在四書，此儒門歷來之共識。自二程夫子表彰四書，朱子窮盡畢生心力撰成四書章句集注，後世儒者無不於四書竭心研習，而又莫不以程朱爲歸，唯有明陽明先生獨駁朱子之學，一時良知之學盛行天下。時至明末清初，朱子學復又興起，於是，執朱學以駁王學者，層出不窮。其間激昂武斷者，又無過乎吕晚村。晚村一生從事朱學，以評選時文、刊行理學文字著稱，且勤於講學、撰述，其遺留文字，經今人俞國林整理爲全集十册，其中之代表則爲四書講義。晚村作文，往往豪氣干雲，敢於直言；與人辯解，常常咄咄逼人，不留餘地。唯其得勢不讓，故而言辭汗漫多雜，時有自相矛盾之處，令人讀之頗覺其累。亦因其孤絶耿直，拒不與清廷合作，身後乃不免於剖棺戮屍，殃及親友之結局。晚村之遭遇，令人悲憤痛惜。然晚村之學，著實混沌，泥沙俱下，讀之者若無定識，勢必爲之所亂。其本乎伊川夫子「吾儒本天，異端本心」一語，文中處處與二氏作梗，此尚並無大病。尤不可喻者，竟視象山、陽明若洪水猛獸，直判爲附佛外道，動輒竭盡所能，謾駡相加。大學士兼吏部尚書朱軾等奉雍正帝授意，撰駁吕留良四書講義七卷（雍正帝雖於示諭中全然撇清干係，然明白人一觀即明，此實帝王權術耳)，於四書講義中擇取臆度、偏頗、過激、汗漫之言，逐條辨析，一一駁斥，雖不能説盡得程朱要領，然於晚村之説則不無糾偏之效。且晚村自負程朱之學，朱軾等又據以程朱之學而駁之，於此一正一反之間，甚可體量程朱學之真味。就此亦可謂本書爲四書學諸多著述中之一特殊者，讀者但能沉心讀之，或可有意外之收益。至若續修四庫全書總目提要稱此書「大都膚末之論，意在逢迎而已」，則又過矣。平心而論，書中誠不免「逢迎」之處，然言及心性義理處，確是精義迭出，無違乎理學宗旨，實非「膚末之論」耳！

此次整理，以清雍正十一年刻本爲底本，參以中華本四書講義、四書章句集註、朱子語類等。底本尚屬精良，錯訛極少，少許漏刻誤刻處，亦已一一補全糾正。當然，限於本人學力，其中必有諸不妥處，尚祈方家教正爲謝！

庚子秋日，邵逝夫于淮賓。

雍正九年十二月十六日，奉上諭：

逆賊吕留良以批評時藝，託名講學，海内士子尊崇其著述，非一日矣。今罪蹟昭彰，普天共憤，内外臣工咸以罪犯私著之書急宜焚燬爲請，朕以爲從來無悖逆之大儒，以吕留良之奸邪，即令學問淹貫、文辭雅馴，而身蹈悖逆之行，口談聖賢之言，言行不符之小人，其所著之書，尚足令人尊信乎？若因其人可誅而謂其書宜燬，燬之固未必能盡，即燬之而絶，無留遺天下，後世更何從窺其底藴，而辨其道學之真僞乎？以故燬書之議概未允行。頃者，翰林顧成天奏稱吕留良所刊四書講義、語録等書粗浮淺鄙，毫無發明，宜敕學臣曉諭多士，勿惑於邪説，爰命在廷儒臣詳加檢閲，兹據大學士朱軾等於其講義、語録逐條摘駁，纂輯成帙，呈請刊刻，徧頒學宫。朕以逆賊所犯者，朝廷之大法也；諸臣所駁者，章句之末學也。朕惟秉至公以執法，而於著書者之爲醇爲疵，與駁書者之或是或非，悉聽天下之公論、後世之公評，朕皆置之不問也。大學士朱軾等既請刊刻，頒布學宫，俾遠近寡識之士子不至溺於邪説。朕思此請亦屬可行，姑從之，以俟天下後世之讀書者。特諭。

雍正九年十二月十四日，文華殿大學士兼吏部尚書臣朱軾、禮部右侍郎臣吴襄等謹奏：

爲崇正闢邪，以端學術，以覺愚蒙事，雍正九年三月二十五日，翰林院編修顧成天奏稱逆賊吕留良悖逆之罪，擢髪莫數，普天之下，苟明大義者，無不切齒痛恨。惟是逆賊少年狎邪、傾巧鷙悍、考試劣等，後遂批點時文，刊販書籍，借講學沽名，即借講學媒利，動輒高自位置、毁詆前人，蔑視時輩，而寡見淺聞之流轉相附和。論語言：「色取仁而行違，居之不疑，邦家必聞。」正斯人也。臣細觀其所著講義、語録等書，粗浮淺鄙，毫無發明，徒一味咆哮，聳人觀聽，竭其伎倆，不過以蓋其回邪，而庸耳俗目見其大言不怍，尊信愈深。臣愚以爲覺天下萬世人心之迷，尤當正天下萬世學術之誤。仰請皇上特賜派員查閲，將吕留良書中剿襲儒先及議論悖謬、引據舛訛之處，一一根究原委，詳悉辨明。

敕下直省學臣徧示多士，俾知其筆舌之妄，由其學術之僞；學術之僞，由其心術之邪。出此入彼，不容並立，則是非明而學術正，謹庠序之教，即在於此矣。

等因奉旨着朱軾、吴襄總閲，方苞、吴龍應、顧成天、曹一士查閲，欽此。欽遵臣等隨將逆賊吕留良所著四書講義、語録諸書通行查閲。按：其議論妄誕支離，搜厥根原，粗疏鄙倍。總由逆賊以毫無底藴之學，肆其毫無忌憚之言，剿襲程朱，實與程朱繆戾；援引經傳，每與經傳舛訛。臣等根究原委，逐條摘駁，狂談臆説敗露無餘。謹抄録成帙，恭呈御覽，伏乞皇上睿鑒。敕令刊布直省學宫，俾僻遠寡識之士子不至溺於邪説，於學術人心甚有裨益，臣等謹奏。

目録

下論

師冕見章……………………（二六〇）
孔子曰「天下有道」章……………（二六一）
孔子曰「益者三樂」章……………（二六二）
子曰「性相近也」章………………（二六三）
子張問仁於孔子章………………（二六四）
子謂伯魚曰章……………………（二六五）
齊人歸女樂章……………………（二六五）
長沮桀溺章………………………（二六六）
子夏曰「博學而篤志」章…………（二六七）
子游曰「子夏之門人小子」章……（二六八）
子夏曰「仕而優則學」章…………（二六九）
衛公孫朝章………………………（二七〇）
堯曰「咨」章………………………（二七二）
子曰「不知命」章…………………（二七三）

上孟……………………………（二七四）
孟子見梁惠王章…………………（二七四）
梁惠王曰「寡人之於國也」章……（二七七）
梁惠王曰「晉國天下莫强焉」章
……………………………………（二七九）
孟子見梁襄王章…………………（二八〇）
齊宣王問曰「齊桓晉文之事」章
……………………………………（二八一）
齊宣王見孟子於雪宫章…………（二八三）
齊宣王問曰「人皆謂我毁明堂」章
……………………………………（二八四）
孟子見齊宣王曰「所謂故國者」章
……………………………………（二八六）
滕文公問曰「滕小國也」章………（二八八）
公孫丑問曰「夫子加齊之卿相」章
……………………………………（二八九）

下孟上……（三二二）

大學

聖經

呂留良云：「大學無重心義，以其本天也，盡心只可當知至，存心只可當正心，不可以該明、新也。單説心即本心之學，非聖學也。」

張子曰：「心，統性情者也。」朱子引孟子言仁之心、義之心，以證心統性之説；引孟子言惻隱之心、羞惡之心，以證心統情之説。是則性非他，即理之具於心而寂然不動者是也；情非他，即性之發於外而感而遂通者是也。寂然不動者，心之體也；感而遂通者，心之用也。留良乃謂「大學無重心之義，以其本天也。單説心即本心之學，非聖學也」，此迷謬之甚者。夫「聖人本天，釋氏本心」，其言出於伊川程子。所謂本心也者，佛書所云「三界惟心，萬法惟識。心生則種種法生，心滅則種種法滅」是也，彼以世界爲幻，萬事皆由心生，故曰本心；所謂本天也者，「惟天之命，於穆不已」，陰陽五行化生萬物，人得之則爲仁、義、禮、智之性，發之則爲惻隱、羞惡、辭讓、是非之情，施之則爲親、義、序、别、信之倫是也。萬理萬事皆以天爲本，故曰本天。二者固自不同。然所謂天者，理而已矣。理之具於心者，即其命於天者也。虞廷之傳心也曰：「人心惟危，道心惟微。」朱子謂「形骸上起底見識，便是人心；義理上起底見識，便是道心」，道心即明德也，道心微而人心危，此明德之所以待明也。惟精，即格致；惟一，即誠正也。西山真氏曰：「大舜十六字，開萬世心學之源，後之聖人更相授受，大抵教人守道心之正，而遏人心之流也。」是則聖聖相承之學，無非心學也。安得謂單言心便非聖學乎？若釋氏之本心，心其所心，非吾儒所謂心也。上蔡謝氏云：「釋氏所謂心，乃吾儒所謂意。意者，心之所發，有主張造作之義。彼所謂生滅由心者，皆意爲之也。」留良不辨釋氏認心之誤，乃以言心爲諱，至謂心不可言、德不可言學。其爲人心學術之害，不少也。

呂留良云：「至善，謂明明德、新民各有極至之則。止至善者，如學聖必孔子，而夷、惠非所由；治法必唐、虞、三代，而五伯、漢、唐不足效之謂也。」

留良謂「學聖必如孔子，治法必如唐、虞、三代」，此於止至善之義，只説得大概，與朱子集注或問之旨不符。注云：「至善，則事理當然之極也。」或問云：「是其所得於天，而見於日用之間，固已莫不各有一定之則。」何嘗專以造極歸宿之地爲言哉？蒙引曰：「止至善，就八條目言，須兼横説直説方是。以明德言，如能格物、致知矣，而或未能誠意、正心；能誠意、正心矣，猶或未能修身，則是明德未能止於至善也。然知之致、意之誠、心之正、身之修，一或少有苟且，而未能各造其極，使無一毫之遺憾焉，是亦未能止於至善也。新民之止於至善亦然。」此論最爲明晰。然横説中，又有横直二義。即如格一物必格到十分，如補傳所云：「因其已知之理而益窮之，以求至乎其極。」此直説也；即凡天下之物，莫不如是以格之，必至於「豁然貫通」乃爲至善。此横説也。蓋析言之，則一事一物莫不各有一至善；統言之，則事事物物之止於至善，即八條目之止於至善；八條目之止於至善，即明德、新民之止於至善也。今但云「學聖如孔子，治法如唐、虞、三代」，是專就歸宿之地言之也。苟不能於條目工夫處，隨事隨物求當然之極則而止之，欲「學聖如孔子，治法如唐、虞、三代」，安可得乎？

呂留良云：「上兩綱領知行並重，此一綱領却單重在知。至善只是難知，知得自然行得，行處只在上兩綱領内，不須更説。」又云：「知止一節，緊帖定第三句綱領説。有此一節，則此一綱領已了畢，以下八條目，只就上兩綱領中條析次第言之。雖止至善即在其中，然却不是此一綱領注脚，故知行並列也。」

經所謂止至善者，非於明、新之外，别有所謂至善。就明、新二者，各致其極而已。明德、新民，各有至善。至善先知而後行，是一串事。今留良謂「上兩綱領知行並重，此一綱領單重在知」，則是離至善之外，别有所謂明、新，而知行並重；離明、新之外，别有所謂至善，而單重在知也。謬乎？不謬乎？又謂「至善只是難知，知得自然行得」，語亦傷於易矣。夫知行二者，俱不可廢，未聞有偏重之説也。故朱子謂「以先後言之，則知爲先；以輕重言之，則行爲重」，此不易之論也。若如留良之説，則如尚書説命所云「非知之艱，行之維艱」者，又何謂耶？又謂「以下八條目，只就上兩綱領條析次第，不是止至善注脚」，夫聖經並列八條目，以詳著明德、新民之功，而止至善即在其中。如留良説，則八條目外，須另補一條目爲止至善之注脚而後可也。留良謂「知止一節，止至善綱領已了畢」，則似以此節爲止至善注脚也。然朱子云「物格知至，則知所止矣；意誠以下，則皆得所止之序也」，然則明德、新民注脚，不又已在知止一節内耶？大抵聖人之言，分而未嘗不合，合而未嘗不分，所以爲理一分殊之妙也。而留良拘文牽義，破碎支離。讀書若此，其自誤誤人，不亦甚哉！

呂留良云：「有謂『定、静、安、慮，是心學相因之妙』，曰：『天也，性也，理也，道也，皆可以言學，心獨不可以言學。心者，所以爲學之物，無以心爲學者。惟釋氏本心，以心爲盡頭，謂天、性、理、道皆出其下，故曰心學。凡言心學者，皆釋氏之見也。』」

虞廷人心道心危微之判，正是心學之奥；成湯以禮制心，文王小心翼翼，孔子從心所欲不踰矩，顔子之心不違仁，孟子言存心、言養心、言擴充仁義之心，聖賢何嘗不言心？但不是如釋氏，無事於心，無心於事，爲心學耳。若因此遂諱言心學二字，是因噎廢食也。

呂留良云：「心本無不正，緣意之不誠習熟，而本體亦有病，故正心傳謂『有所忿懥、恐懼、好樂、憂患，則不得其正』，心體上安有此四者之病？可知從意之習熟生來，故欲正先誠。心指渾全之體，意指其零星發動之端，猶中庸之未發、已發而有中、和之名，其實原非二物。」

誠意、正心，工夫雖相關，然所指各不同。誠意，是欲心之所發無一毫之不實；正心，是欲心之本體廓然大公，不爲外物所累。即以忿懥、好樂二者言之，喜則實喜，怒則實怒，如「見善如不及，見不善如探湯」，即是意之誠。若夫正心，則物來順應，可喜可怒在彼，而己無與焉。雖當喜怒時，此心常如明鏡止水，毫無渣滓，如定性書所謂「動亦定，静亦定」，方是正心界分也。所以誠意之功極緊要，正心之事極精微，分明有兩層工夫。若如留良之説，「心本無不正，皆由意之習熟使然」，則大學止言誠意足矣，又何用列正心條目乎？

呂留良云：「或云『誠是嚴於思慮未起之先，即居敬意』，曰：『思慮未起之先，無處用誠，居敬不是誠意事。』」

謂誠意不在思慮未起時則可，謂「思慮未起之先，無處用誠」，則大謬也。中庸言「不動而敬，不言而信」，及戒慎不覩、恐懼不聞，正言思慮未起工夫也。曷謂無處用誠耶？且伊川云：「未至於誠，必敬然後誠。」則敬乃誠之實功。何云居敬不是誠意事也？

呂留良云：「有謂『誠字中，不可兼言善惡，只或有半善而非全善，或九分皆善而一分未盡善，亦是皆要致知，致字極重』，曰：『誠有半善非全善，九分善而一分未盡善，此亦是致知甲裏話，非誠字中話也。』或曰：『十分九分之説本朱子。』曰：『朱子是講自欺，謂爲善之意有不足，非指意之善惡也。』」

知善知惡，此致知甲裏事也。若意之所發，有半善未全善，九分善一分未盡善，此正意中善惡之分數也。豈可混云致知甲裏事耶？若以意之未盡，俱責之致知，則誠意之功又將何用耶？朱子云：「人之爲善，須是十分真實。若有六七分爲善，又有兩三分爲惡的意思，便不是自慊。」又云：「如見孺子入井而救之，是好意。其間有些子要譽之意，前面好意都虛了。」按此，則是朱子分數之説明指意之善惡而言。即如留良言，「朱子是講自欺，謂爲善之意有未足」，爲善之意未足，是即不善也。留良乃云「非指意之善惡」，然則意之善惡，又於何而剖之耶？夫致知與誠意，本二也，而留良混之；自欺不自欺，本屬意之事也，而留良分之。迷謬至此，其誤人亦甚矣！

呂留良云：「凡人意之所發，必從熟處生，即夢寐病狂醉亂時，皆可驗。熟處，乃其所明也。故欲誠意，必先致知，謂平素於道理講究得明白，則意發必當，乃可得而誠耳。若謂知能覺照意使不爲惡，能辨決意之疑信，則知在意後用力矣。致知是意未發時工夫，到意發後加審幾省察，乃誠意中之慎獨，非先致之知也。」

「致知」「致」字，固在誠意之先。若夫「知」，則貫徹始終，雖至平天下如何離得？蓋知與行對，相附而不相離，迭爲後先者也。如留良説，一交誠意界上，便不許説出一箇知字。夫知譬則目視也，行譬則足行也，東西南北，固必目見之而後動足矣。當舉步之際，將閉目而冥行乎？抑將張目而覺察其道途之險易乎？留良不知此理，至乃謂「審幾省察，乃誠意中之慎獨，非先致之知也」，亦惑矣！夫知一而已，平日之致知益精，則臨時之省察益明。今謂「非先致之知」，則用何物以審幾？用何物以省察？其迷謬一至此乎？

呂留良云：「今人誤以心猶得半合意乃全，不知心無全半，意亦無全半，意妄則心亦妄，意慊則心亦慊，無各半而互全之理。看正心傳『有所忿懥』四者，可見心體上有病，皆由發用處做成，故欲正先誠也。」

心，統性情、通貫動静者也；意，則心之所發，單指動處言也。誠意是就發動緊要處著力，正心方是連片工夫。所以朱子曰：「誠意即謹獨工夫，正心即戒慎、恐懼工夫，與中庸一理也。」彼謂「心猶得半合意乃全」者，固非。而留良遂謂「意亦無全半，心體上有病，皆由發用處做成」，如此則聖經於誠意之後，再標正心條目爲贅剩矣。此大謬也！

呂留良云：「不可云格物、致知是一件，又不可云格物、致知是兩件，是物是知，隨格隨致。於此能融會出之，自覺圓通，不滯在字，更不須下注脚也。」

經云「致知在格物」，則格物、致知爲一件，明矣。今觀朱子補傳及其他言論，未曾於格物之外，另有致知工夫也。而留良云不可作一件，是何説哉？且既自云不可作一件，又云不可作兩件。夫天下之理，同、異二端而已，非一則兩，非兩則一。既非一，又非兩，則亦無説之可通矣。留良欲教人融會，如之何其融會耶？此等講解，謂非自誤誤人，其誰信之？

呂留良云：「補傳云：『人心之靈，莫不有知；天下之物，莫不有理。』人不善解會，便判然分作兩件，極意膠黏，終不泯縫，固屬天下之拙織矣。然又有故爲高妙之論者，謂知固在內，物亦不在外，故格物即爲致知。此即紫薇舍人天下歸仁，謂八荒洞達，皆在吾闥之意，其説似爲精微。然果如是，則人心之中只有一知便了，安得更有所爲物者？或謂物雖在外，而物之理實在內。此又不然。且如馬牛物也，馬之可乘、牛之可服理也，雖知馬牛之可乘服，其理似在吾心，然而馬不可穿鼻，牛不可絡首，必將馬牛反覆推究而後得其可乘可服之理，則絡首之理仍在馬，穿鼻之理仍在牛也。但謂格在外之物，即是致吾心之知，不是判然分作兩件，以此爲内外合一之旨，則可耳。」

知在内，物亦不在外，故格物即爲致知。此平實之論，非高妙也。孟子曰：「萬物皆備於我。」朱子曰：「心雖主乎一身，而其體之虚靈，足以管乎天下之理，理雖散在萬物，而其用之微妙，實不外乎一人之心，不可以内外精粗而論也。」今留良乃云「人心之中只有一知，安得更有所謂物者」，析精粗爲二致，迷内外爲二本，可謂不達理之甚矣！且如此則知自知而物自物，各不相干。經所謂「致知在格物，物格而知至」者，先不可通矣。絡馬首、穿牛鼻，其理雖在牛馬，而亦在吾心，此合内外之道也。若使吾心原無處物制事之理，則雖牛馬在前，亦懵然不曉矣。安能得其可乘可服之故，而穿之絡之耶？夫告子外義而孟子闢之，留良亦習聞其説矣。今講致知，乃以物理在心之外，然則格物窮理，乃增其所本無；行仁蹈義，亦强以自外至。有如斯之聖學耶？此留良受病之根本。於此一差，則無所不差矣！所以言心言理，處處窒礙也。又自知其有所不通，末乃自救之云：「格在外之物，即是致吾心之知，不是判然分作兩件，以此爲内外合一之旨，則可耳。」夫留良既以物理在心之外，則格在外之物，不能致吾心之知，亦明矣。又烏能使内外合一耶？徒爲矛盾，而終不可通。甚矣，其謬也！

呂留良云：「自天子以至於庶人，有許多等級，其職業正各不同。然所以不同者，分也，非理也，故曰『分殊理一』。此節語勢側重庶人邊，見得雖至庶人，也只是此本，未嘗有别件。庶人無治國、平天下之分，然到得修身，則治國、平天下之理已具，只看他明明德力量如何耳。其本盛大，則其末闊遠；其本淺薄，則其末狹小。直到大德必受命，匹夫有天下，憑修身者各自做去。固不容越分妄覬，亦未嘗禁人自致也。後世自上及下，總不以修身爲本，遂將此理看得詫異耳。」又云：「若必以治國、平天下對本字言，道理雖闊大，然有可自諉於本外者矣。」又云：「從位説下，故云『自天子以至於庶人』，論理其實自庶人以至於天子，天子新民，亦須從庶人齊家道理做起也。」

大學者，大人之學也。自天子以至於庶人，皆學大人之學者也，故曰「壹是皆以修身爲本」。朱子或問云：「大學之教，乃爲天子之元子、衆子，公、卿大夫、士之適子，與國之俊秀而設。」是皆將有天下、國家之責而不可辭者，則其所以素教而豫養之者，安得不以天下、國家爲己事之當然，而豫求所以正其本清其源乎？留良乃云「此節側重庶人邊，庶人無治、平之分，只看明明德分量何如，直到大德受命，匹夫有天下，憑修身者各自做去」，荒唐詫異，一至於此。此留良之罪所以通於天也。至本對末言，自天子至於庶人，本同則末可知矣。今謂「必言治、平，則有可自諉於本外」，又云「論理其實自庶人至於天子，天子新民須從庶人齊家道理做起」，如此則是庶人以齊家爲末，天子以治、平爲末，而天子又兼庶人之末以爲末。推之天子而下，庶人而上，等級各别，大學之教，必一一分疏，使各學其學而後可也。況天子與庶人，同此家也，即同此齊也，何所見而以齊家專屬之庶人乎？經文明言「自天子以至於庶人」，何所見而謂論理則自庶人至於天子乎？種種謬戾，妄逞臆見，不至於無忌憚不止也。

康誥曰「克明德」章

吕留良云：「『天命』二字，看中庸首句便分明：在人曰性、曰明德，在天曰命、曰明命，只是一件，因地頭分名目耳。經傳中『命』字，有從理言者，有從氣數言者，即『天』字亦然，非謂有二天二命也，猶之只一心耳。而虞廷分人心、道心，必如是説，此一件才真實圓滿也。惟佛家最怪此説，則曰支離，曰兩橛，究竟他也不怪支離、兩橛，總怪這一個理字耳。看楞嚴、惟識、圓覺等語，真是支離，他除却理字，説天説命，只有這形象氣數耳。故説天命到極精妙，只是一無，然終不奈這形象氣數何。遂爲因果報應生死輪迴之説以亂之，却極淺鄙易破，即禪子亦心知其不然，遁以爲寓言。故佛家於天命上截則空無，下截則粗陋，其黠者借粗陋説空無，借空無説粗陋，以求渾一，不知真成兩橛也。」

此章釋「明明德」。次節「明命」，即明德也。自其具於人心曰德，自其賦於天曰命。留良於明德之義，概置不論，無端而曰天曰命曰理曰數曰佛，支離甚矣！且謂佛氏「説天説命，只有形象氣數」，亦非也。夫釋氏本心，一切世界，山河大地，皆心所造；萬物萬事，因心成體。何自而有説天説命之談？留良動輒言本天本心之辨，至此又言釋氏説天説命，亦矛盾甚矣！釋氏因果報應生死輪迴之説，本謂人心所爲，有善有惡，是以報應生焉，而生死業報由斯輪轉。與吾儒所謂氣數之説，何曾有一分干涉，而留良欲比而同之耶？且所引楞嚴、惟識、圓覺三書，亦不類。楞嚴第四篇，言「地水火風，世界緣起，以明覺心所造」，留良見此，因以爲説天説命説氣數。似之而非也。至圓覺、惟識兩書，何曾一字談及造化？而亦以爲説天説命，不亦謬乎？留良動欲博闢二氏之名，不知而作，於此可見。

呂留良云：「『峻』字本不甚重，然帝堯分量，自與湯、文不同。『克明』爲帝王所同，要的確是堯之『克明』，須從『峻』字見得。」

新安陳氏曰：「明德，以此德本體之明言；峻德，以此德全體之大言。」蒙引云：「峻德，非帝堯所獨，萬物皆備於我，堯、舜與人同耳。」留良乃云「堯與湯、文不同，堯之『克明』，須從『峻』字見得」，不知此章引三書以釋「明明德」之義，非尚論帝王也。下文總結，曰「皆自明」，何嘗分別三聖之高下乎？

湯之盤銘章

呂留良云："就大人之學言，故曰新民。要之，聖人自一身以外，天地萬物事理，云爲無非分内。大學總以『民』字該之，致中和而至位育，盡性而至參贊，帝王與匹夫共此道理，共此責任。止説個『新民』，則『民』字中品類，恐有所不盡，而無治民之位者，若可闕此義矣。故於結末下『無所不用其極』句，包羅甚廣，見無事不在裏，無人不在裏也。"

朱子答江德功書曰："自新，固新民之本。然天下無一物非吾度内者，亦無一事非吾之所當爲者。譬如百尋之木，根本枝葉，無不在焉。豈曰專用其本而棄其末哉？此言新民有新民之政，非身化之外，别無所事也。"留良錯會"無物非吾度内"二語，遂謂"天地萬物，無非分内；帝王匹夫，同此責任。『無所不用』，謂無人無事不在裏"，其意欲爲無治民之位者補足其義，不知大人之學，原無分乎貴賤，何待補綴？況此節總結上文，謂"自新、新民，皆當止於至善"，集注甚明，何得節外生枝乎？

詩云「邦畿千里」章

吕留良云：「仁、敬、孝、慈、信，固爲至善。然天下有許多仁、敬、孝、慈、信，其中大小淺深分數不同，不可不謂之善，而非其至也。必如文王之止，乃爲至善。要人從文王身上體會出自家至善，不即以仁、敬、孝、慈、信虚義即爲至善也。」

朱子曰：「仁、敬亦有幾多般，這一事合如此是仁、敬，那一事又合如彼是仁、敬。此言仁、敬、孝、慈、信之理，隨事異宜，各有恰好當止之處。雖文王之敬止，亦只止其所當止而已。」留良乃謂「要人從文王身上體會出自家至善，不可即以仁、敬、孝、慈、信虚義即爲至善」，此襲朱子説，實與朱子之意背馳也。夫所謂「虚義」者，如韓退之原道云「道有君子小人，德有吉有凶」，乃彼此通同名目，故曰「道與德爲虚位」。若仁、敬、孝、慈、信，乃一定之名，非邪正善惡兩途之所得而混稱，安得以泛言仁、敬，而謂之虚義耶？況分别於大小淺深之間以求至善，乃致知項下事，下節所言求止之功是也。若此節以仁、敬、孝、慈、信五者標至善之目，則其爲恰好當然之則，不待言矣。或問云：「爲君所當止者，在於仁；爲臣所當止者，在於敬。文王之可法可傳，亦不能加毫末於是焉。」蓋萬事萬物，莫不各有當止之處，不待人之止之，而其理自在。譬如邦畿，民之所止也；丘隅，鳥之所止也。豈必待民止之而後爲邦畿？鳥止之而後爲丘隅乎？此不特書旨不明，文理亦不通矣。

呂留良云：「五倫惟父子、兄弟從仁來，故不論是非。若君臣、朋友二倫，却從義生，義則專論是非，是而義合則爲君臣、朋友，非而義離則引退，義絶則可爲寇讎。故曰『父子主恩，君臣主敬』。明乎敬之義，則文王、夷、齊、龍、比皆敬也，武王亦敬也。天下無不是之父母，不可謂天下無不是之君上，但人臣一身，生殺惟君，不可以私怨而生懟叛之心，此昌黎二句之不朽於古今也。若其大義所在，則『天降下民』一節，此理巍然。『撫我則后，虐我則仇』，亦天經地義如此，非我一人得而狗心違天也。如謂事君亦如事父，連是非都抹殺，則非止敬之道也。」

君，天也。魯論「不仕無義」，孔子於荷蓧丈人輩，尚以爲欲潔其身而亂大倫。留良乃謂「合則爲君臣，離則義絶」，其自絶於天，不待言矣。或疑留良之説本之孟子，不知孟子「君之視臣」云云，對齊王言則然。觀其去齊，三宿而後出晝，何惓惓不忘齊君也。先儒楊氏、真氏，論此甚詳。此一義也。抑又有説焉。孟子所言，乃戰國時之君臣耳，故曰「有故而去」，曰「先之於所往，極之於所往」。蓋不得於魯，則去而之衛；不得於齊，則去而之晉。所謂「合則留，不合則去」者，此也。若一統至尊，則在國在野，莫非臣也，去將安往乎？古者五等諸侯，皆得臣其境内，而仕於大夫者，對諸侯則爲陪臣，於大夫則曰家臣。雖遞爲臣，而皆統於天子。坊記曰：「天無二日，土無二王，家無二主，尊無二上，示民君臣之别也。」又曰：「君不稱天，大夫不稱君，恐民之惑也。」蓋各君其君者，一家一國之私，而率土莫非王臣者，天下之公也。周天子在上，而戰國之諸侯僭號稱王，兵争不已，繩以春秋之法，乃不赦之罪，無怪乎其臣之尤而效之也。又況當時遊説之士朝秦暮楚，去來無常，多非本國之人，而未有君臣之定分乎？然則，善會孟子之言，正所謂「儆不臣之諸侯，而伸君臣之大義於天下也」，豈亂賊所得而借口乎？孔子曰：「善則稱君，過則稱己，則民作忠；善則稱親，過則稱己，則民作孝。」蓋事君猶事父也。朱子曰：「臣無説君父不是的。」此便見君臣之義。程子曰：「亂臣賊子，只因見有不是處。忠孝無二理，臣子無兩心。」而留良乃欲區别於其間，至謂「無不是」一語可言父母，不可言君上，是不獨立意與程子、朱子之説相背，且竟以孔子之言載於禮經者，爲不足信也，是欲以其邪説蔽惑天下萬世，必不能泯之人心，以從於悖亂也。留良之罪，可勝誅乎？

呂留良云：「『恂慄』『威儀』，注云：『德容表裏之盛。』則作求止苦功固疏，而做成效看者，亦隔也。用力只在學修，然必至表裏如此，方是功夫足處。」注云：「學，謂講習討論之事。自修者，省察克治之功。」此求止之功也。又云：「恂慄、威儀，言其德容表裏之盛。」此得止之驗也。一功一效，判然甚明。今留良謂「『恂慄』『威儀』，不可以成效言」，其惑人亦甚矣！且又云「用力只在學修，然必至表裏如此，方是工夫足處」，如留良之説，「用力只在學修」，則恂慄、威儀，非用力處明矣。恂慄、威儀「表裏如此，方是工夫足處」，則恂慄、威儀之爲成效又明矣。前所云「『恂慄』『威儀』，做成效看亦隔者」，獨何説耶？夫解經者，貴於釋人之疑，今一説而前後相左，模稜兩端，誠不知何意也！

子曰「聽訟，吾猶人」章

呂留良云：「『此』字，指夫子之言。『本』者，『大畏民志』之所以然，即明明德也。即一聽訟而可悟必歸於明德，此謂『知本』也。『大畏民志』雖是本，然只在聽訟上説此一事之本也。到『此謂知本』句，則已點明凡事總一本，即此可見乃萬事之本也。」

注云：「我之明德既明，自然有以畏服民之心志。」「畏服」，猶孟子所謂「心悦而誠服」也。畏民志，即是明德之明；民志畏，則民新矣。今云「只在聽訟上説此一事之本」，謬也！

呂留良云：「『無情之不得盡其辭』，非特震之以鈞金束矢之際也。周禮之户口版籍咸隸於秋官。是爾室之中皆閭黨，已久納於大吏之庭矣。」稽民人之數，登其夫家之衆寡，職已具於司徒、鄉遂之官。登萬民之數，以詔司寇而獻於王，又特屬之秋官司民者。蓋聖人刑期無刑之意，以爲民協於中，則麗於法者寡，意甚深遠。今反謂是法所以威震乎民，不惟非孔子推無訟由於大畏民志之旨，且與周公設官分職之義，大相刺謬矣！其强不知以爲知，而敢於誣聖人之經如此。

「所謂誠其意者」章

呂留良云：「意之善不善，是『致知』條下事，此但説實用其力耳。實便『自慊』，不實便『自欺』。欺慊之分，獨中自知，故功在『慎獨』。今人都將『誠』字作善字解，與中庸『誠』字義相似，因欲於『獨』中分别出善不善來，却誤入『致知』傳矣。且下節『誠中』『誠』字又如何説得去？又因注有『人所不知而己獨知』兩『知』字，遂亂拈『致知』，不知此兩『知』字指其地言，即中庸所謂『人之所不見』也。」

「致知」「誠意」，雖爲兩事，而未始不相因也。若云「誠意」之事，與「知」無涉，則經文不當云「欲誠其意，先致其知」矣。且所謂「格物」「致知」者，於所未知之理，研窮體究以求其知也。所謂謹獨者，雖已知其理，而臨事之時，恐爲私意所蔽、私欲所累而不自覺，故省察提撕，以求無昧其所知也。「知」字徹首徹尾，如何離得？周子曰：「幾，善惡。」朱子曰：「審幾，分別善惡。」正「慎獨」内事，何乃云「誤入『致知』傳内」，而與「誠意」無涉耶？「誠意」「誠」字，原與中庸「誠」字不同，程子所謂「不欺，其次也」。然云「誠」字不可作善字解，則謬甚矣。誠便是善，欺便是惡，如見孺子入井而惻隱，善也；少存一要譽之心，則自欺而惡矣。但作實其意，則字義親切而有力；作善其意，則字義寬緩而無力。故朱子於聖經章「誠意」注，初作「一於善而無自欺」，後改「一於善」三字爲「必自慊」，合之「誠」字本義，更著實耳，初非謂「誠」字不可作善字解也。留良錯會朱子之意，强分善與誠爲二。失之遠矣！

呂留良云：「人每不能盡好惡之力者，緣其閒居不肯認真用力，自以爲人所不見處可以放鬆，不知此處一鬆，無所不至，此放鬆處必有其端倪，即謂之幾，此是私欲插根處。」又云：「看注中下一『地』字，則『獨』字指人所不見之時境言，即與下節『閒居』相照，非謂心有獨醒、知有獨覺，復説到『致知』甲裏去也。」

此以「慎獨」「獨」字，即當第二節「閒居」字看。大謬也！「獨」者，「人所不知而已獨知」也，但發一念，則爲獨知矣。若所謂「小人閒居」云者，但未見君子之時耳。雖或與物接，不害其爲

「閒居」也。所以謹獨之功，其幾甚細。朱子言「無自欺，謂如意之所發，有九分九釐實了，只有一釐未盡處，便是自欺」，此何等精細工夫。至於「小人閒居爲不善」，生於其心，見於動作，甚至與其徒黨共爲之，其狼藉亦甚矣。故朱子謂「好善惡惡，不誠是自欺，小人爲不善，是自欺之極，以至於欺人」。語類中言之甚明。蓋傳之引小人爲言者，乃言其流弊之極，以警人一念初萌，不及覺察，潛滋暗長，莫知紀極。誠意之君子，當慎之於早耳。非謂誠意之功，只勝於「無所不至」之小人，而遂稱極則也。留良以「閒居」字，即當「獨」字注脚，淺深同倫。何其粗也！且其曰「放鬆處必有其端倪，即謂之幾」，亦非也。放鬆不放鬆，皆端倪以後事。蓋一念之動，便是端倪，便有善有惡，周子所謂「幾，善惡」也。於此不放鬆，則能爲善去惡；於此放鬆，則流於惡而不自知矣。是端倪者，乃初動之幾，不能謹幾，乃謂之放鬆也。今云「放鬆處必有其端倪，而謂之幾」，豈不倒置耶？

呂留良云：「好惡，意也；實其好惡，誠意也。好惡之實與不實，只在初發念時省察，令其好必如好色，惡必如惡臭，則閒居無不善之爲，而誠中形外，皆『自慊』矣。故『慎獨』是『誠意』中細緊一步，非『誠意』之外，别有一條工夫，亦非『慎獨』即『誠意』也。」又云：「好惡是意，實用其力，如好好色、惡惡臭是誠，稍有不實用力處，即爲自欺而不誠，此五句釋『誠意』正義。但其用力之實與不實,在閒居人不見處,此是自欺之根,須自己於此覺察而加謹焉,此之爲『慎獨』,此是『誠意』緊要關頭。指示人下手,不可以獨混意、以慎混誠也。看注中『然其實與不實』句,用『然』字轉,不一直説落,細體會自明矣。」又云:「『慎』有嚴善惡意,『誠』則實行其善而已,兩義不同。獨非意也,慎非誠也。」

「慎獨」是「誠意」要緊工夫。「獨」乃意之方萌時,所謂動而未形、有無之間,即通書所謂「幾」也。於此能慎,則後此之意皆誠;於此不慎,則後此之意皆僞。故注中特下「然」字,一轉以明實與不實關頭正在獨知之地。語類所謂「别舉起一句致戒者,言從意之全體中,特拈出意之方萌處説」,未嘗謂獨非即意也。或問講「毋自欺」句,即云「又欲其謹於幽獨隱微之奥,以禁止其苟且自欺之萌」,正恐人誤認審幾一節工夫在「誠意」之外,將「誠意」「慎獨」看成兩橛也。留良乃云「『慎獨』非即『誠意』」,不可以獨混意、慎混誠」,如其言,則本文於「此之謂自慊」句之下,先當用一轉以發其義,不當直接云「故君子必慎其獨也」。且「誠意」與「慎獨」兩言之者,惟大學此章耳。其他聖賢之經,與先儒之言,言「誠意」處,則不言「慎獨」;言「慎獨」處,則不言「誠意」,正以「慎獨」即是「誠意」,原非兩件工夫也。若如留良説,則如中庸云「莫見乎隱,莫顯乎微,故君子必慎其獨也」,及程明道云「有天德,便可語王道,其要只在謹獨」,此等言語,皆只説得一半,必須另補出「誠意」一段工夫,然後爲無滲漏也,可乎哉?且留良既云「不可以獨混意、以慎混誠」，而又云「非『誠意』之外，别有一條工夫」，則已自知其有所不通，而流遁其詞，亦矛盾甚矣。

吕留良云：「『自欺』乃不實用力之由，『自慊』乃實用其力處，似反正一例而實兩層也。」

朱子答孫敬甫書曰：「如兄所論，則是不欺後方能『自慊』，恐非文意。蓋『自欺』『自慊』，兩事相抵背。」按此，則留良兩層之説，非也。蓋本文於「毋自欺也，如惡惡臭，如好好色」之下，便直接云「此之謂自慊」，明是一串事也。若分作兩層，則「此之謂」三字文義，如何説得去耶？

吕留良云：「一念之實，一事之成，皆爲『誠意』。至念念如是，事事如是，横推開闊無窮；日日念念如是，事事如是，豎推久遠無間。欲净理純，行道實有諸己，乃所謂『德』也。不是『誠意』外别有個『德』，亦不是纔『誠意』便是『德』，便能『潤身』。有一分德，自有一分潤，自下學立心至成德，有多少功候在。」

既云「不是纔誠意，便是德，便能潤身」，又云「有一分德，自有一分潤」，何自相矛盾也！德之潤身，如孟子所云「仰不愧，俯不怍」，蓋從戒欺求慊工夫積累得來。若止一念一事之誠，安得有此效驗？至欲净理純，乃聖人之盛德，而留良以「誠意」當之。稍通文義者，不爲此言。

呂留良云：「有謂『「心廣體胖」，即心正、身修，君子必正其心，必修其身，故不敢不誠其意』，曰：『「心廣體胖」句，非章意所重，不過反覆形容一個意誠景象耳。若論「誠意」功效，則直至平天下。「絜矩之道」，也只得箇「誠意」，豈止身心關係哉？況「廣」字與「正」字，「胖」字與「修」字，俱貼合不上，正爲「廣」「胖」只是氣象上看，不是工夫效驗極頭實地，故章句、或問及先儒，皆未嘗牽引也。』」

「心廣體胖」，自戒欺求慊得來。注釋「自慊」，曰：「快也，足也。」事事快足於中，則内省無疚，泰然自得，而「心廣」矣，「心廣」則「體胖」矣。到此地位，雖非明明德之極功，然就「誠意」而論，已是十分功效。或云「即此是正心、修身」，固非。留良謂「非工夫效驗實地」，亦非也。

「所謂修身在正其心者」章

呂留良云：「首節説不正之故，次節明身心之關。『在』字是『正心』工夫，是好字眼，與上有所不同。人要牽合，有所謂有在故不在，先説壞了『在』字。」

「在」字，本是虚字。在於善則善，在於惡則惡矣。傳文「在」字，固是好字眼，先儒所謂「心在腔子裏」是也。然舊解所謂「有在」者，乃指上文忿懥、好樂等而言。欲動情勝，則「在」字又爲不好字眼矣。在此則好，在彼則不好，有何妨礙？留良又謂「『在』字是『正心』工夫」，此大誤也！在不在，乃指現成而言，有「正心」工夫則在，無「正心」工夫則不在矣。傳文此節言心不在之病，所以發明心之不可不正耳，非以「在」字爲工夫也。

呂留良云：「大學『誠意』傳極著力，『正心』傳極不著力。蓋『誠意』在發動處芟鋤，用力不可不猛。到『正心』時，已大段是好，只在打磨本體，涵養此心，使無偏倚、固執之病而已。故傳中只論不正之害，不曾實講『正心』工夫，以既知其爲不正之害，只消略略提撕，本不甚著力故。」

留良謂「『正心』只是打磨本體，大段不用力」，此大謬也！注云：「必察乎此，而敬以直之，本兼動静而言。」蒙引亦云：「視聽時也要心在。」豈可謂「正心」專是静存工夫？即如留良言，「知其爲不正之害，只消略一提撕」，提撕非即省察耶？朱子釋定性書云：「忘怒則公，觀理則順，二者所以自反而去蔽之方也。」偏倚、固執之病，又豈略一提撕所能廓清耶？

「所謂齊其家在修其身者」章

吕留良云：「但看諺下一『莫』字，可知溺愛不明，不獨指庸愚也。頗有道義自命，而營逐以濟不肖之惡。或詞章名世，而標榜以譽不學之文，反躬試問，真不可解。及其論刺他人，又未始不了了也。此在賢者不免，況流俗乎？吾輩有子待教者，不可不一深省。」

朱子曰：「正心、修身兩段，差錯處皆非在人欲上。」又云：「人有正心而身未修者，故於好惡間，不可不隨人節制。」按此，則此節「莫知子之惡」，只是愛之過而不知其惡，非明知而故護之也。如留良所言，「既道義自命矣，而又營逐以濟不肖子之行惡」，此正「小人閒居爲不善，無所不至」也。若夫實行不修，徒以詞章剽竊聲譽，又爲不文之子標榜，寡廉鮮恥，莫此爲甚！而吕留良乃謂之「賢者」，謂之「非庸愚」，不咎其立身之不正，而惟歎其教子之不善。即此一段言語，其底裏畢露，肺肝如見矣！

「所謂治國必先齊其家者」章

吕留良云：「時解誤看注中『君子修身』句，遂將孝、弟、慈屬君子，下三句屬國人，説來竟犯第三節效驗矣。於是又有謂『上下句俱就君子身上説』者，亦非也。直當撇開君子、國人，竟講家之有孝、弟、慈，即國之所以事君、事長、使衆之道，所以『不出家而成教於國』，何等明白直捷。」

陸隴其松陽講義云：「此條孝、弟、慈，事君、事長、使衆，皆在君子一人身上説。大全吴氏及蒙引、存疑皆然。蓋事君、事長、使衆，是君子處國之事，不是國人從教之事。事君、事長、使衆，一件不妥當，便不能成教於國。自萬曆以前，從無異説。至顧麟士説約始將孝、弟、慈屬君子，事君、事長、使衆屬國人。近又有謂『上下截不著國人，亦不著君子，止空説理』者，學者淆惑不定，惟仇兆鰲力闢時解，而從蒙存舊説，此三句始明。」所云時解者，謂麟士與留良也。然則留良之曲説，隴其久病之矣。且留良釋下節，亦云「此言孝、弟、慈之推行，本於自然」，是君子之事君、事長、使衆，由家之孝、弟、慈推而行之。留良亦似窺見其義矣。何以釋孝者三段，乃云「只虚言其理，不貼君子身上説」耶？既不貼君子説，所謂推行者，果孰推之而孰行之耶？至此章釋「治國」之義，諸侯、卿大夫、士，皆有事君治民之責者也，留良乃謂「事君如何貼得君子邊去」，此尤謬誤之甚者矣！

吕留良云：「上言家、國之理本通，此下方言推行事效。此節乃上下交接處，言孝、弟、慈之推行，本乎自然，只要誠心求取。而三者之中，惟慈心最真而易曉，故特引以證三者之同，然非謂治國推行盡於慈，亦非謂推行便有政法作爲也。」又云：「次節只説端倪自然，不説推行。」又云：「第二節説道理已在推行處，説推行却只説端倪自然，仍在道理上看，到下兩節纔正講推行事。」

按朱子語類，劉潛夫問：「『家齊』章並言孝、弟、慈三者，而下引康誥以釋『使衆』一句，不及孝、弟，何也？」曰：「孝、弟二者，雖人所固有，然守而不失者亦鮮。惟有『保赤子』一事，罕有失之者。故聖賢於此，特發明夫人之所易曉者以示訓。正與孟子言『赤子入井』之意同。」此留良立説之本也。然其曰「慈心最真而易曉」，則又與朱子之意相左矣。夫朱子何嘗曰孝、弟之心俱屬矯强，惟慈心爲最真哉？亦曰「孝、弟之心，愚者或失之；惟保赤之慈，則賢愚所同耳」。一經留良引據，便以「慈心最真」爲言。其悖於理也甚矣！且留良既云「推行不盡於慈」，又云「推行非有政法作爲」，此何説耶？夫曰推行，則便有政法作爲矣；無政法作爲，則亦無推行之事矣。或問云：「傳之言此，蓋以明使衆之道不過自其慈幼者而推之，而慈幼之心，又非外鑠而待於强爲。事君之孝、事長之弟，亦何以異於此？」觀此，可知孝者三段，與此節引康誥言「如保赤子」，正説推行之事。若下兩節言化成之效，歸本於「藏身之恕」，却無推行之義。留良乃謂「到下節纔正講推行」，此於書旨全然不懂。且與前「推行不盡於慈」之説，自相矛盾矣。尤可怪者，纔説

「此節言孝、弟、慈之推行，本於自然」，又云「次節只説端倪，不説推行」；既云「不説推行」，又云「道理已在推行處」。讕言囈語，教人如何理會？

呂留良云：「玉樹堂諸子拈『有諸己而後求諸人』題，有謂『宜重上半截，不則似爲求人而有諸己，非藏身之恕矣』，予謂：『言各有當。此章「恕」字，原在「齊」「治」上説，與他處恕字不同，故朱子謂：「尋常人有諸己，又何必求諸人？無諸己，又何必非諸人？如論語『躬自厚而薄責於人』『攻其惡，無攻人之惡』是也。大學之説，是有天下、國家者，勢不可以不責他。」蓋治國者，勸人善、禁人惡，便是求諸人、非諸人。以此條觀之，可知此兩句却重下半截，蓋有諸己、無諸己，皆指所求諸人、非諸人之事理言也。求與非，即上文所令；有與無，即上文所好。因所令轉出所好，則此兩句自從求、非轉出有、無，乃合語意。若云凡治國之求人、非人，必有諸己、無諸己而後可耳。』」

按，留良所引朱子此條，特以明求人、非人之不可無，非以此爲重，而上半截反輕也。論通章之義趣，尋上下文之語脈，重在「有諸己」「無諸己」明矣。蓋「求諸人」「非諸人」者，如條教禁令之施，乃有國者之所同，所争者在「有諸己」與否，「無諸己」與否耳！不重根本而重枝葉，有此理乎？即如留良所云「求與非，即上文所令；有與無，即上文所好」，固也。試問上文此句，以所好爲重乎？以所令爲重乎？何留良之不反而思之也？且凡言「而後」字者，未有不重上半截者也。如此書「知止而後有定」一段，「物格而後知至」一段，及此章下文「宜其家人，而後可以教國人」，三「而後」字，皆重上半截耶？重下半截耶？此理至明，人所易曉，而留良故爲改换面目，朝三暮四，以顛倒學者。謂非狙詐之術，其誰信之？

呂留良云：「家、國相通，教成功效，至第三節已説盡。第四節復承『一人定國』，説到藏身須『恕』，正補出『修身』爲『齊』『治』之本。『恕』字乃成教之要領，即下章『絜矩』相連血脈也。此三節咏歎，正鞭辟向藏身之『恕』，爲下章『絜矩』之原，不是重衍家、國相關疣贅閒文也。」

「故治國在齊其家」節，已通結上文。此三引詩，乃反覆咏歎治國必先齊家之意。朱子注甚明白，非於上文之外，别添意義也。留良乃謂「此三節，正鞭辟向藏身之『恕』」，失其旨矣。且此處既云「鞭辟向藏身之『恕』，不是重衍家、國相關閒文」，後段又云「此三節見家、國相連處，非復上節專説一人修身之義」。豈不自相刺謬乎？

呂留良云：「合齊與治而總命曰教，言在家則欲人人如此，在國則欲家家如此也。然必一家之人人如此，而後可求一國之家家如此，此欲治先齊之正面也。自『藏恕』『喻人』以上，都責重一人身上，此是説所以齊之本，未盡得一家人人如此意，故又引三詩咏歎，指示個景象。所謂『宜家人』『宜兄宜弟』『其爲父子、兄弟足法』，皆指一家人人能如此意，見家與國成教相連處，非復上文專説一人身修之義矣。」

留良分「藏恕」「喻人」以上，只責重一人之身。至三引詩，方説一家人俱能如此，以成教於國。非也。如上文云「一家仁」「一家讓」，皆通指一家言，未嘗專指一人之身也。如下文云「宜其家人」「宜兄宜弟」「其爲父子、兄弟足法」，皆歸重於一人之盡倫，非泛指他人也。留良强分二解，豈不大謬乎？然留良所以爲此説者，其蔽有二：此三引詩，只以咏歎上文，無别添意義，而留良不知，必欲强進一解。其蔽一也；此章言「治國在齊其家」，只以家與國對，不以身與家對。以「齊家在修其身」之義，已於上章説明故也。是以此章或言一身，或言一家，皆與治國爲對，不必更分身、家，而留良不知，必欲强作三層分疏。其蔽二也。

吕留良云：「欲一家中人人如此，又有個次第。教成必始於夫婦，而後及兄弟，而後及父母。看中庸『妻子好合』二節，及孟子『老吾老』一節，皆從夫婦、兄弟説起。蓋家之難齊，最是此二項。而二項中，又重在夫婦。兄弟之尤，未有不起於閨房、妯娌之際者。故此二項，人教成以教家無難，即以教國無難矣。緣家人國人，人人各有個夫婦、兄弟、父子，故教一家即教一國之家，家無二理也。」

中庸「妻子好合」二節，先言妻子、兄弟，而後及於父母，特以明卑邇高遠之意，非劃定一家之中，必先妻子，而次兄弟，而後父母也。人惟以父母之心爲心，則處一家之妻子、兄弟各得其所；亦猶以天地之心爲心，則處天下之民、物各得其所，此西銘之大旨也。烏有孝於父母，必以夫婦爲先之理？況此章引詩詠歎，原無此意。其曰「宜其家人」，乃引詩斷章，就君子之身而言。第三節云「其爲父子、兄弟足法」，乃總一家之詞，亦非至此而始及父母也。留良之説，由於錯看朱子或問。或問云：「既結上文，而復引詩者三，何也？」曰：『古人言必引詩，蓋取其嗟歎詠歌、優游厭飫，有以感發人之善心，非徒取彼之文證此之義而已。夫以此章所論齊家、治國之事，文具而意足矣，復三引詩，非能於其所論之外，别有所發明也。然嘗試讀之，則反復吟詠之間，意味深長，義理通暢，使人心融神會，有不知手舞而足蹈者。是則引詩之助爲多焉。』曰：『三詩亦有序乎？』曰：『首言家人，次言兄弟，終言四國，亦刑于寡妻，至于兄弟，以御于家邦之意也。』」按此，則朱子釋三引詩，只是詠歎上文之意，末引思齊之詩，乃因釋傳而及之，以示人下手工夫，初非釋傳正解也。若謂重在分别次序上，則所謂「復引三詩，非别有發明」者，何以云耶？況末段亦只云「首言家人，次言兄弟，終言四國」，未嘗謂由妻子及兄弟，而後至於父母也。留良動稱遵朱，其實全無體會，往往如此。

「所謂平天下在治其國」章

呂留良云：「語句是從矩出道，語意却是爲道指矩。謂平天下之道，雖與國有不同，然即在家、國之矩，絜之而得，故曰『平天下在治其國』。」又云：「『絜矩』，人皆以心字混過，縱好，只做得『矩』字，不曾做得『絜』字。不知『矩』是家、國、天下之所同，治與平不同處，正在『絜』字中見，此道之所由出也，故朱子謂『到此節次成了方用得』。蓋家、國相關，只在此心感應，而國與天下相關，又有政事之不同，絜家、國之矩於天下，而道生焉。故此節眼目在『道』字，而因矩爲道，重却在『絜』字也。」

「絜矩」二字，乃平天下之要領。「道」字只是虚字，所謂「道」者，即「絜矩」是也。「絜矩之道」，猶云孝弟之道、仁義之道、修己治人之道之類云耳。今留良云「從矩出道，爲道指矩」，則似以「矩」與「道」爲兩物而相對。又云「絜家、國之矩於天下，而道生焉」，則又似以「道」與「絜矩」爲兩事而相因。其不通文理甚矣！此等言語，徒足以滋人疑惑。其於經義，非徒無益，而又害之也。

呂留良云：「家、國相通，以理以意；國與天下相通，便有政事、制度。理、意只以感應相示，到政事、制度，便有宜此不宜彼，性情風氣之異。矩只此矩，絜處却不同。」又云：「有云『絜矩是家、國已行，不是到平天下方絜矩』，不知正爲平天下道有不同，故須絜耳。如國之政事與天下之政事，其間許多條目，參差不齊。聖人正恐於此處稍有未盡則不能均平矣，於家、國間得此矩，而絜之天下爲道，務必求盡此參差不齊者耳。故謂矩爲家、國所同則可，若『絜矩之道』，則畢竟朱子謂『到此節次成了方用得』也。蓋矩是理一，絜是分殊，重『矩』字看，則每縮到家、國一源，而此處却重『絜』字，注中『推以度物』，正爲是也。」

家、國、天下，莫非此心之所推，均此矩也。然天下大矣，天下之事多矣，苟絜之道有不盡，則矩之用有未周，故前數章不言「絜矩」，而此章言之。或問詳矣。留良乃云「家、國相通，以理以意；國與天下相通，便有政事、制度」，夫齊、治、平，各有當盡之道。若但以理以意，別無措置之法，無論國不可治，家亦安可得而齊乎？留良又謂「矩是理一，絜是分殊」，亦非也。「絜矩」云者，推其同以合其異，使不一者歸於一也。若以「絜」字爲分殊之義，則經文於釋「絜矩」處，應別標親疏、厚薄之義，不應直云「所惡於上，毋以使下」，以及前後左右，皆以情同理一者言之也。且所謂「理一分殊」者，如孟子所言「親親而仁民，仁民而愛物」，同一仁之理，而所施於親與民、物者，有差等是也。即如「所惡於上，毋以使下」「所惡於左，毋以交於右」，上下左右間，各有當盡之道，終不成即以事上者使下，待左者待右乎？但「絜矩」之義，只就理一而言，而分願之各得即在其中。因其分之殊，絜以理之一，而後上下四旁，均齊方正，不一者歸於一，而「絜矩之道」得矣。留良於「理一分殊」之義茫然莫辨，不但不明於「絜矩之道」已也。

呂留良云：「人心所同，有人欲，有天理，如好貨好色，人所同也。然須是應好之色貨乃得，若但説好色好貨人所同，却是人欲也，遂人心之人欲，則大亂之道矣。故孟子曰：『心之所同然者，謂理也、義也。』孝、弟、慈，理、義之同然，故曰『矩』；禮樂、刑政、制度，亦理、義同然，故曰『道』。從此矩推行爲道，即理、義同然之用，故曰『絜矩之道』。蓋謂絜人心同然之理，而爲平天下之政事也。但從血氣嗜欲求各遂其願，此是黄老之自然無爲，釋氏之方便普度，非聖人『絜矩之道』矣。」

人心所發，有天理，有人欲。愛親、敬長、慈幼，道心也；饑食、渴飲，人心也。自其人之身言之，則有理欲之殊；自在上者經畫區處，使各得其分願，則無非天理矣。朱子答黄商伯書云：「須理明心正，則吾之所欲所不欲，皆得其正，然後推以及物。如其不然，而以私意自便之心爲主，又欲以是而及人，則人道不立，而驅一世爲姑息苟且之塲矣。」留良謂「必應好之貨色始得」等語，即剽此説，然謂「血氣嗜慾之遂其願，非絜矩之道」，則謬矣！夫所謂血氣嗜慾者，如飲食男女之欲之類，此而不得遂其願，尚得謂治、平乎？孟子言「好貨、好色，與民同之」，雖公劉、太王之行王道，不過如此。若留良言，將謂「居有積倉」「行有裹糧」「内無怨，外無曠」，皆姑息苟且之爲乎？

呂留良云：「有云『德爲治天下之根本，非德爲財本也；財爲治、平之末務，非財爲德末也』，余以爲不然。『平天下』章論財用自此始，直至傳末皆言此事，故『先慎乎德』一句，『德』字便專就財用而言。看此節注云『本上文而言』，則德之本正對財，財之末正對德，故下節緊接『外本内末』，非可以泛論治、平也。從通章泛論，不説道理不是，實非本節之旨矣。」又云：「本則理一，末乃萬殊，只是一個明德。對新民言，則民爲末；在聽訟言，則訟爲末；就財用言，則財爲末。須粘末看，又須離末看，如此本字，須緊從財上較出，方見親切。然不得離看，意則似專爲財而慎德，語病不小矣。」

德爲治天下之本，則是爲財用之本矣；財爲治天下之末，則是爲德之末矣。此等分析，無益於理，原可以不置辨也。若論此段文義，則朱子注云：「本上文而言。」上文從「先慎乎德」説到「有人」「有土」，方説到「財」「用」。然則「德」者，「人」與「土」之本，不獨「財」「用」之本也；「財」者，不獨爲「德」之末，較之「人」「土」尚爲末也。就二者比之，彼謂「德」總爲治天下之本，

「財」總爲治天下之末者。不優於留良之説乎？且留良既云「本須粘末看」，又云「須離末看」；前既云「『先慎乎德』一句，『德』字便專就財用而言」，後又云「恐似專爲財用而慎德，語病不小矣」。夫一言之間，而游移矛盾，至於如此。所謂「中心疑者，其詞枝；遁詞，知其所窮」也。

呂留良云：「自『誠意』章至此章，皆以好惡爲用力處，然聖人論用力都重惡一邊，看釋『絜矩』節便見。論語講『恕』字，『道不遠人』章講『忠恕』，皆以不欲勿施，故朱子謂『絜矩正是恕者之事』。此節又是『絜矩』中一事，其義本一。『恕』以求仁，故『惟仁人能惡能愛』。『此謂』二字須緊承上文，側重惡人。」又云：「釋『絜矩之道』節，只言所惡道理，原重惡邊説。『絜矩』從『恕』字來，不欲勿施，强恕之道本如是。」

「仁人放流」一段，承上文娼嫉之小人而言。惡小人，則愛善人可知矣，故曰「能愛」「能惡」，非有輕重於其間也。且仁人之惡娼嫉之人，正以其妨賢害能，使善者不得進，故非放流之不可。是則仁者之惡，正根於所愛而發。何反云惡爲重而愛爲輕耶？況聖賢之言理，有舉其全而言者，有言其一邊而意已明者，非以此爲輕重也。如此段言仁人惡娼嫉之人，則其愛休休有容之人，即在言表矣。又留良引論語、中庸不欲勿施，以爲重惡之證，則如論語云「己欲立而立人，己欲達而達人」，中庸云「所求乎子，以事父；所求乎臣，以事君」，又將何説以處之耶？

呂留良云：「『大道』鑿定用人理財固非，又有直指即『絜矩之道』，亦所以行此『大道』者，與『忠信』二字對，非即『大道』也。『絜矩之道』，從仁恕生來；『忠信』，從誠生來，皆所以行此『大道』者。猶之中庸『行達道歸於達德，道德一本於誠』相似。」又云：「注中明訓『居其位而修己治人之術』，蓋即指禮樂、刑政、動止云，爲總包貨財舉錯之類而言，非『絜矩之道』也。玩章句自見。」

「大道」，即「絜矩之道」也。傳者何以不言「絜矩之道」？而注又何以云「修己治人之術」耶？聖經首言綱領，以明德爲本，新民爲末；次言條目，以修身爲本，家、國、天下爲末。傳者逐條分釋，至「平天下」章，爲新民之極，乃推原得失之故，而歸本於君心之敬肆，以明經文本末之義。蓋此「絜矩之道」，乃治人之事而本於忠信，則治人之事即修己之事，此「絜矩」所以爲「大道」。「大道」，即「大學之道」也。留良乃云「『絜矩』所以行此『大道』，與『忠信』對，猶中庸『達德行達道，而德又本於誠』」，是以「絜矩」與「忠信」爲兩物而相對，又以「大道」與「絜矩」「忠信」爲三事而相因也。夫果「絜矩」「忠信」相對，而爲行「大道」之兩物，則傳文推原得失，何不並舉「絜矩」「忠信」二者乎？若以三者爲遞相因，比之中庸「達道達德之本於誠」，不惟不明此章之義，先懵於「達道達德所以行之義」矣。中庸「所以行之者一」，「一」字，即在達德之內，非德之外別有一誠而以之行德以行道也。況「忠信」爲體，「絜矩」爲用，全體大用備矣！此外又有所謂「大道」，不知果何所指也？或問云：「盡己之心，而不違於物，絜矩之本也。驕泰則恣己狥私以人從欲，不得與人同好惡矣。」按此，則「大道」仍當承上文好惡之公言，「忠信」「驕泰」則仁不仁之分也。無私而當於理者，仁也；未能仁而本忠以行恕者，忠信也。留良既知「『絜矩』從仁恕生，『忠信』從誠生」，是「絜矩」即「恕」也，「忠信」即「忠」也。以「忠信」行「絜矩」，所謂「無忠做恕不出」。留良何未之思耶！

呂留良云：「以上只是説『絜矩』，故於上節特注云『自秦誓至此，又皆以申言好惡公私之極，以明上文所引南山有臺、節南山之意』，正結清上文，見此節之不粘連楚書數節也。又於此節注云『因上文所引文王、康誥之意而言』，則此節當直承文王、康誥兩言得失，而不當承上數節又明矣。或云『此節是上承用人，下接理財過脈，不宜斷絶』，此正是謬論。如其説，理財上已説過，下文不過因上有財意而申言之耳，原非特起，何用過脈哉？總之眼光拘小，只在貼身上下尋來路去路，而不知古人文章，端緒接續，脈絡貫通，間見層出，有别見於言外者，其來路去路，本自了然，但粗心者自不辨耳。」

此章自第三節至此節，分爲三段，俱言好惡之公私，而推原得失之故以結之。三段意實相承，故上節注曰「自秦誓至此，又皆以申言好惡之極」云云，曰「又皆以」，可見第二段言理財，亦是申明上文所引南山有臺、節南山之意也。又康誥節注云「因上文引文王詩之意而申言之」，此節注云「因上引文王、康誥之意而言」，蓋得衆失衆之得失，以人言；善不善之得失，以身言；忠信、驕泰之得失，以心言。一節密一節，故曰「至此而天理存亡之幾決矣」。傳文及注，段落界限，何等分明！留良乃謂「絜矩意上節已説完，此節又另起總結，直承文王、康誥兩言得失，不當承上數節」，然則康誥節亦當含上數節，而承「殷之未喪師」節，「殷之未喪師」節又將何所承耶？留良全不細心體會，反謂人皆「眼光拘小，不解古人文章脈絡」，何其妄也！

呂留良云：「『舒』字有二義，舒徐固是舒，舒暢亦是舒也。南北轉漕，費以鉅萬，固是不舒；太倉之粟，陳陳相因，亦是不舒。」

漕運多少，古今異宜，然其立法之善否，亦存乎其人耳。如漢都長安，轉漕稍難，而鄭當時引渭水穿渠，省漕運卒，而關中多得穀。唐都長安，運道艱難，粟不時至，高宗、中宗之世，常間歲即車駕幸東都，以寬民力。及開元時，裴耀卿請沿水爲倉，轉相運置，省費不可勝數，而關内以饒。此等規畫，豈可少也？漢文帝太倉之粟，陳陳相因，實由重農節儉所致，與此書所謂「爲之者疾，用之者舒」云者，差不遠矣。而留良乃輕訾之，何耶！

呂留良云：「君民上下相接純是義，而其所以相接處原是仁，不容分屬也。然上但知有義，則矯恣貪虐之患生；下但知有仁，則觖望僭亂之禍作。故上專責仁，則下自安於義。」

上好仁，下好義，雖分屬，然仁與義，無往而不在也。不忍於民，仁也；禮下取於民有制，獨非義耶？敬其君，義也；急公親上，獨非仁耶？仁義惟患不知耳。既知有仁有義，而反爲貪虐僭亂之萌，有此理乎？即如此節以仁屬上，以義屬下，而下節以義爲利，又以義屬上矣。語固各有當也。留良不知此理，其言乃似仁義所以階亂者，豈不怪且謬歟？

吕留良云：「問大夫之富，數馬以對，正開他物稱是耳。若止煞點馬字講，則誤矣。」

古者卿大夫之禄，皆以田賦爲等。車乘，出於田賦者也，故數馬便知其車乘幾何、田禄幾何。留良乃謂「止煞點馬字講，則誤」，豈甸邱出車之法，亦未之考耶！

中庸

天命之謂性章

呂留良云：「人生而知覺運動，與氣質萬變，原未嘗不是性。但聖人謂此未是性之最上同然處，惟就這上面看出健順五常之至善，乃天命同然之本，故曰『天命之謂性』。與孔子『繼之者善，成之者性』，孟子『道性善』，皆一綫印合之理，非有所輕重立説也。」

所謂「知覺運動」者，非性也，心也。黄勉齋云：「此身只是形、氣、神、理，氣能呼吸，能冷暖；神則有知覺，能運用；理則知覺上許多道理。」此論最爲明晰。人生五官百骸，莫非形氣，而神獨屬心。心者，神明之舍，氣之精爽也，故「有知覺，能運用」。朱子曰：「仁、義、禮、智，性也；惻隱、羞惡、辭讓、是非，情也；以仁愛、以義惡、以禮讓、以智知者，心也。以智之一端言，所以知是非之理則智也，性也；所以知是非而是非之者，情也；具此理而覺其爲是非者，心也。」知覺之是心非性，顯然可見矣。今以「知覺運動」爲性，是即釋氏之認心爲性，告子之以生爲性也。「氣質之性」之説，始於程、張，謂人性皆善，而所稟氣質不無清濁厚薄之分，理麗於氣，氣清則理亦清，氣濁則理亦濁，此所謂「氣質之性」，非即以氣質爲性也。

吕留良云：「有謂『天者，自然之謂也，然專言自然，而不言「不已」，則勢必專以氣質爲性』，曰：『即「自然」二字，便有正義，有邪説。謂性之善，本固有自然，非由外鑠，此正義也；若謂「一切動止，無非自然」，即邪説矣。至「不已」二字，又是一義，於此處無涉。即「不已」亦須分看，指此理之「不已」，則正義也；但空説「不已」，亦可扯入邪説去。』」

中庸恐人以性爲後起勉强之數，故直指其原，曰：「天命之謂性。」其出於自然，不待言矣。至「一切動止，無非自然」，此説正須分别。如所謂「吾耳能聽、目能視，要甚存誠主敬」，此則老氏無爲、釋氏無心之説也。若當動而動，當止而止，率性而行，何嘗不是自然？概以爲邪説，可乎？至「不已」二字，乃天命之本然。詩云：「維天之命，於穆不已。」在人則天理流行，無一息之間斷，此道之所以「不可須臾離也」。天人賦受之要，無過於此者矣。謂「『不已』之義，與此無涉」，可乎？且又云「空説『不已』，亦可扯入邪説去」，夫中庸言天言聖人，無過於「不已」者，天地惟誠故「不已」，聖人亦惟誠故「不已」，所謂「至誠無息」也。易言：「天地之道，恒久而不已也。」豈邪説之所得而牽混乎？

吕留良云：「『率性』是指理上事，而氣在其中。所謂自然者，謂『率』字不説工夫耳。

人欲講得自然二字微妙，遂説入化機自動，不知其然處。不知此只得氣上事，乃二氏之自然，非聖人所言之自然耳。」

鳶率性而飛，魚率性而躍，正是「化機自動，不知其然處」。氣之所在，即理之所在。留良於理、氣二字，全無體認，所以開口便錯。

呂留良云：「一部中庸，只明一『道』字，故下節即接『道』字説去。性者，推道之原；教者，明道之事，三句總以言『道』也。首句從天説來，末句從聖人看出，中間『率性』，又人與物共，要之此道爲吾之所固有。只在吾身一看，則天與聖人、人、物總在這裏。中庸拆開説有此層次耳，天與聖人，即吾身是；性、命與教，即吾身之道是。」

「性」「道」「教」，俱兼人、物言，章句甚明。今曰「『率性』，又人與物共之」，是以「性」「教」專屬諸人，而於物無與也，不明與章句背馳乎？

呂留良云：「『修道之謂教』一句，是全部總序，故此句須直承第一句説。」

「天命之謂性」三句，正是中庸全部總序，非獨「修道之謂教」一句爲全部總序也。且云「此句須直承第一句説」，殊不可解。既云「修道」，則明自「率性」而來，豈得不承第二句？況此節三句，本一脈串下，既承第二句，則明自第一句來矣。無益於理，而徒增纏繞，最講家之大病也。

呂留良云：「異説分裂，都在『教』上起。彼亦一是非，此亦一是非，反以聖人之道爲外鑠，故子思立説以辨明聖教，看上兩箇『之謂』，正爲第三箇『之謂』而設。」

「性」是道之原，「教」所以修道也。中庸乃明道之書，所以第二節便提出「道不可須臾離」，後面十數章，皆以「道」字領起。酌理而論，當重「率性之謂道」句。今謂「上兩箇『之謂』，正爲第三句『之謂』而設」，其謬已甚。且留良謂「異説分裂，都在『教』上起」，豈知「教」之所以異者，正由所見「性」「道」各别，性其所性，非吾所謂性；道其所道，非吾所謂道。此「教」之所由異也。此三者，本一串事。豈可妄截自某處起耶？

呂留良云：「道不可離，因爲從性命中與生俱來，非由外鑠，我雖不明不行，道却未嘗頃刻離我。離道者，至桀、紂而止，然道終未嘗離桀、紂也。此雖承上注下轉接語，却是中庸絶大關捩，下十二章至二十章，皆發明此句之義。」

此即存疑「道跟著人身，無乎不在」之謂也。然「道不可離」，是説人不可離道。道不離人，是前一層意。今却翻轉在後面説，却似人自然不能離道，而體道之功可以不設矣。此説楊龜山曾有之，朱子辨之詳矣。不宜復以爲説也。

呂留良云：「戒懼、慎獨工夫，鑿然兩節，但上一節是總段工夫，此節是逐處緊要工夫。提省界限，有此兩節，做時原只是一片，不曾拈一放一也。」

君子體道之功，只是一箇主敬。「戒慎」「恐懼」「慎獨」，皆言敬也。動亦敬，靜亦敬，由靜之動，一念初萌時，則尤敬。敬是徹内外、合始終，全體無間工夫。然靜時畏敬，只是涵養；動時加謹，則兼省察。涵養於未發之先，所以存天理之本然而「致中」也；省察於方動之時，所以遏人欲於將萌而「致和」也。上節雖概言統體工夫，然爲下文「致中」張本，畢竟以靜存爲主。蓋從睹、聞追到不睹、不聞盡處，以明君子靜而存養之功也。下節「慎獨」爲「致和」張本，涵養省察，只是一箇工夫，遏人欲即所以存天理，非有二義也。留良乃謂「提省界限，有此兩節，做時只一片，未嘗拈一放一」，是以存、察爲一時下手工夫，無分「已發」「未發」也。試問靜時如何用得省察？省察矣，尚得謂之不睹、不聞乎？「獨」者，「人不知而己獨知」之謂也。獨知矣，尚可云動察而兼靜存乎？且「慎獨」「慎」字，即上節「戒懼」字，故注中補出「尤加」二字，謂只此畏敬之心，比靜時有加耳。非別有一「慎獨」之功，必須兩處掇拾也。留良襲朱子語類「統體緊關」之語，刺刺不休，而於「統體緊關」之義，究懵然未解也。

呂留良云：「或云：『靜存動察，是學者入手兩事。然究極之，善動實本於善靜。世之善處靜者，只是氣機偶息耳，而亂動之根本未嘗泯。試以晝夜驗之，人心無事時比有事時爲静，而睡則尤静，人心一有挂念躁想，則睡不去。無聞見思慮，寂寂寧機，此静境也，而夢中顛倒昏亂，一點靈性爲濁氣所掩，渾如死人，則可知日間静時之静，亂動之根本未嘗泯。如龍谿所謂「日間養得清明，夜間夢亦清明；日間攪得昏雜，夜間夢亦昏雜」者，以此静驗彼静，昭然可見。夫人之一心，夢中尚不能自主，矧疾病乎？疾病尚不能自主，矧死時乎？思及此，未有不惝然自失者。學道者試參之，其説何如？』曰：『工夫確然兩節，然却不是動静截然兩對。「戒懼」是統體，「慎獨」是細分，於關頭緊要又加謹耳。若截分動静，是所睹、聞時，反不用戒懼耶？聖學隨動静做工夫，使此心敬謹，凝一無間耳，無惡動求静之理。』或曰：『周子之主静，程子喜稱人静坐，非歟？』曰：『此非彼之所謂静也。動静，有就理言者，有就氣言者，有就時地言者。周子之主静，以理言也，正恐人錯會，故特下本注云「無欲故静」。程子喜人静坐，喜其人内求不外馳耳，亦非以静爲教也。若龍谿之所謂「清明」「昏雜」，却只就氣上立脚。二氏之徒稍有工夫者，即能於死化、疾病、睡夢時了然不昧，他便道是極頭，士人亦以此惑之，不知此只是氣上事。所以他這些子，只好在静處玩弄，纔到動處便擾亂，用他不著，故分動静爲二，而惡動而求静。可知他清明之時，其昏雜之根本未嘗泯，故聖賢勿貴也。若周子之主静，即程子所謂「動亦定，静亦定」。廓然而大公，物來而順應」，酬酢萬變而主宰嘗肅，故其静非晝夜昏明之可擬也。學者知此，則彼説之不足參，自明矣。』」

龍谿議論，誠多偏駁。至所云「日間養得清明，夜間夢亦清明」，立言固自無弊。理與氣，本不相離，氣清則理存，氣濁則理亦從而晦矣。孟子云：「平旦之氣，其好惡與人相近也者幾希，至旦晝牿亡，則夜氣不足以存。」此即「日間攪得昏濁，夜亦昏濁」之謂也，豈可以其言之出於龍谿而概謂不然耶？留良又謂「周子之主靜，即程子所謂『動亦定，靜亦定』」，此亦不然。程子所謂「動亦定，靜亦定」者，以理爲氣之主，合動靜而一致者也。周子所謂「主靜」者，以靜爲動之根，示人以用力之本者也。朱子釋「主靜」，云：「靜者，誠之復，而性之真也。苟非此心寂然無欲而靜，則何以酬酢事物之變，而一天下之動哉？是以聖人中正仁義，動靜周流，而其動也必主於靜。」此朱子釋「主靜」之義，即周子自注「無欲故靜」之意。蓋欲者，感於物而生者也，未感則無所謂欲矣。然非平日涵養功深，則此心不能自主，思慮無由驅除，正如程子所謂「破屋中禦寇，東面一人來未逐得，西面又一人至」，如此，則未與物接，早已膠葛纏擾，至應物時，如何能有善而無惡？此聖人所以一天下之動者，必以靜爲之本也。靜者，無極、太極之本體；主靜，即所以立極也。呂留良因上云「定之以中正仁義」，遂以「主靜」爲「定性」之「定」，不知此所謂「定」者，以性之靜定情之動也。中正仁義，性也，而以人生而靜者爲最真，故必主乎靜，而後五性之感動，乃可得而定也。若定性書所言「動亦定，靜亦定」，其功效在「主靜」之後，惟「主靜」以一天下之動，斯萬感紛紜，不足以累吾有主之中，此所以「内外兩忘」也。故謂「定性」由於「主静」則可，謂「主静」即性之定，則書理文義俱不可通矣。至伊川程子見人静坐，便歎其善學，此程門之教，見於書者非一，如之何而可破除耶？即留良亦謂「程子喜人静坐者，喜其不外馳耳」，夫「不外馳」，非即静之謂耶，而曰「非以静爲教」，獨何説哉？大抵朱子之學，本於中庸所謂「尊德性而道問學」，程子所謂「涵養須用敬，進學在致知」，是以平日指示學者，惟以存心致知，交養互發，爲進道之門。自留良闢王氏「致良知」之説，乃並所謂存心者而廢之，言理則以爲在心外，言學則諱言主静。由是開支離之徑，廢立本之功。此正朱子所譏訓詁詞章俗學之尤者，不可以不辨也。

吕留良云：「健順五常是性，即此性之具於中而未動處，謂之『中』。與太極之無極相似，非性之上另有一件『中』，猶之太極之上非更有無極也。異學指心爲性，以生謂性，必去理而尊氣，遂認仁義亦屬後面事，而於上面别指其虚活難言者當之，不知此却是仁義下面東西也。這裏正須明辨。」

朱子曰：「性，猶太極也；心，猶陰陽也。太極只在陰陽之中，非能離陰陽也。然至論太極，則太極自是太極，陰陽自是陰陽，惟性與心亦然。所謂一而二，二而一者也。」知此，則「性」

「道」「中」「和」之義了然矣。蓋陰静陽動者，氣機也，在人則爲虚靈不昧之心。方其静也，具衆理而寂然不動，此「未發之中」也；及其動也，應萬事而感而遂通，此「發而中節之和」也。「未發」「已發」，如陰陽之不同位，而所性之理，實貫通主宰於其間，猶之太極之乘氣機爲動静也。故以太極言性則可，以「中」比無極則不可。在留良之意，不過以無極即太極，喻性與中非兩件。然其流弊，將有以「中」爲天命流行之本體，而混「已發」「未發」爲一時。如餘姚之論者，不少矣。且中與性，雖非兩件，然未可以「中」字即當「性」字，「中」爲性之德，猶言天圓地方，程子謂「不可以方圓爲天地」是也。若周子所云「無極而太極」者，「太極，本無極也」，故下文但言「無極之真」，不復言太極。如留良言，則首節「天命之謂性」，亦可云「天命之謂中」；下節「致中」，亦可云「致性」，有是理乎？况「人生而静，天之性也；感於物而動，性之欲也」，「中節之和」，根於「未發之中」者也。情之德，即性之德也，第曰情耳，則五性感動而善惡分焉，亦將混情與和爲一，而比之無極、太極乎？

呂留良云：「『發而皆中節，謂之和』，此不指養成性體，亦不説偶然合節。是言人心性情之德，其本來道理如此。偶然者豈能皆中？養成者即下『致』字中事，養成乃復得此『和』，非本然之和也。」

「中節」曰「皆」者，謂凡「發而中節」者，即是「和」。非謂有全體之和，無一節之和也。如孟子言「乍見孺子將入井而怵惕」，情之偶然也，謂非中節，可乎？至於此段，只言本來道理，章句甚明，不須置辨。留良又謂「養成之『和』，非本然之和」，亦未明理。譬之本清之水，與淘去沙土而後清者，有辨乎？抑無辨乎？留良書中，似此等無益之辨，徒足以紛學人之志慮，而反晦經文之大旨也。

呂留良云：「有謂『已發處，即是未發』，已屬牽扯混話。又有謂『不得不發而未發，本體不與之動』，更不成道理！如此，則性情有兩件作用，而所謂『發』者，即屬妄緣；所謂『中節』，亦涉外假矣。」又云：「『即已發内有未發』，是野狐禪亂道；『雖發而本體仍寂』，是外道打成兩橛語。學者奈何粗淺至此？此説原於陳、湛以『慎獨』『獨』字爲心體之妙，皆聖經之蟊賊。學者不可不辨也。」

程子以「中」爲「在中」之義，又云「未發即是中」。蓋「中」一名而有二義，未發之「中」，「不偏不倚」之謂也。猶之立乎東西南北之間，南北東西，皆其所有也。若偏東則不能有西，偏南則不能有北矣。人心至虚至靈，當其未發，無所謂喜怒，無所謂哀樂，而喜怒哀樂之理具在，此所以「不偏不倚」，而謂之「中」也。有「不偏不倚」之體，而後有「無過不及」之用。譬如明鏡止水，光曜内含，不著一物，故能隨物賦形。若先有一毫形影在内，則不能照物矣。「發而中節」者，當喜而喜，當怒而怒，非有喜怒於我也，故曰「聖人以其情順萬事而無情」。此「未發之中」所以爲「天下之大本」，「中節之和」所以爲「天下之達道」也。朱子與張南軒論中和初書曰：「天命流行，生生不已之機，雖一日之間，萬起萬滅，其寂然之本體，未嘗不寂然。所謂『未發』，如是而已。」此因程子有「凡言心，皆指已發」之説，故謂「言和即包中在其内」，乃朱子未定之論也。王陽明、湛若水藉口朱子舊説，逞其荒誕不經之論。陽明以「未發之中」爲「良知」，無分有事無事；若水以「慎獨」「獨」字爲心體。後之講家，沿襲謬論。鄒守益則云「喜怒哀樂無未發之時，即發而有不發者在」；吴默則云「喜怒哀樂未發，即涵養也。本體即工夫，工夫即本體」；張彦陵則云「中者，一真自如，萬境不染之謂」；高存之則云「中者，天命之性，豈有未發之時？」種種謬誤，總緣不肯分「已發」「未發」爲二時，遂墮落禪家如如不動宗旨。若「未發」「已發」，判分動静，則方其存也，思慮未萌，知覺之靈未嘗或昧，是即静中之動也；及其發也，事物糾紛，而此心之本體未嘗牽擾，是即動中之静也。「寂而常感，感而常寂」，此朱子之定説也。或疑「感而常寂」，非即初書「寂然之本體，未嘗不寂然」之説乎？不知初書所言「萬起萬滅，本體未嘗不寂」者，謂「已發」即是「未發」也。三書所言「感而常寂」者，謂「因物付物，品節無差，不假安排布置，而所性之本體常定」，故引易艮卦「不獲其身，不見其人」以證之。繫傳謂「何思何慮，同歸一致」，亦即此意。通書云：「動而無静，静而無動者，物也；動而無動，静而無静者，神也。」斯言尤爲明切。蓋無静中之動，則冥然罔覺，無以爲應物之本；無動中之静，則「憧憧往來」，不能以有爲爲應跡。其失與良知自然之學，正相等也。吕留良但知「本體寂而不動」之非，而不知其謬誤由於混動静爲一時，雖極意駁斥，徒資口實，而天理周流，貫徹動静之義，轉滋蒙晦，何粗疏之甚也！

吕留良云：「離第二三節講『致』字者，邪説也；即第二三節是『致』者，淺説也。注云『自戒懼而約之，以至於至静之中，無少偏倚，而其守不失；自謹獨而精之，以至於應物之處，無少差謬，而無適不然』，可知有多少次第境界在。」

「戒懼於所不睹不聞」，即「致中」之功；「慎獨」，即「致和」之功。朱子之定説也。而留良以爲淺説者，緣誤認注中「而約之」「而精之」等語，謂「自所睹所聞之戒懼約之，以至於不睹不聞，而其守不失，爲『致中』；自隱微之慎精之，以至於顯著，而無適不然，爲『致和』也」，不知「致中」屬静，「致和」屬動，謂「致和」兼微、顯可也，謂「致中」兼動、静，可乎？況静時工夫較難於動，微處工夫尤密於顯，故言静可以包動，言微可以包顯。不睹不聞猶戒懼，則所睹所聞之戒懼，不待言也；獨知之地加謹，則顯著時可知矣。安得謂第二節之外，别有「致中」之功？第三節之外，别有「致和」之功乎？語類云：「『所謂約者，莫只是不放失之意否？』曰：『固是不放失，只是要存得。伊川所謂「只平日涵養底便是」。』」新安陳氏曰：「收斂近裏貴乎約，審察幾微貴乎精。」按此，則「約」字緊貼戒懼，「精」字緊貼慎獨，兩「以至於」字，直趕下「無少偏倚，而其守不失」「無少差謬，而無適不然」。謂從戒懼、慎獨上用功，造到純熟無間，則至約至静，而「中和」乃致耳。非以自動至静爲約，自微至顯爲精也。且留良既云「離戒懼、慎獨者，爲邪説矣」，又云「即此是『致』者，爲淺説」，使人尋覓於不即不離之間，無異於繫風捕影之不可捉也。留良既闢釋氏，而又竊其機鋒，以誇神妙。凡云既非如此，又非如彼，即此亦非，離此亦非者，每章之中，不一而足。豈知釋氏之理，有非有非無，不在中間，不在内外之説。若聖經之言，理歸其分，事循其則，一事一物，各有歸著，不可以游移惝恍之解雜於其間也。譬之采齊肆夏、冠裳玉佩之區，而以吞刀吐火、幻怪離奇之術施之。此朱子於雜學辨中，所以深病張子韶之徒説經之誕妄也。而留良亦陰用其術，何耶？

仲尼曰「君子中庸」章

吕留良云：「或云『君子之德，是戒懼致未發之中；隨時處中，是慎獨致已發之和。小人反是。』非以「時中」爲戒懼，照下「無忌憚」也。照「無忌憚」，當以「慎獨」對耳。顧麟士云：「按注『君子知其在我』三句，是『時中』上一層話，推原其平日也。『而無時不中』一句，方是正説。『小人不知』一句，對『君子知』三句，不戒懼意已在裏面。『則肆欲妄行』二句，對『無時不中』一句，不可以『無忌憚』對戒慎、恐懼。」存疑説是，又爲通之，此解最確。』曰：『注先下「中無定體，隨時而在」，然後云「君子戒慎、恐懼，而無時不中」。先解「時中」之理，而後説君子之所以「時中」，則戒慎、恐懼正講「時中」，以對照「無忌憚」，非推原平日。林次崖、顧麟士之説，皆誤也。蓋「時中」只在事理上看，即首章第二節注中所謂「日用事物，當行之理，無物不有，無時不然」者也。惟戒慎、恐懼，乃能體得此理於己。「無時不中」，即所謂「常存敬畏，而不使離於須臾」者也。故程子、朱子皆只説戒慎、恐懼，而不及慎獨，煞有意在。慎獨只説事幾交接頭上尤要加謹，戒慎、恐懼兼動静、統始終而言。「時中」者，無適而不中，亦是統體説，不指交接頭上説。故謂「君子貼戒慎、恐懼，而時中貼慎獨，不可以戒慎、恐懼對無忌憚」者，皆誤也。』」

朱子云：「爲善者，君子之德；爲惡者，小人之心。君子而處不得中者有之，小人而不至無忌憚者有之。既是君子，又要時中；既是小人，又無忌憚。」按此，則諸家以静存屬有君子之德者，非也。然注中「戒慎不睹，恐懼不聞」，是言君子常存敬畏，所以能「時中」，正對下「小人無忌憚」説。蓋「時」字有時時、隨時二義，而時時之義，即包在隨時內。此就發見處説，乃無過不及之「中」，即「中節之和」也，但必體立而後用行，故以戒慎、恐懼統言之，朱子所謂「無過不及者，即其無所偏倚者之所爲耳」。留良乃謂「『時中』者，無適而不中，亦就統體説」，是以「中」兼「大本」「達道」，而「時中」爲靜時亦中、動時亦中也。無論經書中，凡言「時中」，皆謂「無過不及」之中，即此章注云「隨時處中」，又云「中無定體」。若兼「未發」言，則「未發之中」，豈得謂「無定體」乎？且「未發」矣，又何所隨而處中乎？書理字義，一毫不可通矣！

呂留良云：「只加一個『時』字，便藏得個『庸』字。注云『中無定體，隨時而在，是乃平常之理』，正還『庸』字下落。若只作因時爲變，不討得戒懼源流，即是後世講作用學術，未有不流於『無忌憚』者。」

君子之「中庸」，以其有君子之德，而又能隨時以處中。「時」字内有工夫，謂君子隨事隨時，存省克治，以體此中道也。注云「是乃平常之理」，蓋因本文言中不言「庸」，故補云是即所謂「庸」也。如留良所云，竟似特加一個「時」字，爲「庸」字注脚。遵注而不體會注意，同於悖注。留良之論，大率如是。

呂留良云：「『時中』與『無忌憚』正相對。『中』字本天來，不本心來。惟君子無時不戒慎、恐懼，故能隨時處中。若但作達權通變作用看，却正是小人之無忌憚。小人也不是一味狂獗，他也見一種影子，只是憑心起義，不知天命而不畏也，雖倖成事功，已離天則，他何嘗不自以爲『時中』？所謂『本領不是，一齊差却』也。」

「中」之理，固本於天。然天既以此理付於人，則所以存此理、發此理者，皆人心之所爲也。論語曰：「人能弘道，非道弘人。」今云「本天而來者，不本心來」，然則從何處而出耶？留良之執滯不通如此。君子之隨時處中，有經有權，固不專在達權通變上見，然應權而權，亦「時中」之所在也。今云「達權通變，即是小人之無忌憚」，然則經書中凡言權處，皆可爲小人借口，皆可爲小人作階梯耶？留良見理偏枯，其説經處，不能有益，而反有害，多此類也。

子曰「道之不行」章

吕留良云：「『知』字，非知行之知，統明行而言，乃提撕省覺意，即孟子所謂『弗思耳矣』也。」

「知」字，合知、行二意，説本蒙引。留良以「提撕省覺」當「知」字解，由誤看注中「人自不察」「察」字耳。豈知此「察」字，在「鮮能」「能」字内，乃著力之詞。至「知味」「知」字，兼知行，則現成之詞。「察」在前，「知」在後。今以「察」爲「知」，則既失其義矣。又集注所謂「察」者，言道在日用間，顯而易見，人只鶻突過去，是以有過、不及之弊。猶之飲食者，因任口腹，不能辨别飲食之正味耳。「察」是隨事體察義理之意，非提撕儆覺之謂也。

子曰「舜其大知也與」章

吕留良云：「舜能不自用而取諸人，所以爲『大知』。然其所以能如此者，舜固自有其知之本也，而又擇之審如此，此其所以爲『大』耳，非全無己知，而恃人以爲知也。看注中『然非在我之權度精切不差，何以與此』二語，自明。」又云：「『其不自用而取諸人』處，多有聖人本分在，不是單靠衆人也。其好問、好察、隱、揚、執、用，不是『大知』，如何能有此精切不差之權度？但有聖人權度之精，而又必不自用而取諸人如此，此其智之所以尤大也。」

此二段，全襲朱子語。然朱子謂舜本自知，而能「不自用而取諸人」，此所以爲「大知」，非謂「舜之所以能取諸人者，由自有其知也」。至注云「然非在我之權度精切不差，何以與此」，乃承上文釋「執兩用中」而言，謂舜所取者，人之善；而執而用之，則由自己權度之精也。必如此補足，道理乃完全。今留良以補足之詞爲「大知」之正解，誤矣！且以舜之聖，在我之權度精切不差，乃其固然耳。其大而不可復加處，乃在「不自用而取諸人」，合天下之知以爲知。所謂「太山不讓土壤，河海不擇細流」，此何等氣象？夫子所以深贊其大者，以此也。留良識見低小，乃切切然於權度不差處争聖人身分，豈不可笑？

吕留良云：「舜本自知，又能合天下之知以爲知，故曰『大』也。『問察』四句，正見其大處，非舜之所以爲『知』處，看注云『非在我之權度精切不差，何以與此』，便是此意。」

此章贊舜之「大知」，自「好問」「好察」，至「執兩」「用中」，皆其「大知」處也。留良將舜之「大」處，與舜之所以爲「知」處，分而爲二，則已謬矣。又謂「『問察』四句，見其大，而注中『權度不差』，乃其所以爲知」，豈非謬而又謬者乎？

吕留良云：「此兩端不是兩頭，只兩樣相似，皆善也，於兩樣中審擇其至善之一，即謂之『中』。非即始概終、由小推大之謂，混論語『無知』節『兩端』義不得，彼『兩端』有中間，此『兩端』無中間。」

「兩端」，謂過、不及之兩端，不限定是兩樣也。如有功當賞，或云當厚，或云當薄，將此兩端酌量，如言厚者是，則從厚爲中；言薄者是，則從薄爲中。如厚者太厚，薄者太薄，則酌量於二者之間以爲中。若拘定於兩説中從其一，不許善言有三有四乎？且安必兩者之定有一中乎？凡言「兩端無中間」者，謂善惡兩端，不是善，即是惡，更無介於善惡之間者也。若同是善言，無論一厚一薄有中間，即兩厚兩薄之説，亦必有中間。舜之「用中」，擇其至當不易者而用之，不定是兩端之一，亦不定是兩端之中間也。留良謬謂「此『兩端』無中間」，心粗至此！

吕留良云：「聖人所以『不自用而取諸人』，只爲中無定體，恐有未盡，而求之衆人邇言，正爲『中』不離『庸』也。可知『道』只得『中庸』，『大知』乃所以行『中庸』，此作傳微旨也。」

舜之「好察邇言」者，取善之周耳，非謂專察邇言，而深且遠者反不察也。注云「邇言者，淺近之言，猶必察焉，其無遺善可知」，注意明白如此，而留良夢夢。至引「中庸」「庸」字，以明「邇言」之義，可謂謬之又謬矣！夫所謂「庸」者，謂其理之平常耳。若其事，則雖大聖人經天緯地，通變達權，無適而非平常也。豈可以「邇言」爲比，而謂「庸」字之義止於如是而已哉？留良讀書，泥於文句而闇於義理，大抵如是。

子曰「回之爲人也」章

吕留良云：「爲上章能擇不能守者指示一箇樣子，與『舜大知』章同例。『得一善』，正見顔子所擇守無非中庸，不是著向一善上説工夫下手也。」正是説顔子之於「中庸」，能擇能守，以示學者下手工夫。至於顔子所擇守者，無非中庸，義具本文，何煩推闡？

子曰「天下國家可均也」章

吕留良云：「道是『中庸』，却説『不可能』，則過者止矣；道是『不可能』，却只是『中庸』，則不及者跂也。」

「中庸」雙對過、不及，「不可能」亦雙對過、不及。今以「中庸」單對過者言，「不可能」單對不及者言，固已不可解矣。且「中庸」，理也；「不可能」，言人體道之難也。能者，即能乎「中庸」也。如之何以爲二物而對舉之耶？

子路問强章

吕留良云：「『和』與『中立』，與國有道、無道例看，不重，重在『不流』『不倚』，下半橛乃是君子之『强』處。」

此段全抄朱子語録，而若自己出。何耶？

呂留良云："「立言自有深淺，道理初無内外，如此節『和』與『中立』，自與首章『中和』迥然兩義，牽扯附會不得。或云『中和無兩義，此從涉世言耳。漫從粗淺處説起，恐涉末世黨錮時節義餘論，故必須説本體』，此種謬論，直是强作人言！既曉從涉世言，則不當從本體説，明矣。惟其從粗淺處説，而『强』之本體，精明醇切，乃見談理之妙，如此即涉末世餘論，何害？若必以説人心性爲内爲精，以事物世故爲外爲粗，則全非聖賢道理，最是不通秀才見識。」

「中」曰「立」，「和」曰「不流」，初學童子亦知與首章「中和」之義無涉。留良只爲要發「内外精粗」一段狂言，乃以「不通」之説硬派秀才身上。集中如此類甚多。

子曰「素隱行怪」章

呂留良云："「告子遺説，至宋而忽猖；子静一宗，至明而大熾。告子、子静，當時幸有孟、朱闢之力、辨之明，然且後世有述如此。若良知立教，至今曾未有孟、朱者出，雖困知記、讀書劄記、象山學辨、閑闢録、學蔀通辯諸書，未嘗不指斥其非，然皆如蜀漢之討賊，其號非不正，而力不足以勝之，其流毒惑亂，正未知所届耳。願天下有識有志之士，共肩大擔，明白此事。」此所謂大言不慙也。留良闢陸、王之學，多剿竊陳清瀾、羅整庵語。然二家反覆辯論，總是發明正理，何曾一語謾駡？使陳、羅見留良書，其痛恨又不知當何如也？

吕留良云：「第三節總結上兩節，注中雙承甚明。『依乎中庸』二句，平分直下；『唯聖』句，總對『弗爲』『弗已』。白文語勢亦甚明。自胡雲峰倡説側重『遁世』句，乃云『依乎中庸，未見其爲難』，將兩句强分難易，他看得『依乎中庸』與『遵道而行』無異，直是心粗！不知聖學大段全在『依乎中庸』内，『遁世不見知而不悔』，正是『依乎中庸』達天自得之妙，兩句離説不得，一分輕重，連『遁世不悔』亦不切聖人分上矣。」

「側重下句」，乃饒氏雙峰語。饒氏謂「『依乎中庸』未見難，『遁世不見知而不悔』，方是難處」，誠有語病。然易曰：「遁世無悶，不見是而無悶，潛龍也。」論語首章，必説到「人不知而不愠」，乃謂之君子。即如留良所云，亦必造到「不悔」地位，乃見君子「『依乎中庸』達天自得之妙」，豈得將下句納在上句内，鶻突看過乎？況注中既以二句分對上二節，則「依乎中庸」是無過,「遁世不見知而不悔」是無不及,明白之甚。留良欲連兩句爲一氣,不與注相刺謬乎?

呂留良云:「自仲尼曰『君子中庸』章至此,爲一大起結,總以明『中庸』之義。言過言不及,『中庸』之所以失也;言知言仁言勇,『中庸』之所以明而行也;知必如舜、仁如顔淵、勇如子路,分言德之成也。統仁、知、勇之全者,其惟孔子,故開端以『民鮮能』起,此以『惟聖者能之』結,照應分明;中間『鮮能知味』起『舜之大知』,『不能期月守』起『回之爲人』,『中庸不可能』起子路問强,皆一『能』字作線,直至『聖者能之』『能』字總收。」『能』字作線」,於中庸立言之旨何涉?使讀書者,只擺弄此等機括,於經義何所發明?此留良之俗陋也。

君子之道費而隱章

呂留良云:「『夫婦之愚,可以與知』,不是説夫婦知道,即夫婦之愚,道亦不離耳。『與知』,只是萬分中一分,非道之全也。『夫婦』二字,只從居室而言,聖賢學問俱從此起,此纔是『夫婦之愚,可以與知』,不是云愚人可以與知也。」

「夫婦之愚，可以與知」，本句文義正謂夫婦與知乎道，若泛以道不離物爲言，則草木土石，道亦未嘗離也，何待説夫婦耶？且此句本意，謂道之小者，夫婦可以與知。今留良云「聖賢學問俱從此起」，則以小爲大矣。子思之意，本謂愚人可以與知，以見道之無不在。留良乃謂「不是愚人可以與知」，而義主於夫婦。此等曲説，實經傳之蟊賊也。

呂留良云：「釋氏小天地，小之以無；儒者小天地，小之以有。以天地之有礙其無，故小之，此誕妄無忌憚也。以道皆實有，有天地之所不能盡，正見天地之所有不可窮也。」

釋氏混融大小，所謂「極小同大，極大同小」，不曾有「小天地」之説也。儒者父天母地，敬畏天命，程子曰：「『君子終日乾乾』，言君子當終日對越在天也。」何自而有「小天地」之説？留良肆口妄談至此，使人駭愕。且曰「小之以無」「小之以有」，亦無此理。既已「無」矣，何小大之可言？既已「有」矣，則大莫大於天地，憑何道而能小之耶？

呂留良云：「上面説『費』，在廣大無盡處，盡放得開闊，令人茫洋自失；第三節又就其中變動流露處提出，示人無所不在，無時不然，當下色色可會，所謂『吃緊爲人，活潑潑地』也。上面是横説，此是竪説；上面包羅全體，此是在交接當機。」

留良云「上面説『費』，在廣大無盡處，盡放得開闊，令人茫洋自失」，此大謬也！聖賢道理，明白正大，何至令人茫洋自失，如莊周、列禦寇之荒誕乎？又云「上節是横説，此節是豎説」，此亦不然。所謂「上下察」者，言導體流行發見，充滿偪塞於天地之間，無一毫空缺間斷，横豎看去，觸處皆是，所謂「活潑潑地」是也。即上節以全體言，「大莫載」「小莫破」，横豎俱包在内。留良拘泥上下字面，將兩節分作横豎説，何粗心乃爾！且與所言「就流露處，指示無所不在，無時不然」之説，不自相矛盾乎？

吕留良云：「中庸特下『夫婦』二字，不是泛然。天地者，造物之大，夫婦也，故曰：『天地絪緼，萬物化醇，男女構精，萬物化生。』又云：『有天地，然後有萬物；有萬物，然後有男女；有男女，然後有夫婦；有夫婦，然後有父子；有父子，然後有君臣；有君臣，然後有上下；有上下，然後禮義有所錯。』道理次序如此，聖人功用亦如此，宇宙感應變化云爲無不由此，故曰『一陰一陽之謂道』。中庸特於此章提出此意，下章即指『子、臣、弟、友』，與易傳之理相會，昭然可見也。故注下『居室之間』四字，亦正不泛。然吾舉此説，人多信不及，且有譏笑之者。只緣今人渾身是人欲，而於此尤爲人欲之極，看得曖昧醜褻，不可以口宣而筆書者。不知聖人却看得此爲天理之極大極微處，戒懼、慎獨正於此下手，於此能人欲淨盡，天理流行，則其餘倫物，皆無難盡難通之處矣。『夫婦』二字，是通章微旨，實在居室上講。一陰一陽，至天地而極，故對舉結。」

史伯璿創爲不經之論，猶謂「夫婦所與知、與能者，只此居室一事而已」。留良竊其説，敷衍數百言，直云「宇宙感應變化云爲無不由此」，豈知中庸言「夫婦之愚」「夫婦之不肖」，對聖人、天地言，以明道之至微至近處，夫婦可「與知」「與能」，盡其量，則聖人、天地有所不能盡而已。何嘗在「夫婦」兩字上著解？必重看「夫婦」字，則「與知」「與能」，乃道之本根。其與經旨兼舉近遠，以明道之「費」意，河漢不相涉矣。謬乃至此乎！

吕留良云：「注只『結上文』三字，不是上三節説『道』，而此節責重君子可知，故作體道者説，固非；或於空論道後補出君子意，亦非。蓋此章只明『道不可離』，而不離道之意即在其中。看第二節注云『近自夫婦居室之間』，正指天倫人道之始，則『夫婦』二字已具有事業工夫在，不與佛家善男子、善女人同例也。知前節『夫婦』，即有『居室之間』四字；則此節『結上文』，自應有『戒懼』『中和』之意，又何須分作兩層乎？艾千子云：『「造端」，猶言下手入門工夫耳，乃君子入道之始事，非謂天地造化之理始於夫婦也。』『造端夫婦』，以見道始於日用彝倫，方是君子『行遠自邇』『登高自卑』『不可斯須離道』之意。此『夫婦』字，即此章『與知』『與能』、後章『子、臣、弟、友』『宜室家，樂妻孥』『父母其順』之旨，非禮始男女，化起陰陽，合生於兩，愛生於欲之謂也。此天地間大道理，與君子入道工夫何涉？」又云：「此章總説道體，下八章又就此章節節推明，各有本義，無一複疊。如千子言，則下數章皆重出矣。看此節注只『結上文』三字，則『造端』『及至』是就上文兩頭總數包括語。『造端』非下手入門，『及至』『察乎』非成功究竟也。到『不遠人』章，乃漸推出兩頭輕重來，就人身上説；『素位』章，又就身所處之位上説；『遠邇高卑』章，方在推行之序上説。即此三章，以至『問政』章，亦只是虚指道理如此，皆以申明『道不可離』之意，不言君子不離道之功，而不離道之功已在言外。自『鬼神』章開出『誠』字，『問政』章末開出『明誠』『天道』『人道』，爲下半部中庸張本，方是説君子體道不離之實。上半部只講道之費、隱未之及也，至『夫婦』二字，的確宜實發，不是泛當人字用，故注中特下『居室之間』四字。『鳶飛魚躍』，皆指陰陽妙合、絪緼化醇之理。此章全主此意，故下章充之『子、臣、弟、友』，至『遠邇高卑』章，又從『妻子好合』説起，以見『自邇』『自卑』之意，脈絡分明可按也。」

「造端」「及至」，乃自此至彼之詞。留良認作天下萬事萬物，皆從「夫婦」造始，一誤也；集注「夫婦居室之間」，猶云日用居室之事，留良以居室爲男女婚姻之大倫，二誤也；或問云：「知其造端夫婦，則所以戒謹、恐懼者無不至。」又云：「易首乾、坤，詩首關雎，亦是此意。」此因論道體而推説工夫，留良認作「造端」正解，三誤也。艾南英作「君子體道」説，亦由錯看章句、或問之故。留良既駁之，而又曰「上節『夫婦』二字，已具有事業；此節『結上文』，有『戒懼』『中和』之意」，則又自駁之而自犯之矣。留良所言，大抵批駁南英語。平心而論，艾云「下手工夫」，雖非正旨，猶是中庸言外之意。留良直謂「陰陽妙合之道」，則大謬矣！艾就「夫婦」言「夫婦」，留良推及天地，謂「天地一大夫婦」「『鳶飛魚躍』，皆絪緼化醇之理」，則尤謬矣！艾云「後章言『子、臣、弟、友』『妻子』『兄弟』『父母』，即此『夫婦』二字意」，語雖寬而不失大意。留良云「後章充至『子、臣、弟、友』，『行遠』章又從『妻子』説起」，勉强牽合，不更穿鑿支離乎？

子曰「道不遠人」章

呂留良云：「『萬物皆備於我』，『我』者，人之本也。盡人性在能盡其性，然則云『以我治人何不可』者，只爲人人理一，而人人分殊，若以我治人，便有行不通處。譬之言孝，則我與人同該孝者，然其所以孝，則甲之所行不可施之於乙，故甲乙各盡其事而同歸於孝，乃所謂『道不遠人』。看一個『人』字，便見道理是個公共底，故曰『本天』。可知外面道理，無非我裏邊道理。陽明謂『事父不在父上求個孝的理，事君不在君上求個忠的理，都只在此心，心即理也』，不知事君父不於君父上求忠孝之理，則雖有忠孝之心，而其道有所不盡矣。程子謂『在物爲理，處物爲義』，其義極精，湛民澤不知，而改『在心爲理』，亦即此謬。」

「以人治人」，謂以子、臣、弟、友之道，治子、臣、弟、友之身也。張子云：「以衆人望人。」「衆人」，猶詩言「有物有則」之「蒸民」也。繼善成性而後，同此人，即同此道，匹夫匹婦「與知」「與能」，天下無道外之人，亦無人外之道。語類云：「要緊全在『道不遠人』一句，言人人有道，只是人自遠其道，却從不是道理處去。今欲治之，不是別討個道理治他，只是將元自有底道理，還以治其人。」又云：「道者，衆人之道。衆人所能知能行者，今人自未做得衆人耳。」觀此，可知「以人治人」，只是治之以「與知」「與能」，人人所同具之道而已。如孝者，子之道；弟者，弟之道。以子之道治子，而孝道得矣；以弟之道治弟，而弟道得矣。留良乃云「孝同，而所以孝者不同，甲之所行不可施之於乙，故甲乙各盡其事而同歸於孝」，夫所謂「各盡其事」者，如士有士之孝，庶人有庶人之孝，生養死葬，各隨其分之所當爲，力之所能爲。此人子之所以自盡者也。治人者，雖欲以士之孝責之庶人，以庶人之孝責之士，安可得乎？且士以庶人之孝爲孝，庶人以士之孝爲孝，是即不孝也。果能致愛致敬以事其親，何患不「各盡其事」乎？若夫理一分殊，興孝興弟，必有以處之，使各得其分願。此大學「平天下」章所謂「絜矩之道」，非此章之旨也。至事父事君之道，不外爲子爲臣之身。陽明謂「忠孝在心上求」，留良謂「在君父上求」，其謬均也。

呂留良云：「『施諸己』二句，似只説得『恕』，而『忠』行乎其間。蓋『修道以仁』，求仁以忠恕，忠恕之體用，固忠先而恕後，而兩者推行用力關頭，却在恕邊見。恕可見忠，忠不可見恕也。」

「盡己之謂忠」，「忠」之用力，尚在「恕」之先。本文「施諸己」二句，只言「恕」者，因恕施於外顯而易見，且「無忠做恕不出」也。今謂「用力關頭在恕」，則一偏之論矣。

君子素其位而行章

呂留良云：「『位』字極有定，却極無定。君子素位之道，立乎位之上，故能止乎位之中，雖所處只一位，而凡位之理無不備，纔能『素位而行』，故下文曰『無入不自得』。」

聖賢言處事之理，有以變動不居言者，大易乾九四，與此書「君子時中」是也；有以各止其所言者，大易艮卦「君子思不出其位」，與此章「素位而行」是也。二者理雖一，而所指各殊。此章正以有定之位而言，今主於無定，則非此章之旨矣。「素位而行」，就現在之職分而言，今云「必立乎位之上，乃能止乎位之中」，則是於位前虚言其理，而非即位自盡之義矣。

「素位而行」，正謂位各有定，不可相假，處富貴者，不可移之貧賤；處貧賤者，不可移之富貴。今云「處一位，而凡位之理無不備」，則是籠統公共之理。離位言之，亦無不可，與此章之旨，復何干涉哉？

呂留良云：「『不願乎其外』，『不』字，須斬釘截鐵始得，纔說得含糊游移，便是秀才胸中卑污志趣流露周旋耳。且『不』字有兩義：一是不可妄求，一是不可必得，然此猶就下一等人說。惟直窮到義利、公私之間，此纔是『不』字真實本領。」

著力全在「素位」上，「素位而行」，自然「不願乎外」。凡「怨天尤人」者，皆不正己之故也。義利、公私關頭，亦只在「素位」上講求。如程子言「有主則實，無主則虛；實則物不能入，虛則物來入之。喻如破屋中禦寇，東邊一人未逐得去，西邊又一人至矣。有主者，如水滿瓶中，外面之水自不能入」，正此理也。若無「素位」之實，則「願外」之心，雖強排遣之，有不能自已者矣。留良極講「不願外」之理，而不知所重在「素位」，終欠分曉。

君子之道章

呂留良云：「『高遠』『卑邇』指兩頭，兩頭都是道，此『費隱』章義也；『高遠』却即在『卑邇』，此『不遠人』章義也；『高卑』『遠邇』各有本分所當盡，不得居『卑邇』而妄騖『高遠』，此『素位』章義也。此上數章皆在兩頭定處盡處説，此章却就卑之於高、邇之於遠中間，推行交接上下不定不盡處説，著力在首節兩『必自』，言道之高遠無窮，而爲之有序，只在卑邇上用力，逐步積趲上去，行得一步卑邇，便到一步高遠。卑邇不定，高遠亦不定；卑邇不盡，高遠亦不盡。只看詩言『妻子』『兄弟』，而聖人謂『其道已及父母』，由此推之，可見步步有高遠，步步在卑邇上做，自然高遠。即如到了『父母順』，又不止於『父母順』，乃所謂序也。惟其高卑遠邇無定位，亦無盡頭，故不可質言，而引夫子説詩做箇話頭指點，令人自悟，此注中『意』字之妙。然皆指實事實理，非虚弄機鋒也。」

此章言君子之道從「卑邇」做起，使學者有所從入，如其行則孝弟忠信，其事則灑掃應對是也。下文引詩亦指「妻子」「兄弟」，以明順親之道。由此而始，何不可質言，令人自悟之有？若「步步卑邇，步步高遠，高遠中有卑邇，卑邇中有高遠」，此乃學道者中間所歷之境，自然有之，亦第二層推説之意。非此章之正旨也。至以「卑邇」「高遠」統論前三章，亦多不然。何也？「費隱」章之義，無所不包，固無容置辨；「道不遠人」章，辨明「遠人」爲非，而以「不遠人」爲是，並無兼論高遠之義；「素位而行」章，所重者在於「不出位」，不論卑邇高遠，如行乎富貴之道，有卑邇，有高遠；行乎貧賤之道，亦有卑邇，有高遠，處乎其位，俱當兼盡。如留良之説，「不得居『卑邇』而妄騖『高遠』」，以此爲「素位而行」，將謂處富貴時，以富貴爲卑邇，貧賤爲高遠？處貧賤時，以貧賤爲卑邇，富貴爲高遠乎？反覆求之，終不識其所謂也。

子曰「鬼神之爲德」章

吕留良云：「鬼神使人盡其誠，鬼神之理，誠也；人以誠格鬼神之誠，人心之誠也。兩邊道理缺一邊，便不見下『誠』字全義。祭祀之鬼神，鬼神之一；鬼神之誠，誠之一。」又云：「全部『誠』字有二義，在天地爲實理，在人爲實心。此處『誠』字兼二義言。」又云：「『誠』，在天地之間爲實理，在人爲實心，必有此實心，而實理始爲我有。仁孝而享帝享親，非禮勿視聽，而聰明正直，上蔡所謂『要有便有，要無便無』，鬼神至誠之理，盡此矣。」又云：「有云『誠字，即鬼神之德也；鬼神之德，即天地之化也』，曰：『鬼神之德，即説鬼神，不分兩層，故注云「爲德，猶言性情功效」，不云德即誠也。蓋鬼神之德，無非實有。其實有者，乃誠也。天地之化，只是鬼神，其實有是化者，誠也。鬼神之德，只在氣上説。』」又云：「就鬼神指出誠，不是説鬼神即誠也。誠是理上事，鬼神是氣上事。」又云：「『第三節，是祭祀中見鬼神體物處；引詩節，則體物中見其不睹聞之隱；末節，則又轉指出來，反覆説盡費、隱。」又云：「『此』字雖承上文來，然「夫微之顯，誠之不可掩」九字，是統言鬼神之理，因祭祀指出，不止説祭祀也。天地間風吹草動，無一非鬼神；人身上動止云爲，無一非鬼神。中庸從祭祀指出鬼神，從鬼神指出誠字，其旨甚精，若粘煞祭祀，則受訓詁之蔽矣。」

張子曰：「鬼神者，二氣之良能也。」説得最有分寸。氣至而伸，百物以生；氣反而屈，百物以斂。倏而伸，倏而屈，屈而復伸，伸而復屈，機緘之妙，有莫知其然而然者，故曰「二氣之良能」。朱子語類云：「良能是氣之靈處。」集注亦云：「鬼者，陰之靈；神者，陽之靈。」鬼神者，靈妙莫測之稱也。祭祀之鬼神，亦只是氣之靈。易曰：「精氣爲物，遊魂爲變。」精，血也，血陰而氣陽，合而成物；呼吸者，氣也，能呼能吸者，魂也；耳目，體也，能聽能明者，魄也。人死則魄降於地，故爲鬼，鬼者，歸也；魂氣升而爲神，神者，伸也。合魂魄言，則魂爲神，魄爲鬼；止就魂氣言，則往爲鬼，來爲神。故曰「『遊魂爲變』，即鬼神之謂也」。是則天地間造化之鬼神，與祭祀之鬼神，大端如此矣。留良於鬼神之義，茫無定見，是以開口便多錯謬。此章之義，主於言鬼神，謂鬼神在天地間，實有此理，所以能爲物之體，而物不能遺。即以祭祀言之，能攝人心而使之嚴肅敬畏者，皆鬼神之爲也。留良乃謂「鬼神能使人盡其誠，鬼神之理，誠也；人以誠格鬼神之誠，人心之誠也。鬼神之誠，人心之誠，缺一邊，便不見下『誠』字全義」，則是鬼神體物，而人心又體鬼神。凡所謂「性情功效」，皆賴人力爲之贊勷，於此章贊鬼神之德之盛，大相剌謬矣！

至謂「必有此實心，而實理始爲我有」，則又全歸其功於人，此乃下章「不誠無物，故君子誠之爲貴」之旨。與此章言天地自然之鬼神者，各爲一義，不可以相混也。謝上蔡「要有便有，要無便無」之説，與此章言鬼神之德，本無干涉。況此二語，已爲朱子所駁，以爲當論其理之當有當無，不應直以憑心起滅爲言。今安可據此以爲鬼神之定論哉？此由留良錯會第三節「如在」之義，謂鬼神造於人心，而不知皆實理之所爲。其謬一也；先儒謂「理精於神，神精於氣」，陰陽，氣也；鬼神者，二氣運用之能，所謂神也；理則鬼神之所以爲鬼神也。是故以理爲鬼神，非也；以氣爲鬼神，亦非也。而留良乃云「鬼神之德，只在氣上説」，又云「誠是理上事，鬼神是氣上事」，則是混氣於神，與張子「良能」之説相剌謬矣。又謂「鬼神之德，無非實有。其實有者，乃誠也」，不以鬼神所以爲鬼神者爲誠，而以實有此鬼神爲誠，則又混神於理，不知鬼神之本矣。是則留良不知理、氣、神三者静粗之分，而錯雜言之。其謬二也；此章第二節並提微、顯，至第三節以祭祀明鬼神之體物，第四節又引詩以證之，皆言鬼神之體物而顯也。而留良以四節爲「見其不睹聞之隱」，則與第三節之旨背馳矣，豈引詩之義哉？其謬三也；此章惟第三節主祭祀而言，至第四節引詩，雖證第三節，已不必粘著祭祀，況第五節但總言其理耳。而留良乃云「『夫微之顯，誠之不可掩』九字，是統言鬼神之理，就祭祀指出，不止説祭祀也」，譏他人「受訓詁之蔽」，而自不免於蔽。其謬四也。

子曰「舜其大孝也與」章

吕留良云：「章意由『庸行之常』推之以極其至，舉舜做箇樣子。自古以來，聖人止有帝舜渾純是一孝做成底，觀虞書四岳薦舜升聞陟位，只是一孝，以孝做到聖人，以孝做到天子，以孝做到『富有四海，宗廟饗，子孫保』，如此説來，方合章意。時解輒云『以聖人之德孝其親，以尊富饗保孝其親』，道理便倒，與章意不合矣。如必尊富饗保而後爲孝，是孝非『庸行』也。若云『善則歸親，以聖人之德孝其親』，則古來聖人皆是，何獨指一舜耶？」又云：「『大德必受命』，通章即此一意推詳反覆，以見『庸德』之極，其用廣如此。若謂『德爲聖人』以下，是舜以此孝其親，故稱『大孝』，則與下文自爲矛盾，末節當云『必受命者，爲大德矣』，豈其然乎？此謬實始於陳壽翁、許白雲，而後之講章因之，失朱子之意遠矣。」又云：「『德爲聖人』『德』字，與後『德』字異，即下節『必得其名』『名』字之意，言其以孝成聖人之名也。故下文『德』字上加一『大』字，便是『大孝』替身語，與此『德』字分別矣。『德爲聖人』句，止取『聖人』二字，『德』字不重。『得名』即指『德爲聖人』，『得壽』固是多年，而『宗廟饗之，子孫保之』，亦其事也。章中四個『德』字，下面三個『德』字一例，與『受命』對看，爲主爲綱者也；首節『德』字又一例，與『尊富饗保』並列，爲賓爲目者也。或謂『孝爲聖德之大端，非德止於孝』，其說似是而非也。若泛論聖德，自然孝爲大端，而不止於此。中庸此章却只論孝，故所謂『大德』『令德』，皆專指孝而言。所以只舉箇舜，不是他聖無孝德也，他聖不似舜單以孝成名，有天下而備諸福耳。夫言豈一端而已夫，各有所當也。」

此章即「庸行之常」以見道之「費」。第一節以「德爲聖人」五者，總成舜之「大孝」。至第二節以下，方歸重於「德」。此不易之論也。留良誤以爲「德爲聖人」五者，乃「大孝」所致，則文理顛倒，失經文之意矣。凡四書中，「也與」「者與」二字提起者，皆品評在前，而後實其事。此章言「舜其大孝也與」，下文五者乃「大孝」之事也；第六章言「舜其大知也與」，下文問、察、隱、揚、執兩、用中，皆「大知」之事也。經書中，此類甚多，何獨疑於此章乎？集注不注明五者爲「大孝」之目，亦以本節文義本明耳。總注「由庸行之常，推之以極其至」云云，蓋謂「庸德」之分量無窮，推極其至，即以大德致大福，至於「受命」，亦只完得孝之分量，以此見道之用甚廣，即十二章「造端」「及其至」之意也。留良乃謂「只將『大德受命』一意反覆推詳，以見『庸行』之極」，是以「極其至」爲推原「大德受命」之故，而歸本於「庸行」，非由「庸行推極其至」也。且所謂「至」者，「庸行」之至也，「德爲聖人」「尊富饗保」，皆其事也。此「至」字，與十八章「孝之至也」「至」字同。若將五者劃出在「大孝」之外，則所稱「庸行之極至」，又何指耶？道之用廣，對體之微言。蓋此章乃引孔子言舜之孝，以明道之「費」也。若云「孝之所致者廣，則是贊聖人體道之功用」，於「費隱」章之義無涉矣。又注云「後二章亦此意」，如留良言，將謂「纘緒成德」，非武、周之孝乎？「達孝」章亦未明言「繼述」爲「達孝」之事，亦將以「善繼」「善述」爲「達孝」之所致乎？總注數語，可謂深切著明矣。何留良之夢夢也？陸隴其講義云：「夫子恐人將『孝』字小視了，有一二分德行，便以爲顯親；有些小爵禄，便以爲尊養。故不覺深致歎於舜也，曰：『舜其大孝也與。』」此説深得朱子「推極」之意。大全、蒙引、存疑、淺、達、説，亦皆恪遵章句，未嘗有異詞。而留良獨創爲異論，反謂「謬始於陳壽翁、許白雲，後之講章因之，失朱子之旨」，是誣朱子而惑後學也。留良既執定五者爲「大孝」所致，無奈文義必不可通，遂生種種邪説，如云「自古聖人，止舜渾是一孝做成」，此言殊不可曉，將謂舜從大孝做到聖人地位耶？抑舜之聖，即是舜之孝耶？如以爲舜之聖即是舜之孝，則史臣之言「濬哲文明，温恭允塞」，孔子之言「大知」言「恭己」，凡贊舜之德與功者，不一而足，初未嘗以孝字了之也。若以功德之盛，即是舜孝，則亦無異於「德以成孝」之定解矣。如以爲「從大孝做到聖人」，即孝爲百行之本之意，則其他聖人，孰不以孝爲本者？「堯、舜之道，孝弟而已矣」，未聞獨以孝之道屬之舜也，舜之以孝名，以其所遭之難，有事迹可見，四岳舉舜，亦就其事迹之可見者言。有鰥在下之日，其他固未有聞也，豈得執爲「以孝做成聖人」之證乎？孟子曰：「孝子之至，莫大乎尊親；尊親之至，莫大乎以天下養。」留良乃云「以『尊富饗保』爲孝，則孝不得爲『庸行』」，然則孟子之言亦非歟？又謂「若以此五者，爲舜以此孝其親，故稱『大孝』，則與下文自相矛盾」，豈知首節言舜之「大孝」，下文五者，乃列其目。至第二節以下，方歸重於「德」，言有次序，乃語勢之自然，何矛盾之有？又謂「『德爲聖人』『德』字，與後『德』字不同，即下節『必得其名』『名』字之意」。聖賢著書，字各有義，若可互換以亂其正，則何以覺世而垂範耶？又謂「下文『德』字上加一『大』字，是『大孝』替身語」，夫語各有當，應用孝字則用孝，應用德字則用德，果「大德」字即「大孝」字替身，何不徑用「大孝」字，而必以「大德」字替之，又何意耶？又謂「『德爲聖人』『德』字，即『必得其名』『名』字，『壽』固是多年，而『宗廟饗之，子孫保之』，亦即其事」，此稍識文義者，亦知其説之不通也。至云「『德爲聖人』句，止取『聖人』二字，『德』字不重」，蓋自覺以「德」字當「名」字，義實不安，故專取「聖人」二字，謂可通於「名」字之義耳。凡此皆由其心之蔽溺，而不覺辭之流遁也。又云「此章所謂『大德』『令德』，皆專指孝而言」，夫引詩言成王之「憲憲令德，宜民宜人」，與孝之義無涉。況以成王之「令德」爲孝，則是成王之所以爲聖人，而受禄於天者，皆孝爲之。是成王亦「單以一孝成名，有天下而受諸福」也，又何以云「自古聖人，惟舜渾是一孝做成」耶？留良信口枝梧，不自知其説之矛盾，往往如此。或疑留良之説，本之朱子小注。不知朱子並無所謂「小注」之書。今坊間本，乃浙西陳彝則所刻，序云：「嘗見講章多引朱子或問小注，後睹全書，乃徐思曠所編次也。今以蒙引諸書所引小注勘對是書，鮮有合者。蓋諸家所謂或問小注，乃或問中雙行小字注。間有引大全、集注下所載朱子語，亦稱爲『小注』者，已屬謬誤。」今是書全録大全，而以或問小注爲名，亦大可笑矣！至序文之荒陋鄙俚，不惟非朱子筆，亦並非徐方廣、陳彝則之所屑爲也。集中所録大全外，間及或問、語録、語類，又多誤録他家之説，甚而雜以時人荒謬之論。即如此章，一説「以孝爲本，德與尊富饗保爲應」，又一説「首節是舜之事實，二節泛論其理，後論其應之必然」，一説「德爲聖人，即下節得名」，又一説「禄位名壽，即尊富饗保」，曾謂朱子有此支離之論乎？坊賈刊布僞書，直敢假托朱子，殊可痛恨！故一爲學者言之。

吕留良云：「論章意，舜只做一樣子耳，次節已結住，第三節便推開通論矣。許東陽謂『次節即泛言理之必然』，此則太驟。看注『舜年百有十歲』，則此節正結上起下之詞。熟讀白文數遍自見。乃有謂『通章只就舜身上説』，不識何據？或曰『出存疑、達、説等書』，吁！此余向欲盡去天下講章也，講章之説不息，孔、孟之道不著。」又云：「講章一派，起於元儒，盛於正、嘉之間，如世俗所稱蒙、存、淺、達之類，拘牽破碎，影響皮毛，於聖道毫無所見，而自附傳注之宗，其去漢唐訓詁已不啻萬里。至若時下坊刻所行説約等書，其鄙倍又過之，此不但道理之賊，亦文字之賊也。」

上節「德爲聖人」五句，謂舜之所以爲「大孝」者，以其「德爲聖人」，而致「尊富饗保」之福也。五句雖平列説孝之目，下文「必得」意已在其内。第二節乃承上文泛言其理，蒙引謂「注中『舜年百有十歲』以證其實也，如此説，『故』字方有著落」。蒙、存、淺、達、説、約等書，於程、朱之旨，不無異同，然其親切發明處甚多。留良講義中，竊其議論者，亦不一而足，乃詆爲「拘牽破碎，影響皮毛」，可知欺世盜名，言不由中，非徒狂誕放肆而已。

子曰「無憂者」章

呂留良云：「此章言文、武、周公能盡中庸之道，以見『費』之大者。章句云『此言文王之事』『此言武王之事』『此言周公之事』，本自平分，未嘗以文王爲主，而下二節乃言『子述』也。此皆隆、曆間村俗講説，杜撰章旨，强拈『無憂』二字作貫耳。」又云：「下面分列武王、周公，各有盡中庸之道之事，此處却只言武王，蓋周公所爲，總以成文、武之德，舉武王則周公在裏矣。」

此章言文、武、周公能盡中庸之道，三節平分。集注甚明。留良既知下面分列武、周，又以此處「只舉武王，已包周公在裏」。如此説，仍是以下二節爲言「子述」之誤矣。何其自相矛盾乎？

吕留良云：「『纘緒』，專指翦商一事不得，然却脱離不得。肇基王迹，兼德功而言，即翦商，亦言其理勢自然之道，非圖謀神器也。若欲避翦商之説，而專指周家忠厚積累仁德而言，則其緒直自后稷來，何以獨始於太王哉？總是竪儒眼中，看得翦商是大逆不道事，於是曲爲之説，反將聖人心事裝成枝梧闇昧。不道太王、武王所爲，皆天理至道，有何罪過賴後儒解免耶？」

積德累仁者，太王、王季、文王之緒，亦即后稷以來相傳之緒也。只及太王而不及后稷者，夏、商之世，周曾中衰，至太王復興，由是浸盛浸昌，直至文、武，其世代近而事業顯，又追王所及，故只言太王以下耳。與翦商義何干？

吕留良云：「太王、王季，其功德本自當王，上世禮法簡略，不曾有此義例。周公能盡中庸之道，上體天理，下當人心，而特創立此制，直從道理上生來，爲萬世不易之大法，不是體貼文、武孝思，尊崇其私親也。故不入『達孝』章，而於此發之，原不關孝字事。蓋周家累世修德，至太王、王季、文王，其功烈又大。故上節言『纘太王、王季、文王之緒』，武王『有天下』，皆本此三世之功德。文王則武王已王之，而制度有未暇詳及者，故此言『武王末受命』。『周公成文、武之德』，而追王單稱太王、王季，以武王已王文王也，太王、王季本自宜王，周公歸本天道行事。後世不知此義，以爲天子必尊其親，上尊號，亦附於周公之制，而曹操、司馬懿皆得與太王、王季並論，豈亦可爲盡中庸之道哉？」

注云「追王，蓋推文、武之意，以及乎王迹之所起也」，下章又云「追王，乃繼述之大者」，留良乃謂「從道理上生來，非體文、武孝思」，是以繼述孝思非道理上事也。不顯與注背乎？又云「太王、王季本自宜王，周公歸本天道行事。後世不知此義，以爲天子必尊其親」，不知天子尊其親，正是天理人情之所必至。孟子云：「爲天子父，尊之至也；以天下養，養之至也。」如留良說，將謂舜以天下私瞽瞍也，而可乎？

呂留良云：「上承『大孝』，下起『達孝』。此章是過脈。」

此章敘三聖之事，下章贊武、周之孝，義各有主。若云此章爲下章發端，則當依舊說「以下二節爲『子述』事」而後可也。若照注三節並列，則此章之義自有主，不專爲下章引起也。況上章贊舜之大孝，與此章絶無干涉。

子曰「武王、周公」章

呂留良云：「注明云『承上章而言』，看下節注『繼述』，亦就上章説，而下三節祭祀之禮，指『通於上下者言之』，則『達孝』實據，自應止就上文發明爲是。所謂『通上下』，即上文兩『達』字，亦即此『達』字之所以然。蓋此理本非武、周之所獨，自武、周實有其道，而天下之言孝者歸焉，猶之仁爲天下所共有，故『一日克復』，則『天下歸仁』。『達』字根源在此。」注謂『達孝』承上章而言」，留良乃云「『達孝』實據，應止就上章説」，如此則將首節移并上章足矣，餘文不俱可删乎？注於次節，言「上章武王纘緒有天下，周公追崇先祖，爲繼述之大」，而「踐其位」節，則云「此結上文兩節，皆繼志述事之意」。可見「繼」「述」實據，不應止就上章説，則「達孝」實據，亦不應止就上章説也。蓋祭祀之禮，至本章而言之始極詳備。故注云「下文又以所制祭祀之禮，通於上下者言之」，「又以」「又」字，對「追王」「上祀」而言，非謂上章已言祭祀之禮，而此章又以爲言也。「斯禮」二字，緊承上文，言此「追王」「上祀」之禮，乃天理人情之極至，達乎諸侯、大夫及士、庶人，無以異也。下言葬用死者之爵，祭用生者之禄，可見爲天子者，必祭其先以天子之禮也。又及喪制之同異，歸重父母之喪，無貴賤一，可見雖天子必有親，身爲天子，則祖父皆天子也。語類云：「夏、商而上，大概只是親親、長長之意。到得周來，又添許多貴貴底禮數，如期之喪，天子、諸侯絶，大夫降，此貴貴之義，天下之大經也。」又曰：「古無『追王』之禮，至武、周『追王』三王，『上祀』先公以天子之禮，所謂『葬以士，祭以大夫』之義也。」觀此，可知「斯禮也」一段，雖是制爲喪祭之禮及於天下，而中庸引孔子之言此，蓋以明此心此理，乃凡爲人子者之所同。武、周所制喪祭之禮，皆由「追王」「上祀」之孝思退而及之，非泛言祭祀之禮，如「春秋」二節所云也。「春秋」二節，言所制之禮「通於上下」，留良既知「通於上下」與上章兩「達」字同，又何必舍本章而牽引上章乎？至謂「上兩『達』字，即此章『達』字之所以然」，尤爲謬誤！孔子以武、周制禮「通於上下」爲「達孝」，就武、周言之耳。若論道理，即匹夫修行於家，使人稱願之，曰：「幸哉！有子如此。」是亦人所通稱爲孝也。即如留良所云「武、周實有其道，而天下之孝歸焉，猶『一日克己復禮』，而『天下歸仁』」，是人之稱孝，只在人子實盡孝道，何必制禮通於天下，而後天下以孝歸之乎？留良見兩章字面相同，便信口牽混，亦大可笑矣！

呂留良云：「『春秋』二節，總是舉祭祀之禮大段，而下節推其義以見其孝。第『春秋』節指各廟之制，而太廟亦在其中，『宗廟』節則專指太廟之禮，『春秋』明是四時祀事，『宗廟』節則兼大禘祫祭及四時之祫，大祫陳祧主，時祫不陳也。時講分時祭、祫祭，亦無大謬，但『宗廟』節專主大祫，不無偏漏耳。有謂『二節俱屬一時』，則時祭時安得羣昭羣穆咸在耶？」

「春秋」節，集注：「祖廟，天子七，諸侯五，大夫三，適士二，官師一。」此所謂「通乎上下」也。下節不言者，可知也。或云「上節明言『春秋』，則爲四廟時祭可知。下節注云『有事太廟，子姓、兄弟、羣昭、羣穆咸在』，則爲祫祭可知」，不知上節自是説時祭，但曰「修」曰「設」曰「薦」，不獨春秋時祭爲然，言時祭而禘、祫可推矣。下節泛言祭禮，並未指定何祭，四廟與祭之人，便有昭穆，即專祭禰廟，五族之人未嘗不與。集注言「太廟」者，不過引禮文以證「序昭穆」之義耳。留良全未體會注意，謂之尊注，可乎？

呂留良云：「『宗廟之禮』兩句，專指與祭子孫而言，左昭右穆者，廟制也，只明『宗廟』二字。『宗廟之禮』，即指子孫與祭執事奔走拜獻進退儀文，已包下四句在裏；『所以序昭穆』，言凡子孫與祭執事奔走拜獻進退儀文，各以其祖宗之昭穆爲行次也。」「宗廟」二句，主子孫言。此即蒙引所謂「『序昭穆』，全主生者」意，但子孫以昭穆爲序者，謂不執事之子孫，序立阼階之下，以昭穆爲前後班次。若奔走拜獻，則以事序，不以昭穆也。昭穆，謂父子行輩。今云「各因其祖宗之昭穆爲次」，尤屬亂道！

呂留良云：「『其』字，指先王，則太王、王季之緒俱在内；『周公成文、武之德』，則武王亦在内，其義自圓活，『繼志』『述事』，不必坐殺文王之事也。」

此章論武、周之孝，先王自當指文王。謂太王、王季在內，猶之可也；謂武王亦在內，則謬甚矣！

呂留良云：「五峰以爲無北郊，只社便是祭地，朱子然之。而吴澄獨以爲有北郊，祭於方澤，惟天子得行，故以『配郊』爲至重之禮。然看下面，『禘』『嘗』對舉，『嘗』乃四時之祭，通於諸侯，亦不獨天子行者，恐只是社祭，但天子之禮不同耳。看召誥『用牲於郊，社於新邑』自明。北郊之祭，於尚書、春秋無可據者。」

語類有朱子未定之説，與門人記録之誤，非集注、或問比也。留良援語類中朱子有取於五峰胡氏之説，以爲古無方澤之祭，不知此非朱子之言也。朱子每立一説，必詳考經傳、注疏，旁及百家，一語未合，不敢臆斷。今乃曰「周禮止説『祀昊天上帝』，不説『祀后土』」，豈朱子止見周禮大宗伯之文，而未見大司樂之文乎？豈凡周禮、禮記羣書言祀天神地祇者，朱子未一寓目，而漫爲之説乎？班固禮樂志：「漢文帝時，得魏文侯樂工竇公，年一百八十歲，出其本經一篇，即今周官大司樂章。」則周禮即有附會，而大司樂章之爲古經，斷然無疑矣。其文曰：「凡樂，圜鐘爲宫，黄鐘爲角，太簇爲徵，姑洗爲羽，靁鼓靁鼗，孤竹之管，雲和之琴瑟，雲門之舞，冬日至，於地上之圜丘奏之，若樂六變，則天神皆降，可得而禮矣；凡樂，函鐘爲宫，太簇爲角，姑洗爲徵，南吕爲羽，靈鼓靈鼗，孫竹之管，空桑之琴瑟，咸池之舞，夏日至，於澤中之方丘奏之，若樂八變，則地祇皆出，可得而禮矣。」司馬遷封禪書亦曰：「周官冬日至，祀天於南郊；夏日至，祭地祇，皆用樂舞，而神乃得而禮。」當是時，周禮未出，而遷所稱述如此，則爲周之舊典明矣。況大宗伯「以蒼璧禮天，以黄琮禮地」，典瑞「四圭有邸，以祀天；兩圭有邸，以祀地」，考工記「四圭尺有二寸，以祀天；兩圭五寸有邸，以祀地」，禮記祭法「燔柴於泰壇，祭天也；瘞埋於泰折，祭地也」，祭器「因天事天，因地事地」，孝經「昔者明王事父孝，故事天明；事母孝，故事地察」，使無方澤、地祇之祭，則勾龍諸侯之子，后土五行之官，豈足以當此大禮乎？以是知語類之云，蓋門人之誤，而決非朱子之言也。留良於禮經全未考核，獨援尚書召誥「用牲於郊，社於新邑」，以爲古無方澤之祭之徵。不知古者圜丘而外，四時各迎氣於郊，有大事及災異，皆類於四郊。郊可因事而時舉，而非夏日至，未聞用事於方澤也。周公作新邑，禮宜立社，故郊以告天，遂立社而祭焉。此事之宜，禮之當然而不可易者，乃用爲無方澤之祭之徵，不亦悖乎？且郊特牲云「郊特牲而社稷太牢」，明郊與社不同禮也。又云「器用陶匏以象天地之性」，則天地禮器，無一不同可知矣。復繼之曰「於郊，故謂之郊」，正以上文「兆於南郊，就阳位也」。獨舉圜丘，故特文以見方澤之祭，亦於郊也。若止有社祭，則祭天於郊，而祀地於國中，不與郊對舉，而與祖並列，位不宜、禮不稱矣。「祭天以特牲，而祀地以太牢」，與經傳所稱「天地之牲，角繭栗」，皆不可通矣。況祭法既言「泰壇祭天，泰折祭地」，又云「王爲羣姓立社」云云，非方澤之外，別有社祭之明證乎？留良淺見寡聞，信口妄言，以欺無識之人，學者慎無以援引語類而遂爲所惑也。

哀公問政章

呂留良云：「『以身』二字，當活看，原兼修不修說，人多坐煞修一邊，說做不修之身『取人』，而人不肯來，非也。即修之中亦不同，身而性之，則所取爲禹、皋；身而反之，則所取爲伊、呂；身之假之，則所取爲管、狐；身而詐力，則所取爲鞅、斯。此『修身』所以必『以道』『以仁』，而『知人』又『不可不知天』也。」又云：「『修身』爲『取人之則』，『則』字極活，言其身爲何等身，則所取者何等人耳，非謂人不肯來也。」

此章夫子告哀公，開口便說「文、武之政，布在方策」，則所謂「爲政」者，「文、武之政」也；所謂「取人」，即畢、散之流也；「修身」，即下文「齊明盛服，非禮不動」之謂也。留良乃云「『以身』二字，當活看，原兼修不修」，何其悖也！果若所云「身兼修不修」，則政當兼王霸治亂，人當兼善惡，不獨此也。韓子云：「道有君子小人，德有凶有吉。」且經書中論「仁」，有一節之「仁」，有事功上之「仁」，有「觀過知仁」之「仁」，然則連下文「道」字、「仁」字，皆須問何等之道、何等之仁而後可也，謬乃至此乎！

呂留良云：「『仁者，人也』『義者，宜也』，只此兩句，訓仁、義之理已盡；『親親爲大』『尊賢爲大』，專爲下三句『等』『殺』爲禮之張本，故下此二句；『爲大』，就仁、義中指其所重，以爲下節『事親』『知人』之張本，言仁、義之理莫大於此，非先後緩急之云也。」下節「不可以不事親」，承此「親親爲大」句；「不可以不知人」，承此「尊賢爲大」句；「不可以不知天」，承此「等，殺，禮所生也」句。集注甚明。留良乃以「『親親爲大』『尊賢爲大』二句，專爲下文『等，殺，禮所生』之張本」，則抛却仁、義之本位，而下節數層之旨，俱接不去矣。又云「『爲大』，就仁、義中指其所重，以爲下節『事親』『知人』之張本」，不與前説大相刺謬耶？既以「親親爲大」「尊賢爲大」爲「等，殺」三句之張本，則此二句，與下文「事親」「知人」無涉。若以爲「事親」「知人」之張本，則仁、義、禮三者，義各有主，不應以言仁、義但爲言禮之張本也。一段之中，而自相矛盾，乍明乍暗，一至此乎！

呂留良云：「此節是合義、禮、智以成仁，二『知』字便是智，『修身』『事親』，只在自己實心用力，若『尊賢』，非『知』何以辨其品？『等』『殺』，非『知』何以盡其分？『事親』是煞定底，二者是活動底，故『智』貼在『人』『天』上看，貼不得在『事親』上。到『知天』則活動底，皆有煞定處，此『智』之盡矣。」

此二節承上文「修道以仁」句，起下文三達德、五達道之義。「親親爲大」，謂「以仁行道」，道不止於「親親」而「親親爲大」也。體道全重在「仁」，然必知之而後能行之；義有裁制，禮別等、殺，總是「智」上頭事；「勇」則行乎「仁」「智」之中者也。留良既知「此節是合禮、義、智以成仁，二『知』字便是智」，則是「知人」「知天」，正所以「修道」「修身」也，何得又云「二『知』字專貼『尊賢』而不屬『事親』」耶？且經言「事親，不可以不知人」，謂必得賢人以講明之，而後「事親」之道盡，故注云「欲盡事親之仁，必由尊賢之義」。若如留良所言，「『修身』『事親』，只在自己實心用力」，則是明目達聰，以求啟沃之助者，在「事親」道理上都用不著。於經言「不可以不知人」之義，不可通矣。且此段經文句句遞下，節節相關。今以「修身」「事親」專重力行，「知天」「知人」專重致知，則兩邊各自立義，而無復連遞相關之妙矣。豈不戾於經旨哉？又謂「『事親』是煞定底，『知人』『知天』是活動底，故智貼在『人』『天』上看，貼不得在『事親』上」，尤不可曉。揣留良之意，將謂「事親」屬行上事，故煞定；「知人」「知天」屬知上事，故活動。不知行上亦有活動之理，即如「事親」亦便有愉色、婉容等事，語曰：「孝子惟巧變，是以親安之。」豈非活動乎？知上亦有煞定之理，即如「知人」則邪正有一定之鑒，「知天」則「等」「殺」有不易之經，豈非煞定乎？即如留良之説，以「事親」屬行，以「知人」「知天」屬知，而煞定、活動之説，已不可通矣。況知、行不相離，「事親」而不本於知，安能當其理？「知人」「知天」而不加以行，是空言也。又云「到『知天』則活動底，皆有煞定處，此『智』之盡矣」，前謂「知人」「知天」皆活動，此謂「知天」獨煞定，揣其意，將謂「知人」未到知之盡，是以活動；「知天」然後知之盡，是以煞定。此意亦剽語類中「既『知天』，這裏便都定」之説，不知此「定」字中，千變萬化，都已該攝，並非煞定不活動之謂也。且知未盡處，亦有煞定，如所見無定，則一步不可行，謂之未有知可也，奚特未盡而已？知之盡處，亦有活動，明理之極，正以其神明變化，無所拘滯，奚謂不活動哉？況晝定「知人」未到知之盡，至「知天」而乃盡，亦不盡然。虞書皋陶謨云：「知人安民，惟帝其難之。」帝堯所難，何可不謂智之盡耶？此等議論，含糊影響，破碎支離，毫無當於經義，學者不可爲所惑亂也。

呂留良云：「有謂『父子、夫婦、昆弟生化不窮，便是「達道」』，曰：『如此則人與禽獸無别，聖人亦無事成能其間，安得謂之「達道」？纔有父子，便有親；有夫婦，便有别；有昆弟，便有序，故曰「道」。若只此六件東西是道，則所謂親、别、序，又是聖人加造，以膠漆纆索天下者耶！甚矣！其鄙倍也。』」

以化生無窮爲「達道」，固非。以六者爲六件東西，尚不是道，其謬尤甚！有物有則，即道即器，凡事皆然，況「達道」乎？孔子對齊景公曰：「君君，臣臣，父父，子子。」是六件東西，即是道之明驗也。

呂留良云：「隨其所使而不問，是爲『任使』。」「任使」，謂員多足任所使。留良云「隨所使而不問」，則「官盛」二字，何處安著？

呂留良云：「『忠信重禄』，是天理上事。命曰天命，禄曰天禄，故不特『忠信』是天性相接，即『重禄』亦是天性中合如此。若但從交謫養廉起見，則是下不過爲田園子孫以求仕，上不過以美官多錢誘天下，只流露今日士大夫心坎中物耳，豈三代君臣之義哉？」先王厚養士，雖不從室人交謫起見，而君臣一體相關，不致使室人交謫之意，亦在其中矣。利禄固臣子所不計，而「八枋」不廢馭富、馭貧之條，「以功詔禄，以久奠食」，是即養廉之意也。今以養廉爲非，則周官亦可議歟？聖人之言本平易，而留良必欲推深一層，徒見其好高而失實也。

呂留良云：「『誠者，天之道也；誠之者，人之道』，此兩句且懸空説，正以不粘煞工夫爲是，工夫在下段也。『天』『人』分説兩件，到人身只是一件。『誠之者』，所以誠其天道之本然。」又云：「『誠』只是一誠耳，由生初迄成功，無或二也，但中間多一番工夫轉折，分出『天』『人』耳。」

朱子謂「孟子言『萬物皆備於我』，便是『誠』；『反身而誠』，便是『誠之』」，則此兩句，俱在人身上説，即天道亦指在人之天，並非懸空説理也。天道不粘工夫，是已，至人道未有不著工夫説者。故注謂「未能真實無妄，而欲其真實無妄之謂」。夫「欲真實無妄」，非工夫而何？特未説出工夫若何耳。豈有懸空而不粘工夫説者乎？留良又云「中間多一番工夫轉折，分出『天』『人』」，是則仍當粘煞工夫，纔能分出「天」「人」也，不與前説矛盾耶？

呂留良云：「『博學』『審問』『慎思』『明辨』『篤行』，聖人不全靠此五件做成。然聖人用功亦究竟離此五件不得。便降至『困勉』，只就其中加百倍之功，也離此五件不得。故知五者是徹上徹下工夫。」

「學」「問」「思」「辨」，「擇善」也；「篤行」，「固執」也。此外更無造道之法。留良謂「聖人不全靠此五件做成」，又云「離不得此五件」，總是支離無著語。

自誠明章

呂留良云：「世間除却『生』『安』一二人，其餘皆『自明誠』者也。『博學』『審問』『慎思』

『明辨』所以『明』，『篤行』所以『誠』。使謂只去『篤行』，而不必由於『學』『問』『思』『辨』，則吾不知其所謂『行』者，是行箇甚？『篤』又是篤箇甚？今之儒者，有懲象山、陽明之學過於高明，以爲寧取質、魯一路人，其意未始不厚，然遂使郵暨白丁，人人曾、閔，向使象山、陽明見之，不足當其一笑，適以張其軍而助之燄耳。知而故愚之耶，是爲狙公；不知而受其欺耶，是惑廁鬼，兩者均無所可也。故今日學者但有求『明』一法，無遽求『誠』。不『明』而『誠』，所『誠』皆錯，悍然自以爲是而不知其非。卑弱者終爲俗學，其高明者一折而仍入於象山、陽明矣。可不慎歟！」

「自明誠」者，中庸示入道工夫，以「明」爲先耳。要之，隨事求「明」，即隨事求「誠」，二者工夫，如形影之不相離也。求「誠」不求「明」，固有冥行之弊；求「明」不求「誠」，則浮華虛僞。入耳出口，豈立教之法乎？夫子曰：「道之不明也，我知之矣，賢者過之，不肖者不及也。」是不「誠」亦終不能「明」之謂也。又曰：「知及之，仁不能守之，雖得之，必失之。」是不能「誠」則所「明」者終非我有之謂也。留良乃云「但有求『明』一法，無遽求『誠』」，是何言歟？且民生日用，子臣弟友，目前事事要「誠」，豈可曰待吾既明之後，始於此求誠耶？

唯天下至誠爲能盡其性章

吕留良云：「張子曰：『形而後有氣質之性，善反之，則天地之性存焉。』化育亦是天地氣質上事，纔落氣質，便有過、不及，故必賴聖人之贊，非虚論也。惟天地原有氣質之性，故人稟受於天地亦如之。知此足信程、朱理氣之説，至精而無疑。」

周子通書曰：「『大哉乾元，萬物資始』，誠之源也；『乾道變化，各正性命』，誠斯立焉。純粹至善者也。」天地之性，安得氣質之雜？其愆陽伏陰，雨暘寒燠之不時，此天地氣上事，非天地性上事。如人身血氣偶有乖戾疾病之來，聖人不免，天地之有愆伏，亦若此而已，豈其性之謂哉？然聖人猶俱引之人事，兢兢業業，恐懼修省，未嘗歸咎於天也。易曰：「聖人與天地合其德。」此章贊「至誠盡性」，贊「化育」，至「與天地參」，而極明天地之無有不善也。留良乃云「惟天地原有氣質之性，故人稟受於天地亦如之」，竟以世間剛柔、善惡萬品之類測量天地，悖理之談，令人駭然。況朱子云：「天人所爲，各自有分，人做得的，却有天做不得的。如天能生物，而耕種必用人；水能潤物，而灌溉必用人；火能熯物，而薪爨必用人。財成輔相，須是人做。非贊助而何？」觀此，則「贊化育」原不專指偏處説，留良之説亦未備也。

其次致曲章

吕留良云：「不曰『致曲則誠』，而曰『曲能有誠』，正見得『曲』『誠』本非二件。故由『曲』而『致』之，即有『誠』也。『致』得一分『曲』，便有一分『誠』；『致』得十分『曲』，便有十分『誠』。」

「曲」者，一端之誠，致之則有全體之誠矣。「致曲」，乃就日用事爲上，隨其所發而「致」之，不可以分數言。孟子謂：「充無害人、無穿窬之心，仁、義不可勝用。」此就仁、義言仁、義也。若此章言「致曲」，是教人求所以盡性工夫。如留良所言，是就一端上計較，推致分數，便「致」到十分地位，也只是「曲」，豈得謂有全體之誠乎？或問謂「程子『所稟厚薄』之論，疑於專務推致其氣質之偏厚，而無隨事用力，悉有衆善之意」。又語録：「問：『「致曲」，莫是就其所長上推致否？』曰：『不只是所長，謂就事上事事推致。且如事父母，便就這上致其孝；處兄弟，便致其恭敬，此所謂「致曲」也。』」陸隴其講義云：「此『曲』，是好的，若夷、惠之曲，便不是全好。又『致』是擴充的意，不是只就一曲上做到極處。朱子之所辨，有此二意。」觀此，可知留良以分數言「致曲有誠」之説之謬矣。至云「不曰『致曲則誠』，而曰『曲能有誠』，正見得『曲』『誠』本非二件」，此由錯看語類「『曲能有誠』屬上句」之説，不知所謂「屬上句」者，謂能「致曲」，則有全體之誠，非「曲中有誠」之謂也。朱子云：「『曲』不是全體，只是一曲。」又云：「有誠，即不『曲』矣。」此論何等直截。留良欲挑剔「有」字取巧，遂生出許多支節。且既云「『曲』『誠』非二件」，則是有一「曲」即有一「誠」，又何待「致」之而後有「誠」？若云「由『曲』而『致』之，即有全體之誠」，則又與「『致』得一分『曲』，便有一分『誠』」之説相謬戾矣。

至誠之道章

吕留良云：「此節首二句喝起，『國家將興』以下，一氣直貫到『禍福將至』句一住，此六句總在理上説所謂『可以前知』之道也。『至誠』之『前知』，正以其道也，故曰『可以前知』，而不曰『至誠前知』，看『之道』『可以』四字自分明。」又云：「『道可前知』，言理本如是；自『蓍龜』『四體』以上，皆指其『道』而言；『禍福將至』以下，言惟『至誠』能有其『道』，而『前知』『如神』也。『至誠』正有審幾之精與修救之妙，豈僅同讖緯術數之學哉？」

「至誠之道」，以至誠之心言，在我者也。「國家將興」至「動乎四體」六句，注云：「此理之先見者。」「理」謂禍福之理，在彼者也。禍福之在彼者，「理」雖先見，然惟至誠之心，真實無妄，如明鏡止水，一見即通。所謂「至誠之道，可以前知」也。留良乃謂「六句在理上説，即是『可以前知』之道」，則蹉却「至誠之道」「道」字本位矣。

呂留良云：「看兩『乎』字，則吉凶原不關『蓍龜』『四體』事，『蓍龜』『四體』固不知其該『見』『動』也。然則以爲此爲『見』此爲『動』者，原是『至誠』耳。」

「禎祥」「妖孽」之「有」，實有也；「四體」之得失，「蓍龜」之吉凶，實見實動也。凡此，皆顯而易見而人卒不知私蔽之也。「至誠」無私，故見「妖孽」而知「禍之將至」，見「禎祥」而知「福之將至」，舍「妖」「祥」等件，「至誠」又安從「前知」乎？留良乃云「吉凶原不關『蓍龜』『四體』事」，以挑剔出「乎」字來。此時文家數，非經文本旨也。

呂留良云：「通書謂『誠、神、幾，曰聖人』，其說發原於此章。蓋實處是『誠』，虛處是『神』，介乎動静之間者是『幾』，三字須合作一件講，方是此章全理。」

謂通書「誠、神、幾，曰聖人」，其說本於此章，則可；謂所言字義同於此章，則不可。蓋周子所謂「誠、神、幾，曰聖人」者，以全體而言也；中庸所謂「至誠之道，可以前知」者，以一事而言也。故朱子釋「至誠如神」云：「神，謂鬼神。」貼「前知」而言也。若周子云「寂然不動者，誠也；感而遂通者，神也」，則是聖人存心應物，體用之全德，豈專以「前知」爲言哉？且周子之所謂「神」者，即在至誠之心，誠即神，神即誠，雖有體用，而非二物也。中庸云「至誠如神」，謂兩物而相似，故朱子以「鬼神」釋之，其不同明矣。留良又云「實處是『誠』，虛處是『神』」，亦非周子之意，周子以「誠」「神」二字，分聖人之體用，豈可以「神」字爲虛乎？

誠者自成也章

呂留良云：「説者多謂『上句是「天命之性」，下句是「率性之道」』，本於大全，盛於講章，其實不然。天地之理至實，聖人之心亦至實，與『性』字無涉。即以性言，亦是實有其性之謂誠，非誠即性也。『率性之道』，亦兼人物，不專屬人身。此『道』字，即誠之事理耳，就『誠』字帶説，故下『而』字。若云『静存動察，以自道其道而爲誠』，亦是倒説，仍與『率性』之説無二矣。蓋『誠』之乃所以『自成』，而『自道』亦在其中，看章句自見。」又云：「『兩「自」字，指本然之理，兼責當然之功，非謂本之自己者爲誠，而在宇宙、事物、教學者皆僞也。此皆爲良知之説所誤。』」又云：「首兩句只虛疏『誠』與『道』字，到下節『誠之爲貴』方責重人功，節次分明可見。人要發明兩『自』字，不道竟講了『誠之爲貴』句，非此節本義也。其病總坐不信注，不肯細心體認，若能體認，則不特注中實字分毫移動不得，即虛字語助亦一箇忽略不得。如『誠者，物之所以自成；道者，人之所當自行』兩句，『物』字『人』字兩實字分下，

『所以』『所當』兩虛字不同，皆有至理精意。粗心者以爲兩『自』字總責成在人，如何『自成』反屬之物，此不通也。天地間象緯流峙，飛潛動植，凡有形氣者，固是物，即人亦物也；人之動作云爲，交接之事，亦物也，故『誠者自成』。朱子謂『孤立懸空説這句』，正爲其包羅廣大，不専指人，而人自在中，不是單屬對人之物也。惟其不専指人，故不可言『所當自成』，而云『所以自成』。蓋天下原多自然成就之物，不待人力安排，然其道必不能自行，故道必責重之人。如牛之任重，馬之行地，亦自其實理自成，然任重、行地之道，必須人使之，馬牛固不能也。」

「誠」，實理也。具此實理者，心也。言心，可以包理；空言其理，包不得心，且不見責重人身之意。故注云：「誠以心言，本也。」存此理於心爲「誠」，體此理於身爲「道」。「道」者，理之著於事爲也，故曰「道以理言，用也」。如忠者，臣道也；孝者，子道也，實心盡忠盡孝，而無一毫虛假欠缺，誠也。不誠則不成其爲臣爲子，而忠孝之道不行矣。物，形而下者也；道，形而上者也；誠，則實此道以成此物者也。即物即道，即道即誠，君子「誠之」之功，即所以道其道而物其物也。留良於「誠」「道」之旨，一味蹈襲陳言，强作解事，所以開口便謬。天命流行之理，真實無妄，人得之以爲性，性即理也，心所以具此理者，言性而心與理該之矣。留良乃謂「天地之實理，聖人之實心，與『性』無涉」，一謬也；「道」者，「率性」之謂，性外無所謂道，若云「『率性』兼人物言」，凡「道」之專屬乎人者，即非「率性之道」，將君臣、父子五常之道，惟人能行，物不得而與焉者，皆在性外矣。可乎哉？留良謂「『道』字專屬人，與『率性之道』不同」，二謬也；既云「言『誠』而『道』在其中」，又云「用功只在『誠』上，不在『道』上」，其意欲歸重「誠」，而不知反分「自成」「自道」爲二矣。有如實心盡忠盡孝，誠也，而所以事君事親之道，即在其中矣。謂在實心上用功，不在事君事親上用功。於理通乎？三謬也；朱子語類云：「誠者，是箇自然成就的道理。」後復云：「某舊説誠有病。蓋『誠』與『道』，皆泊在『誠之爲貴』上了。若如舊説，則『誠』與『道』成兩物也。」又伊川程子云：「誠者自成，如至誠事親，則成人子；至誠事君，則成人臣。」或問謂：「自成、自道，如程子説，乃與下文相應。游、楊皆以無待而然論之，其説雖高，然於此爲無所當，且又老、莊之遺意。」本注「誠以心言」，亦是申明程子之説。留良既知「誠」之在人者，原有工夫，乃謂「首二句，只虛疏『誠』『道』字，到下節，方責重人功」，後條又云：「無物不誠，人心之本然亦無不誠，是以『自成』『自』字，作自然解。」與章句、或問之意相背，四謬也；章句「物之所以自成」，「物」字，雖兼人、物言，要當以人爲主。下節或問云：「所謂『誠者，物之始終，不誠無物』者，以理言之，則天地之理至實，而無一息之妄，故自古及今，無一物不實，而一物之中，自始至終，皆實理之所爲也；以心言之，則聖人之心亦至實，而無一息之妄。故從生至死，無一事不實，而一事之中，自始至終皆實理之所爲也。」此兼實理實心言，其語雖若對待，而實分賓主，故繼之曰：「諸説皆知『誠』之在天爲實理，而不知其在人爲實心，往往交互差錯，以失經文之本意。」按此，可知「自成」句，原責重在人身上，故接云「而道自道也」；「而」字氣脈甚緊。謂「誠」乃所以「自成」，「道」可不「自道」乎？留良乃云「此句不專指人，而人自在中。惟其不專指人，故不可言『所當自成』，而云『所以自成』」，是以「自成」統言人、物，更不分輕重於其間也。又云「天下原多自然成就，不待人力安排，然其道不能自行，故道必責重人」，是以「而道」句責重在人，而上句只是儱侗説箇「自成」也，惟「自成」看得鶻突，不責重人説，因以兩「自」字看作兩樣，正犯或問所斥「交互差錯」之弊。五謬也。

呂留良云：「物無不誠，人心之本然亦無不誠，故首句懸空説。物無不誠，却不能道道，人心有不誠而能道道，故『道』專屬之人，而其工夫只在去其不誠，而物之道亦自人道之。此末節所以『成物』也。」

萬有不齊之物，皆具此實理，以成形成色於天地之間，此性命之所以各正也。但物有此實理，而不能「自道」；不能「自道」，則失其所以「自成」，而必待成於人。如五穀之耕耘、收穫，必藉人功；鳥獸魚鱉之咸若，必因人之區處而後得其所也。留良謂「物無不誠，却不能道道，人心有不誠而能道道」，此由錯看語類「理無不誠而心有不誠」二句。不知「無不誠」者，物之理；而物之不誠，實由失此誠之理，安得謂物之誠翻勝於人乎？「而道自道」句，專歸其責於人者，只爲人能道道，物不能道道耳，非「物無不誠」之謂也。又謂「『自道』工夫，只在去其不誠」，亦屬一偏之論。「故君子誠之爲貴」句，原通承上兩句，一反一正，惟其「誠者，物之始終」，故「貴於誠」；惟其「不誠無物」，故貴於去其不誠以全其誠也。且凡經書中言工夫處，如「克己復禮」「遷善改過」「增美釋回」之類，皆是兩下用功，不可偏廢也，只務去其不誠而不能立誠，其工夫如何得就耶？

呂留良云：「『成己，仁也』以下，是推論『成己』『所以成物』之故。只緣仁、智皆吾性之德，誠則實有諸己，其『成己』即性之仁，其『成物』即性之智，故成則俱成耳。乃因『成己』『成物』而追本仁、智，不是謂求之仁、智，而後能『成己』『成物』也。」

淺説云：「所以成己，仁也；所以成物，智也。」然翼注又云：「成己即是仁，成物即是智。」細玩白文，從翼注爲是。留良乃兼二説言之，末又獨申「追本」之意。何耶？

故至诚无息章

呂留良云：「『悠久』『博厚』『高明』，人俱看入心性去，如禪門過去、現在、未來，六道因果，只是一刹那間事。謬甚！實説在功效者，又説向後世粗迹事爲，於『至誠』界分絶不相似，此古人所以有『扶醉漢』之説也。」

只「悠遠」「博厚」「高明」六字，「至誠」界分便已劃然，如何得混入「粗迹事爲」？朱子云：「此是聖人功業著見，不須説入裏面。」此即留良襲之以爲「不宜看入心性」之説也。

吕留良云：「『博厚』『高明』『悠久』，『天地之道』，皆指功用，其『博厚』『高明』『悠久』之『誠一不貳』處，便是『至誠』。蓋天地之爲誠不可見，從此道上見得其所以然，不是『博厚』『高明』『悠久』即『誠』，又不可説『博厚』『高明』『悠久』之外别有個『誠』。」

此言「天地之道」，「博厚」「高明」「悠久」，在「不貳」之下、「生物」之上。由其「不貳」，故積而爲「博厚」「高明」「悠久」；由其「博厚」「高明」「悠久」，是以「生物」之盛。如下文所云也。留良乃云「『博厚』『高明』『悠久』之『不貳』處，即是『至誠』」，謬矣！上文言聖人處，由「至誠」故「無息」而「久」，「久」而「徵」，「徵」而後「悠遠」「博厚」「高明」，有多少層次。此節言「天地之道」，亦何以異於是？乃混而一之，可乎？留良講上文「悠遠」「博厚」「高明」，極詆「看入心性」之非。若此所云，較彼説不更謬乎？且此章前數節言「至誠」「天地」，從本體説到功用，末節又從功用説入本體。若云「天地之誠難見，從『博厚』『高明』『悠久』上見得其所以然」，則此節已爲推究本體之旨矣。末節又言「天之所以爲天，文之所以爲文」，不爲複且贅乎？此正或問所謂「於其外者，皆欲引而納之於内；於其粗者，皆推而致之於精」之謂。甚矣！其支離也。

呂留良云：「第九節人單指『生物之盛』説者，非也。看注云『皆以發明由其不貳、不息以致盛大，而能生物之意』，則『斯昭昭』『撮土』正照『不貳』『不息』意。『及其無窮』以下，乃所謂『致盛大而生物』也，故又補『天、地、山、川，實非由積累而大』，以完語病，則『昭昭』『撮土』其指『不貳』『不息』之本可知。蓋此節正對上文第四節以下説，以明『至誠』之功用。」又云：「『昭昭』即是全體拆看云然耳。」

「今夫天」節，言「天」「地」之「生物不測」，重在覆物、載物上。就一處言之，「昭昭」亦是覆物之「天」，「撮土」亦是載物之「地」；以全體言之，則無不覆、無不載。注中「由不貳、不息以致盛大」，乃承上文而言。留良不會注意，謂「『昭昭』『撮土』正照『不貳』『不息』」，豈不謬乎？夫「昭昭」「撮土」，跡象也，比之下文在山爲「一卷石之多」，在水爲「一勺之多」之類也；「不貳」「不息」，理也；「天」「地」，生物之本也。以「昭昭」「撮土」爲生物之本，是以形體爲主宰，與所謂「不貳」「不息」之本，意正相反矣。且此既云「『昭昭』『撮土』是『不貳』『不息』之本」，後段又云「是全體中拆開看」，不自相矛盾乎？

大哉聖人之道章

呂留良云：「『温』『敦』字，是已精加精意，故章句就『已知』『已能』説。」又云：「『良知』『良能』，自然之理，人人之所同，不可以『故』『厚』名之者也；『已知』『已能』，必然之理，人各不同，然無人不有，其所『已知』『已能』者，故曰『故』曰『厚』。人爲『故』『厚』要貼德性，故每引『良知』『良能』。不知凡人之所『已知』『已能』，亦皆德性。即如『其次致曲』之『曲』，亦德性也。」

「尊德性」節，大全、蒙、存議論紛紛，畢竟朱子「存心致知」之説，顛撲不破。「存心」者，「戒慎」「恐懼」以存養此心之本然也。集注以「恭敬奉持」釋「尊」字，即程子「涵養須用敬」意，「敬」是徹内外工夫，言「涵養」則省察、克治在其中矣。「知行」二字，原脱離不開，讀書窮理，正在日用行事上體認，總之「道不可離」，無時無事而非道之所在。必動静交養，知行並進，方能以「至德凝至道」。自吳草廬調停朱、陸，謂「尊德性」「道問學」爲朱、陸同異之原。留良以闢陸、王爲名，惟恐占去「尊德性」一截，因陽明有「致良知」之教，一見「良知」「良能」字樣，便瞋目裂眦，謂「故」「厚」是「已知」「已能」，不是「良知」「良能」。試問「孩提之愛，稍長之敬」，故乎新乎？厚乎薄乎？同一「知」「能」也，何所見而謂得於後起者爲「已知」「已能」，得於生初者遂不謂之「已知」

「已能」乎？且集注云：「涵泳乎其所已知，敦篤乎其所已能。」「愛親」「敬長」，「良知」「良能」也，謂非「已知」「已能」而無事於「温」與「敦」，其可乎？又云「『已知』『已能』亦是德性，如『致曲』之『曲』，亦皆德性」，既是德性，如何謂非「良知」「良能」？且得於後起而「知」且「能」者，尚謂之德性，況得於生初之「良知」「良能」謂非德性，可乎？陸隴其講義云：「專指『良知』『良能』爲『故』『厚』。」此説本蒙引，固不是；謂「『良知』『良能』不可名『故』『厚』」，亦偏。「故」「厚」，有得之天資者，有得之學力者，章句「已知」「已能」四字，原不曾説煞。此條足正留良之謬。

仲尼祖述堯舜章

呂留良云：「德本無大小，大小即在『川流』『敦化』處見。非別有二德，而一爲『川流』，一爲『敦化』也。『川流』即『大德』之支節，『敦化』即『小德』之全體。『持載』二句，即『並育』『並行』之『大德』；『四時』二句，即『不害』『不悖』之『小德』。」

「大德」「小德」，理也；「川流」「敦化」，事也。惟天地有散殊之「小德」，是以其發育也，如川之流，脈絡分明而往不息也；惟天地有統備之「大德」，是以敦厚其化，根本盛大而出無窮也。留良謂「『川流』即『大德』之支節，『敦化』即『小德』之全體」，其説近是。至云「德本無大小，只在

『川流』『敦化』處見之。非别有二德，一爲『川流』，一爲『敦化』」，則謬甚矣！「川流」「敦化」，緊貼上「不害」「不悖」「並育」「並行」，所以如是者，「小德」「大德」爲之也。「川流」者，「小德」之「川流」；「敦化」者，「大德」之「敦化」。若無「大德」「小德」，則「川流」「敦化」從何而來？以下章言聖人處證之，聖人之心，只是渾然一理，而有「寬裕」「温柔」「發强」「剛毅」等許多名目，可知德之有大小，自是理一分殊上自然之條貫。豈得謂德無大小耶？至聖之仁、義、禮、智，「小德」也；容、執、敬、别之時出，「川流」也。若謂本無「小德」，即其「川流」處名之爲「小德」，則是至聖未與物接時，其存諸中者，無所謂仁、義、禮、智，直俟出而爲容爲執，而後目之爲仁、義；出而爲敬爲别，而後目之爲禮、智也。有是理乎？至以「『持載』『覆幬』爲『並育』『並行』，『錯行』『代明』爲『不害』『不悖』」，則顯與注悖矣。

唯天下至聖章

吕留良云：「此言天亶神靈，首出庶物，與下知之德不同。下四德或偏從一德入，或從學得之，皆可。惟至聖有此德，則下四德皆備，亦皆高出一層。故此段包攝下四段，如孔子之『集大成』，惟其『始條理』不同，故『終條理』亦異也。『足臨』，便是無所不包，故無不仰宥其下。」又云：「此一段包下四段。此一段，即『始條理者，知之事也』；下四段，即『終條理者，聖之事也』。故『聰明睿知』，只作『生知』二字看。」

此節與孟子言「始終條理」義各不同。孟子言「始條理者」，以「知」而言；「終條理者」，以「行」而言。「知」爲始，「行」爲終，乃分開兩對之義。此言「聰明睿知」，「生知」之質。下文四者，乃仁、義、禮、智之德。有「生知」之質，便兼有四德，四德都包在「生知」之質内，不可以「知行始終」爲言。「生知」之質，便兼「知」「行」二者。故或問云：「『聰明睿智』者，『生知』『安行』，『首出庶物』之資也。」下文四德中，亦各有知各有行，是二書之義顯然不同。留良牽扯來説，不特中庸此段不得分明，併孟子「始終條理」之説，亦混亂不可解矣。解經而適以病經，豈非自誤誤人？

吕留良云：「『生知』之『足以有臨』，其光芒氣略，自有籠蓋宇宙之概，此是實事。如漢高之天授非人力；光武之帝王自有真；唐太宗之非常人，足以濟世安民，便是證據。數君尚如此，況至聖乎？」

講「生知」之質一段，似竊朱子「照天燭地」之喻，然云「光芒氣略，有籠蓋宇宙之概」，則淺陋極矣！即漢祖、唐宗，亦不止氣概過人已也。

吕留良云：「『血氣』二字，所該極廣，禽獸、草木都在内，方是體信達順之效。」

大全新安陳氏曰：「凡有血氣，言人類也。」按本文「尊親」二字，陳説得之。今云「禽獸、草木都在内」，非本文語氣。

唯天下至誠爲能經綸天下之大經章

吕留良云：「錢吉士云：『朱子既云「三者皆至誠之功用」，又云「經綸是用，立本是體」。李九我曰：「體用二字，只説用中之體用，自立本而出之，則爲經綸；自經綸而入之，則爲立本。」此説得之。』曰：『此二章總言「聖人」「天道」之極致。朱子曰：「『至聖』一章，説發見處；『至誠』一章，説存主處。」又曰：「此不是兩人事。上章言『聖人』德業著見於世，其盛大如此；下章是就實理上説。」然則，此章初無貼用上説之意，九我安得造爲「用中之體用」，而吉士從而附和之乎？「用中有體用，體中又有體用」，支離甚矣！總因誤看「此皆至誠無妄，自然之功用」一語，見有箇「用」字，便要與體字反對耳。不知「功用」二字，爲「爲能」二字下注脚，非體用之用也。依九我言，「自立本出之爲經綸」，即是「大用」矣；「自經綸入之爲立本」，即是「全體」矣。又何「用中體用」之分乎？抑所謂「全體大用」者，更何等乎？凡講説多自己迷謬，到解不通處，必杜撰穿鑿，至於破碎經傳而不顧，皆此類也。』」

此章是説「大德敦化」。「經綸」，是「大德」之見於外者；「立本」「知化」，是「大德」之藴於内者。内便是體，外便是用。朱子亦云：「『經綸』合是用，『立本』合是體。」陸隴其云：「以『經綸』對『立本』『知化育』言，則『經綸』爲功用；以三者對『至誠』言之，則三者皆爲功用。」若以此章言「大德敦化」止就存主上説，遂不敢説向用邊，則前章「大德敦化」何以承「並育」「並行」？將謂「並育」「並行」亦屬存主，而非發用耶？況「經綸天下之大經」，即首章「致和」而「達道」行，與下「立本」對，豈得謂無體用之分耶？留良眼界狹小，拘泥不通，往往如此。

詩曰「衣錦尚絅」章

吕留良云：「『淡』『簡』『温』，『絅』之襲於外也；『不厭』而『文』且『理』，『錦』之美在中也。可見君子自己所求之實，在中之美錦，非求外之襲絅。所以『尚絅』，不過言其不表襮其美耳。若謂君子所求在『淡』，故能『不厭』，則是君子用力於『絅』而得『錦』也。倒且謬矣！況『淡』『簡』『温』與『不厭』『文』『理』，皆形容君子之詞，非君子以此爲功自居也。」又云：「此是形容君子不求人知而自彰著，其大段如是耳。『簡』與『温』，貼『闇然』；『文』與『理』，貼『日章』，兩邊合勘，『而』字之義方得。或謂『重上截三字』，非也。其意不過欲重

『闇然』，重『闇然』者，所以貼爲己意，不知『闇然』總是爲己，而『日章』尤是爲己之實。『淡』『簡』『温』，是『絅』之襲於外，貼『闇然』；『不厭』『文』『理』，是『錦』之美在中，貼『日章』。然則論爲己，正當重下截與『日章』耳。此皆萬曆間講章誤人。」

「衣錦尚絅」，只一串事。「闇然」二字，包「衣錦尚絅」四字意。注云：「『尚絅』故『闇然』，『衣錦』故有『日章』之實。」語類云：「『淡』則可厭，『簡』則不文，『温』則不理，而今却『不厭』而『文』且『理』，只緣有『錦』在裏。」觀「故有」「只緣」四虚字，可知「衣錦」之實，已包在「闇然」内矣，「日章」只是「衣錦」之驗耳。上文釋詩詞云「惡其文之著」，此云「日章」，見得不著文而文自不可掩也。若「的然」之小人，無在中之實，則必至於「日亡」矣。君子既有爲己之心，功夫自然内外交修，即如衣冠、瞻視之間，豈有内存敬畏而衣冠不正、瞻視不尊者乎？小人之爲人，只在衣冠、瞻視上粉飾，全無敬畏之心，究之怠慢之氣，終必流露於外，此所謂「的然日亡」也。何如君子爲己之學，由中達外，自然威可畏而儀可象乎？或謂「注釋『淡』『簡』『温』，曰『絅之襲於外』；釋『不厭』『文』且『理』，曰『錦之美在中』。明明分爲二層，何謂『闇然』二字已包『衣錦』在内？」曰：「論字面，『衣錦』自是中，『尚絅』自是外。然一内一外，乃互文以見意，兩層實一層也。猶云不爲人而爲己，不爲人故『淡』『簡』『温』；止知爲己，故『不厭』而『文』且『理』，豈可將爲己不爲人分作兩意乎？『闇然』只是立心爲己，乃進德之始基，其工夫純密處原在下文。但就本節而論，自然重在『闇然』上，『日章』即在『闇然』上見得。」呂留良反覆駁辨，極詆「重上截」之非，總由錯看章句，將「闇然」作「暗昧無文」解耳。不知「尚絅」故「闇然」，「尚」者，以有「錦」在内，故謂之「尚」，否則單「絅」而非「尚絅」矣。注所謂「有『日章』之實者」，謂「衣錦」乃「日章」之實。留良乃云「『日章』爲爲己之實」，則是君子所皇皇以求者，「日章」也，不與於爲人之甚乎？「淡」「簡」「温」，與「不厭」而「文」且「理」，留良既知不分兩層矣，則是「淡」處即是「不厭」處，「簡」處即是「文」處，「温」處即是「理」處，君子立心爲己，止有「淡」「簡」「温」而已，而「不厭」「文」「理」即於是乎在。可知「惡文之著」而文卒不可掩，由美在中故也。下截乃上截之徵驗，謂不重上截，可乎？

呂留良云：「『風』字，就一身而言，猶風度、風流、風采之風也。時解錯認風俗、風化之風，則與『遠近』句複架矣。」

朱子云：「身之得失，由其心之邪正。」「風」就一身而言，此人人所共知者，從來未有作風俗、風化之解。留良講書，每懸空捏造無影之説，指爲時解，以肆駁辨，不知者遂以爲能闢異説。此其欺世盗名之秘訣也。

呂留良云：「省察到純熟時，動静只成一片。於戒慎、涵養著力，則下節『不動而敬』

『不言而信』，又與『無惡於志』有分。」

「潛伏」節，即首章「慎獨」；「相在爾室」節，即首章「戒慎、恐懼」。但首章分開對説，爲下文「致中和」張本。此則由下學功夫説到盡頭處，一節密一節，俱有二者界限，不可鶻突一滚説去。留良謂「省察到純熟時，動静只成一片」，則似只消省察一段工夫，□涵養工夫爲無所用之矣。且聖賢立教，必須動静體用，交養互發者，正謂「天理不易純，人欲不易去」，少却存養一段工夫，必不能至於打成一片田地也。先儒嘗有著論「只於『已發』處用功，却不枉費心力」，而朱子不之許，豈無意耶？留良又謂「下節於戒慎、涵養著力，又與『無惡於志』有分」，既知涵養工夫與「無惡於志」有分，何得云「動静只成一片」？如此支離矛盾，教人如何理會？

呂留良云：「『相在爾室』節，即與首章『戒慎、恐懼』節對，是主敬之全體，兼動静而言。『不動』『不言』而『敬』『信』，則『言』『動』之『敬』『信』可知。舉盡頭處言也。專指静邊，謂君子只在不言、不動處做工夫，此是向來講説之誤。」

「相在爾室」節，與首章「戒慎、恐懼」節，俱言存養工夫。其義雖同，但首章發端「道不可離，可離非道」，從廣大處説起，故言「不睹、聞」，須兼言「睹、聞」。此節引詩，言「不愧屋漏」，從精密處説起。又：此章大意，一節密一節，直到「無聲無臭」而後已。故朱子云：「中庸後面愈説得向裏來，引詩一步退似一步，都用那般不言、不動、不顯、不大底字，直説到『無聲無臭』則至矣。」然則，此節雖專指静邊，謂君子在不言、不動處做工夫，何嘗不是章旨也？注云：「不待言、動而後敬、信，則言、動時之敬、信，雖不言可知。而意所歸重，却在不言、動一邊。」留良但以「專指静言者」爲誤，絶不分别出歸重静邊之意，誤亦甚矣！

呂留良云：「自第四節以下，至末節，總以推極『不動而敬』『不言而信』之妙，非爲治道商量化民之術也。」又云：「『潛雖伏矣』二節，是天德上工夫；『不言而信』『不動而敬』，是工夫到極處。『奏假無言』二節，是王道功效；『篤恭而天下平』，是功效到極處。」

吴默云：「『奏格』二節，不可謂直敘成德，然亦不可謂敬、信以上，有别樣工夫。只當云由此敬、信而漸熟之，以至成德之域，則『不賞而勸』『不怒而威』矣。又由此而漸化之，以至於妙不容言之地，則『篤恭而天下平』矣。」蒙引云：「爲己之功既密，則德成矣；德成，則效應矣。然『奏假』節，德雖成，猶未至於至德淵微之地。下文愈説深去。」此二説最有分寸。留良乃云「四節至末節，總以推極『不動而敬』『不言而信』之妙」，是竟以「不動而敬」「不言而信」即爲「不顯」「篤恭」「無聲無臭」地位，然則本文言之重而詞之複，不爲贅耶？

呂留良云：「有謂『詩只引端，是故後義即稍進，以上諸節類然，即以「維德」貼「篤恭」，

「天下平」貼「百辟刑」者，謬也』，曰：『「百辟其刑」之注云：「德愈深而效愈遠。」此句自貼「天下平」爲是。蓋「民勸」「民威」，自是國治事；「百辟其刑」，乃天下平之事也。』」「篤恭而天下平」，即「至聖」章所謂「覆、載之内，莫不尊親也」，故曰「效愈遠」。又翼注云：「『天下平』則並勸、威忘之矣。」此論亦精。蓋此二節，皆言至德淵微之應，是以「德愈深而效愈遠」。留良乃謂「上節爲治國，下節爲平天下」，以廣狹爲深淺，非至德淵微之意也。且「不賞而勸」及「不怒而威」，於治天下有餘矣。不可以尋常之義論此章之妙旨也。

上論上

子曰「學而時習之」章

呂留良云：「『學』字訓效，朱子謂所包甚廣，兼學、問、思、辨、行五者，未嘗專主讀書而言，讀書乃『學』中一事耳。時解每以稽古弦誦典籍等了却，此正是朱子所闢爲詞章訓詁之學，而陽明反以此誣朱子者也。」

「學」固不止讀書一事，然讀書一事，乃窮理格物之大者。朱子曰：「爲學之道，莫先於窮理；窮理之要，必在於讀書。」又曰：「天下之理，要妙精微，各有攸當，惟古之聖人爲能盡之，而其所行所言，無不可爲天下後世法；其粲然之跡，必然之效，蓋莫不具於經訓史册之中。欲窮天下之理，而不即是而求，則是正牆面而立耳。此窮理之所以必在乎讀書也。」程子講格物、致知，亦首言讀書講明義理，論古今人物，别其是非。是程、朱論學，皆以讀書爲窮理格物之先務也。若朱子闢詞章訓詁之學，正是教人讀書之法。謂讀書徒在字句文義上講求，則讀如不讀耳。學者能於古人之書，反覆涵泳融會貫通而實體諸身心性命之間，即讀書一事，於爲學之道，思過半矣。留良動闢陽明，而以讀書爲詞章訓詁之學，與良知宗旨，何以異乎？

呂留良云：「門人問：『學之言效，如其人非效乎？』曰：『效其人是也。以如其人爲至，古未之有也。孔門諸賢，誰不效孔子？以顔子爲至，而顔子未嘗如也；有若似孔子矣，而反不及顔子；曾子未嘗如孔子，而獨爲得傳，故非不欲如之也，無此事焉，故不以爲至也。』」

精義范氏曰：「孔子，習周公者也；顔氏，習孔子者也。人君習堯、舜，是亦堯、舜而已矣。」朱子或問取之。今留良以「效其人」爲是，以「如其人」爲非，然則顔子何以曰「有爲者，亦若是也」？至有若似孔子，乃辭氣、威儀有相近者，與「如其人」之義自别，牽合爲一，支離極矣！

有子曰「其爲人也孝弟」章

呂留良云：「金仁山謂『前節以質言，後節以學言，中二句泛言』，亦是强分枝節，看來只大概論事理如此耳。若云但看凡人若『孝弟』便不到『犯上作亂』，不『犯上作亂』便是仁化氣象，所以要做仁民愛物工夫，必須在親親上做起。如此看來，原是一氣説下，只是前節在凡人一人身上推論其理，故『孝弟』與『仁』都説得淺小；後節就道理推論到盡處，不但『仁』字説得廣遠，即『孝弟』亦説得完全耳。」又云：「質、學二字下得不當，便成滲漏。上節是設箇假如，就現成人身上指點。此『孝弟』説得輕、説得小，也不論質，也不論學，如云大凡孝順之人，決不爲非；下節即根上節推出，此『孝弟』説得重大，完全只指點道理如此，質字固不相干，即學字亦言外意。如云不要小看了『孝弟』，乃是『爲仁之本』，則不可不務學，意思又在此句下，語氣未及。故仁山硬分質、學，誠有病。至上節現成假如，自然指凡人説；下節講道理，自然指君子説。即『不犯亂』亦與『爲仁』不同，『不犯亂』只就凡人一人身上説。若『爲仁』道理甚大，仁民愛物、參贊化育都在裏，非君子誰與語此？」

上節謂「孝弟」之人不爲不「仁」之事，下節謂「孝弟」之人必能爲「仁」之事，反覆言之，以見「孝弟」之不可不務也。留良乃謂「上節『孝弟』説得輕、説得小」，謬矣！孟子曰：「堯、舜之道，孝弟而已矣。」所云「徐行後長」，即「不犯上」之謂也，以爲輕小，可乎？「孝弟也者」四字，乃申説上文所謂「孝弟」，又安得以上節爲輕小，下節爲重大乎？金仁山板分質、學之説，固非。留良謂「不論質，不論學」，不知此「孝弟」之人，既不由質，又不由學，何以能「孝弟」如此也？至謂「要做仁民愛物工夫，必須在親親上做起」，此語尤謬！或問謂「君子之務孝弟，但以爲吾心之所固有，吾事之所必然，非本欲爲彼，而姑先借此以爲之地也」。留良以親親之仁爲要做仁民愛物工夫而起，則本末倒置，與朱子之説顯然背馳者也。

呂留良云：「虚齋不肯將『行』字代『爲』字，『始』字代『本』字，則以『孝弟』是『仁之本』矣。『孝弟』是事上説，『仁』是性，豈有事爲性本之理？『孝弟』有『孝弟』之事，『爲仁』有『爲仁』之事，但『爲仁』之事必自『孝弟』推行出去耳。朱子謂『「本立」則道隨事而生，如「事親孝，故忠可移於君；事兄弟，故順可移於長」』，正是『行』『始』二字義，虚齋自錯會耳。」

以三次之説推之，則「孝弟」正是「爲仁」發端處。不可云「『孝弟』有『孝弟』之事，『爲仁』有『爲仁』之事」，反似劃出「孝弟」在「仁」字外也。「孝弟」是「仁」之一事，程子明言之矣，否則「孝弟」之事，何事耶？

呂留良云：「今之放生戒殺，齋供施捨，以爲行仁，吾謂此直行不仁耳。富貴之家，每於此捐重貲而不惜，考其家庭孝弟，則有不可問者，一貧窶親族入門上座，便疾憎峻拒矣。蓋以所捐者明捨而暗來，家庭卹睦則有去無還耳。只此一自私自利之念，便不仁之甚，直是待其父兄、親族，不如昆蟲、僧道矣。故予謂凡感應功過勸善之書，皆勸惡之書也，其本不仁也。」

無所爲而爲者，爲善之心也；有感斯有應者，勸善之道也。易曰：「積善之家，必有餘慶；

積不善之家，必有餘殃。」又曰：「鬼神害盈而福謙。」書曰：「聖謨洋洋，嘉言孔彰，惟上帝不常，作善降之百祥，作不善降之百殃。」又曰：「惟府辜功，報以庶尤。」詩曰：「豈弟君子，干禄豈弟。」又曰：「永言配命，自求多福。」曾子曰：「出乎爾者，反乎爾者也。」凡經書所陳，感應功過，深切著明若此，亦可謂之勸惡之書乎？感應篇出於道家，而首所云「禍福無門，惟人自召」者，本春秋傳；「功過格」始於袁了凡，斤斤較量，異乎聖賢爲己之學，然何得便目爲勸惡之書乎？放生戒殺，齋供施捨，固非儒者之道，然以戒殺爲不仁，將謂傷胎覆巢者仁乎？以施捨爲不仁，將謂黷貨焚身者仁乎？至富貴之家，戒殺施捨而薄待族黨者，末世誠有之，然只可責其薄於族黨，不當責其戒殺施捨。齊王不忍一牛，而澤不及百姓，孟子即其不仁一牛之心，啟其察識，教以善推所爲。今此薄於族黨之人，既知戒殺施捨以求福，則當明告以孝友睦婣之道，使知彼之爲善小，此之爲善大；彼之獲報不可知，此之相親相愛，本非望報，而報之者終不爽。誰無天良，未必不翻然省悟，革薄而從厚也。況此輩薄待族黨，無非吝惜財物，今並其所爲戒殺施捨者而謂之不仁之甚，彼且樂得殘忍刻薄，擁貲自豐，甚而悍然罔忌，以禍福爲適然相值，而易象詩書垂戒之文，皆不足信。是所謂勸惡者，留良之論也，不仁甚矣！

呂留良云：「末兩句只講道理，不在人身上説，『孝弟也者』，不但不粘凡人，並不坐定君子。」

道理無離却人身上説者，孟子曰：「仁也者，人也；合而言之，道也。」若不在人身上説，更於何處見得道理？此等過求圓妙，便成蹺蹊。

子曰「君子不重則不威」章

呂留良云：「有友論此節『重』『威』，只是初學外邊儀節上事，故序先於『主忠信』。余曰：『「重」「威」亦是徹始徹終事。初學工夫固須從外面有形象處扶豎起，到得既學後，亦有因「不重」而走作者。此是涵養精細工夫，非粗節也。』」

呂子約問：「『主忠信』之言，後於『不重』『不威』，如何？」朱子曰：「聖賢所言爲學之序例如此，不如今人動便打入無形影處去也。」據此，則謂「『重』『威』在外邊儀節上説」，未爲不是。留良乃云「是徹始徹終事」，又云「從外面扶豎起，到既學後，又有因『不重』而走作者，此是涵養精細工夫」，夫涵養乃敬以直内之功，若「重」而「威」，只是莊重不輕佻，如玉藻「九容」之類，所謂「制於外以安其内」也。今將「重」「威」作涵養精細説，則一「重」「威」，已盡爲學之全功，下文「主忠信」云云，皆無所用之矣。

子禽問於子貢章

吕留良云：「五者只是聖人德容應感處，若以此説盡聖人全體却不是。」又云：「金仁山謂注中『盛德』『過化存神』是補内一層，『亦』字與圈外謝氏三『亦』字，是但指其外。似矣，而猶粗，在未見朱子意旨也。所不足於子貢者，爲此五者於夫子德容，亦止得其謹厚、謙退，不自聖賢之一節，於聖人中和氣象多所未備，看『子温而厲』『望之儼然』二章可見。朱子恐學者看錯一針，一向偏於和柔，則鄉愿、流俗之害生，故正欲補其外意，不重内也。惟『德盛』『盛德』是補其内，『亦』字與三『亦』字，是但指外之一節，亦不是補内，緣子貢爲子禽『求與』二字下轉語，『以得之』三字却著痕跡，朱子爲此三字補滲漏耳。」

朱子語類云：「此子貢舉夫子可親之一節，若論全體，須如『子温而厲，威而不猛，恭而安』。」朱子之意，乃謂只説「可親」一端，已見聖人德容之盛，不必説到「温而厲，威而不猛，恭而安」也。蓋聖人「盛德光輝」，一時而備四時之氣，温處即是厲處，威處即是不猛處，非温與威之外，别有所謂厲與不猛也。試思「温、良、恭、儉、讓」，是何等氣象？留良以「謹厚、謙退」目之，謂此是「聖賢之一節，於聖人中和氣象多所未備」，其大謬一也；朱子注中「盛德」「過化存神」，俱是推原德性上事，單在外邊容貌上説不得，故金仁山謂此是「補内一層」，其説是矣。而留良謂此是「朱子恐人錯看，偏在和柔」，所補意在外面，非補内之詞，换易注意，曲就己解。其大謬二也；朱子此章總注中，引謝氏之説，固是仰慕聖人之詞，而子貢之善形容處，亦意在言外。留良乃謂「朱子有所不足於子貢，故爲别義以補之」，今細觀留良所引注中「盛德」「過化存神」之説，何處是不足子貢處？朱子於聖門諸賢苟有異同處，如子夏「賢賢易色」之論，子貢答棘子成「文質」之辨，未嘗不明標其旨。何故此章獨爲微詞？留良謂此章之旨，朱子有不足於子貢，是誣朱子矣。其大謬三也；朱子嘗謂：「某與伯恭論烝民之詩，伯恭最喜『柔嘉維則』句，某却喜『不侮鰥寡』『不畏强禦』二句。蓋某性剛，所以如此。」又云：「學者須是剛毅，如曾子、子思恁地剛毅，所以能傳聖道。」留良不得其解，自欲優孟聖賢，乃敢心疑「温、良、恭、儉、讓」五字「偏於和柔，其弊流爲鄉愿、流俗」，意見之差，狂悖至此。其大謬四也。

有子曰「禮之用」章

吕留良云：「只説道理之本然，未説到制作遵行處，故『用』字即在『禮』字内，非人去用禮也。若錯看此義，則下二句亦説不去。」

自禮言之，則曰「禮之用」；自人言之，則曰「人用禮」，有何差别？言「用」自在制作遵行處説，行之而合乎人情，即乎人心所以爲和也。若只虚言其理，則「禮者，敬而已矣」，何處得見「和」來？

吕留良云：「蘇老泉作諸經論，其尤狂悖舛錯者，莫如論禮，彼其視君臣、父子、兄弟皆漠然無情之物。凡先王所制爲繁重委曲之數，皆有妙用存乎其間，如此則『和』之根絶矣。宜其以之呈，歐陽公而曰『荀卿子之文也』，意合譏諷，而老泉方自得意以詡於人。甚矣！文人膏肓之疾，重文詞而輕義理也。」

歐陽永叔最重荀卿，屢與孟子並稱，見於集中者，不一而足。其以比老泉者，蓋許之，非譏之也。留良聞見之陋如此。老泉之論義理，固非。歐陽特節取其文，不復求全責備耳。留良乃謂「意實譏之，而陽爲取之」，永叔何至作此狡獪？即此見留良之多誣也。

有子曰「信近於義」章

吕留良云：「此節都在言行交際尤悔極弊處，作傍理寡過之思，是降一步説，不是盡頭道理，不則『義』『禮』如何云『近』？『交親』如何云『不失』乎？故『可』字、『遠』字、『亦可』字，從『近』字、『不失』字生來，而『近』與『不失』字，又從『信』『恭』『因』字生來。若將『信』『恭』『因』看得重大，下面便説不去。『信』只指期約，『恭』只指小節，『因』只指跡踪，於最輕易忽處，能『近』而『不失』，自然『可』且『遠』矣。」

朱子曰：「『近』只是合。」古人下字寬，故集注即以「合其宜」「中其節」爲言，正欲人謹之又謹也。若拘本文「近」字、「不失」字，謂「不必幾微無憾，作降一層看」，則謬矣！陸隴其松陽講義云：「處世必求其盡當，猶恐多失。若先以僅可之念自處，其弊可勝道哉？」留良號爲遵朱，此等處實相悖謬。

子曰「君子食無求飽」章

吕留良云：「凡爲『好學』，必有是四者。有是四者，只可謂之『好學』，未可謂之『有道』也，須看他所學何學。如鄉愿之學，佛老之學，詞章之學，功利作用之學，以及後世陽儒陰異之學，苟好其一，未有不兼是四者而後謂之『好』也。然可惜枉用一生心力，於道何曾見得分毫？或問：『圈外尹氏亦發此旨，然則取正於「有道」，即所學不謬矣，豈尚有非其所好者乎？』曰：『正爲「有道」二字難説。陳相悦許行，神光參達摩，王艮拜伯安，他也説是就正「有道」；傅子淵、包顯道、袁機仲之流，就紫陽而不知正，彼且以金溪爲「有道」也，奚其正？故中庸曰：「思知人，不可以不知天。」如何得知天？只是格物窮理。』」

留良痛闢陸、王，自謂有功朱子，而議論絶不平允。如金溪講學，與朱子不無異同，然踐履篤實，爲朱子所敬。白鹿會講，諄諄於義利微茫之分，聞者皆爲流涕。可謂非有道者乎？良知宗旨，近於釋氏，誠不能爲陽明諱。然其一生，立身無過體國公忠，明代賢臣少出其右。留良乃比之陳相、達摩，過矣！至云「凡爲『好學』，必有是四者。有是四者，只可謂之『好學』，未可謂之『有道』也，須看他所學何學」云云，此亦非也。夫所學者，果聖人之道耶，則有是四者，可謂之「好學」，由是而積之，雖「有道」亦不外此矣，無二途也。若所學者非聖人之道，則所學雖勤，而去道愈遠，聖人固不肯以「有道」許之，亦豈肯以「好學」許之哉？今云「有是四者，只可謂之『好學』，未可謂之『有道』，又須看所學何學」，如此則有是四者之人，邪正全未分，另須一番考正白黑，則本章上三句皆成虚語矣。留良此等議論極多，如此篇與「有朋自遠方來」，及中庸「取人以身」之説，其弊皆同也。充其説，則道亦虚位也，學亦虚位也，是一部四書，皆須一番推本别白，然後不雜於異學也。可乎哉？

子貢曰「貧而無諂」章

吕留良云：「『樂』與『好禮』，講到學問至處。孔、顔之蔬水簞瓢，舜、禹之恭己無間，境界無窮。」

語類：「問：『貧而樂，如顔子非樂於簞瓢，自有樂否？』曰：『也不消説得高。大概「樂」是他自樂了，不自知其爲「貧」；「好禮」是所好者禮而已，不自知其爲「富」也。』」又云：「『好禮』只是不奢侈，凡事好循禮，不恁地勉强。」此二條與本注脗合。胡氏乃謂「『貧而樂』，非顔子不能；『富而好禮』，非周公不能」，留良剽竊此意，遂云「『樂』與『好禮』，講到學問至處」。又因「周公」之云，而推至「舜、禹之恭己無間」，失之遠矣！

子曰「爲政以德」章

吕留良云：「此頗與黄、老相近，得黄、老之精，則所謂『居簡馭煩，以寡制衆』，亦自見得此意。顧其彌近理而愈失真者，其所爲德，非吾之所謂德耳。昔人謂漢以黄、老治，如曹參之守法、陳平之不對錢谷刑獄，與文帝之謙讓未遑、放賈生、置晁錯之類皆是，然亦祇得黄、老之粗者耳。何則？『北辰居其所』，是動之至，非不動之至；黄、老之所爲德，在至勞，非至逸也，而漢人惟知以逸待勞。故吾謂黄、老之精，漢人尚未之見及也。而後世所見，又出漢下。治天下之法，固宜其架漏千年，而三代以德之政，終不可得而見也與？」

朱子曰：「老子所謂『無爲』，只是簡忽；聖人所謂『無爲』，却付之當然之理。」留良剿襲此意，謂「其所爲德，非吾所謂德」，是已。乃又謂「『北辰居所』，是動之至，非不動之至；黄、老之所爲德，在至勞，非至逸也」，如此則是黄、老之德，正合北辰之象，得其術以爲治，何不可之有？且黄、老所謂至勞，乃流水不蠹、户樞不腐之説，其精處正是粗處。不如蓋公所云「治道貴清浄，而民自定」，乃得黄、老之精者。留良於黄、老宗旨並未窺見，顧云「後世所見，又出漢下」，何其妄也！

子曰「道之以政」章

吕留良云：「此章原爲治法分别本末，不重責君身意。若正身而民化，又别一話頭。」

此章「爲治法分别本末」，又何嘗不是「正身而民化」道理？他處言「正身而民化」，又何嘗不是「治法本末」之所關係？留良於書旨有相同處，必破碎分析，以疑誤初學。不知何意？

呂留良云：「若專重政、刑，則雖先王之政、刑，亦止得『免而無恥』，故政、刑不但不是申、商，並非太公、子産之所爲政、刑也。」

先王之政、刑，皆本德而發，而輔禮以行者也。一部周禮，及散見於儀禮、禮記者，皆先王之政、刑也。中庸所謂「人亡政息」，孟子所謂「徒法不能以自行」者，正以非其人不能行耳，非能行而仍有弊也，故曰「遵先王之法而過者，未之有也」。太公爲文、武師，孟子所謂「見而知之」者，太公之政、刑，即文、武之政、刑也。留良乃别之於先王政、刑之外，是誣太公也。其意不過因「舉賢尚功」云云，臆度太公設施之有弊耳，不知此出於淮南子，若史記所載，「簡禮從俗」，則周公且贊以「平易近民，民必歸之矣」。至於子産相鄭，夫子稱爲「惠人」，傳所譏不過丘賦、刑書二事，其餘政、刑，亦皆依正義以出之，故能使國安而民懷。觀「誰嗣」之歌，則其民亦非盡無恥矣。夫子所云「免而無恥」者，乃大車詩序所云，周衰大夫能以刑、政治其私邑者耳。且留良既曰「先王之刑、政，亦只是得『免而無恥』」，又曰「太公、子産不足以當之」，忽而卑視刑、政如彼，忽而高視刑、政如此，任意顛倒，全無根據。以此誑惑無知之人，其罪豈可逭乎？

子曰「吾十有五而志於學」章

呂留良云：「説箇『不踰矩』，可知聖人心中刻刻有箇天則在，不是即心是道。此本天、本心之别，即程、朱之所謂『主敬』也。」

既云「心中刻刻有箇天則在」，是聖人之心，與天爲一也，尚得謂心自心、道自道乎？伊川云：「主一之謂敬，一者之謂誠。」西山真氏云：「主則有意在，學者用工，須當主於一。及其涵養純熟，自然無二無雜，不待主而自一，即所謂誠也。」今謂「『不踰矩』，即是『主敬』」，是混下學上達爲一候也。失之遠矣！

呂留良云：「聖人之道，做到老，學到老，假我數年，卒以學易。活到八十九十，又須有進候不同處。」又云：「講到末節，多説『窮神入化，學成德全』，他竟不許孔子再活到八九十去。甚可笑！」

學至「從心不踰矩」，猶不謂之「窮神入化，學成德全」，不知留良所謂神化、成全者，當何如也？朱子云：「再加十歲，也只是這箇。終不是至七十便畫住了。」此言聖人之學，徹始徹終，即至「從心不踰」，其維日孜孜者，未嘗少懈，非謂所造更有進於是也。留良竊朱子「不畫住」之語，謬謂「活到八十九十，更須有進候不同」。嗚呼！孔子爲千古獨至之聖，此億萬世凡有血氣之倫所共知，而留良獨若惜聖年之促，未究其所學者。誕妄一至於此！

子曰「吾與回言終日」章

呂留良云：「『發』謂日用、動静、語默間，皆足以發明終日所言之理。但謂言上發明固非，離却夫子所言，而泛言『發』夫子之道，亦非語意也。」

語類：「器之問：『「亦足以發」，伊川有「天理昭著」語，與先生所説不同。』曰：『便只是這個。夫子所言，他别會發明而行之。』」按此，則發明所言之理，即是發明夫子之道也。道之義藴弘深，非語言之所能盡，顔子體認真切，一一見之行事之間，所言之道，方顯然昭著。若説一件，做一件，便不得謂之「發」矣。「聞一知十」，以知言；「亦足以發」，以行言。總見得顔子於聖人之道，融會貫通，觸處洞然，故終日言之而不見其違也。粗疏淺陋如留良者，烏足語此？

子曰「温故而知新」章

吕留良云：「有謂：『人之爲學，以見聞自牿者多矣，君子之學求諸心而自得。』曰：『「故」者，所已知；「新」者，所未知，都只在聞見中説，言因其所已知者而益加精詳，日知其所未知。非謂「故」爲聞見，而「新」爲心悟也。猶之看書，初時所見猶屬皮膚，若能思辨不已，剖晰精微，或悟前解之粗，或知他説之謬，或得向時未見處，或旁通於别義，皆所謂「知新」也。如此則可以爲人師而講書辨難矣。注所云「記問之學，無得於心」者，猶之近日秀才，止曉得一本説約俗書，自以爲原本傳注，此以淺陋爲「故」而不「知新」者也；又有一種學究，博考講章，如所謂蒙、存、淺、達者，以至於大全，則自以爲無所不知，而究於聖賢之旨，不知其所歸，所謂蒙、存、淺、達之迂訛、大全之駤駁，不能辨也，此以駁雜爲「故」而不「知新」者也；又有甚者，造撰新奇之説，離叛傳注，如袁黄之改注、葛寅亮之湖南講，及説統、説叢等，此又以謬妄爲「知新」，而非聖人之所謂「新」也。凡此總因四書之理無得於心，而徒爲講章記問之學故也，非謂四書傳注之外，别有所謂「新」者，當舍傳注而求之心也。且聖人明言「温故而知新」，則「新」原只在「故」之内，「知」之得力原只在「温」之内，未嘗云棄「故」而「知新」也。』」

「故」爲聞見，「新」爲心悟，即注中「舊聞今得」之意。語類所謂「『温故』，聞見之在外者；『知新』，義理之得於己者」是也。即如留良以「已知」「未知」言「知」字，仍在心上説，豈可謂「都只在聞見」乎？大全、蒙、存、淺、達説約等書，於程、朱之注，各有發明，留良必欲概行抹殺，自謂恪遵傳注。然如此章，朱子以「故」爲「舊聞」，而留良云「非謂『故』爲聞見」；朱子以「知新」爲「心得」，而留良云「都在聞見中説」。所謂「離叛」「謬妄」者，將自繩之不暇，而暇繩人乎哉？

子曰「君子不器」章

呂留良云：「『不』字須放在『器』字上看，又須放入『器』字中看，乃得其全。人但見得『器』字外耳。」

此段云云，支離極矣！試揣其意，所云「『不』字須放在『器』字上看」者，言君子無智名、無勇功，不可以「器」言也。又云「須放在『器』字中看」者，言水、火、工、虞，古人有專長，君子未嘗「不器」也。此由不明「器」字之義，故極意穿鑿，愈説愈遠。蓋所謂「器」者，謂一才止適一用也。如留良説，將以治水、教稼，爲禹、稷之一才一藝耶！君子體無不具，用無不周，集注甚明。留良何全不體會耶？

子貢問君子章

呂留良云：「『先行』句，即落箇『其言』，則『其言』非泛指辭説，即所知之事理也。若云我所知之事理，必躬行有得而後可見之言。八字只一句説，『行其言』只指一件，與别章重行、慎言之義不同。别章言、行平對泛説，故行字去聲讀，此只是一片説，故是平聲字。」

留良以「其言」爲「所知之事理」，乃襲語類中門人問語。至云「八字只一句説，『行其言』只是一件，與别章重行、慎言之意不同」，則又不是。程子以「先行」二字作一句，朱子曰：「恐『其言而後從之』不成一句，不若以『先行其言』作一句，『而後從之』作一句，大意只説先行其所言，而後言其所行。」據此，則作兩句讀，道理自明。朱子又云：「若道只要自家行得，都説不得，亦不是道理。聖人只説『敏於事而謹於言』『敏於行而訥於言』『言顧行，行顧言』，何嘗教人不言。」據此，則與别章重行、慎言，非有兩意也。

子張學干禄章

吕留良云：「『干禄』不是不講『言』『行』，另有一種動人之言、行。」

李延平曰：「古人『干禄』之意，非後世之『干禄』也。蓋胸中有所藴，亦欲發洩而見諸事爾，然求之有道。苟未見所以求之之道，一萌意焉，則外馳矣。」此條説得最明。今留良乃謂「另有一種動人之言、行」，是不惟萌諸心，而且見諸事，看子張便是後來譁世取寵一流。聖門當日，安得有此學術乎？

孔子謂季氏章

吕留良云：「季氏僭竊，與莽、操等不同。蓋公子糾褌權臣，一味妄自尊大，不知其文理不通，帶一分騃蠢無知，帶一分世家習氣在。」

僭竊之罪，無大小，一也。季氏之舞八佾、歌雍詩，其心即竊國之心也，故夫子誅其意，曰：「是可忍，孰不可忍？」集注引謝氏云：「季氏忍此矣，則雖弑父與君，亦何憚而不爲乎？」留良乃從而爲之辭，曰：「權臣妄自尊大，紈褌文理不通，與莽、操僭竊爲異。」嗚呼！聖人以「可忍」

二字，明定爰書。留良以「騃蠢」一言，陰更成讞，是何肺腸？殆與於悖逆之甚者矣！

三家者以雍徹章

呂留良云：「不説三家僭竊，只説何取，令三家亦索然無可回答，是并不許三家明認僭竊也。語愈婉，旨愈嚴，『無知妄作』罪名，使三家若可承，又不得不承，又寔難自承。正見聖人立言之妙。」

注中明言「譏其無知妄作，以取僭竊之罪」，非故婉其詞也。謝氏以「上章爲不仁，此章爲不知」，或問謂「有未安」，正以「不知」二字詞義太寬，非所以警犯上之徒也。惟曰「無知妄作」，則詞嚴義正，凜乎不可犯矣。留良乃曰「并不許三家明認僭竊」，又曰「使三家若可承，又不得不承」，自謂得「聖人立言之妙」。不知聖人於此等處，直是雷霆鈇鉞，安得許多蹺蹊乖角氣象？

子曰「君子無所争」章

呂留良云：「『君子無争』，不是故尚高雅，原以天下本無可争耳。」又云：「『君子無所争』句，每易説得太高，便攙入老、莊齊物之意，非聖賢語，只是抑然自下不欲多上人，方與雍容揖遜意思一串説下。」

此二條自相矛盾。「天下本無可争」，即是混是非，忘得喪，攙入老、莊齊物甲裏去矣。

子夏問曰「巧笑倩兮」章

吕留良云：「『禮後』句看作悟境，便入禪；一著高解，便入老、莊。『禮豈爲我輩設耶？』只此一句，便是魑魅禽獸之言，然其弊未嘗不從悟處過高來也。依他説，只成禮外、禮僞，非『禮後』矣。『後』字是重禮之義，不是薄禮。」

文、質有本末，即有先後；有先後，即有輕重。棘子成欲去文存質，子貢非之，正恐其流於老氏禮僞之説也。然子貢之言，朱子謂其有弊者，以其於文、質之間，遂一視之，而無本末、輕重、緩急之差，則又矯子成之失而過其中耳。留良謂「一著高解，便入老、莊」，是已。然云「『後』字是重禮之義」，則不特文、質一視，而且有倒置之患，豈復卜氏本旨哉？解經一字不的確，便與聖賢語氣天地懸隔。學者察之。

呂留良云：「有云『子貢穎悟，子夏篤實。以大意爲可觀，而忽遺乎名物，此穎悟者之言詩也；若精詳訓詁，而忽然旁通於詩之理，離而適以爲合，非篤實者不能。故聖人尤喜與篤實者言之』，曰：『詩之教，與他經不同，觸類旁通，斷章取義，益人無窮，正在不拘滯處。或言事而忽悟詩，或因詩而忽悟理，皆得詩教之妙，故夫子許之，無異辭。與「一貫」公案又别。「一貫」兩章，問答開示，語句已自不同，子貢之不及曾子，固不待言而決。若言詩之本領高下，則子夏斷不及子貢。聖人必無喜與篤實言甚於穎悟之理。』」

呂與叔東見録：「程子曰：『聖人之德行，固不可得而名狀。吾曹欲學聖人，且須學顏子，後來曾子、子夏煞學得到上面也。』」朱子曰：「子貢俊敏，子夏謹嚴，但將論語子夏之言看，甚嚴毅。孔子門人，自顏、曾而下，惟二子，後來想大段長進。」合程、朱之言觀之，所以推崇子夏者，未曾後於子貢。留良乃謂「言詩之本領高下，子夏斷不及子貢」，豈不謬乎？陸象山語録論此章，謂：「子夏當時，亦有見乎本末無間之理，然後來却有所泥，故其學傳之後世，尤有害。」其意蓋以子夏「禮後」之論爲知本，到後來與子游論本末處，泥於區别之見，而傳之後世有害者，隱以譏紫陽耳。留良欲闢陸、王重本之論，并不滿子夏「禮後」之説，故前條以「後」字爲「重禮」，猶爲子夏回護，至此又自覺前説之牽强，索性謂「子夏之本領不如子貢」，隱寓不滿「禮後」之説之意。留良剛愎謬戾，敢於詆誣先賢如此。

子曰「夏禮吾能言之」章

吕留良云：「夏、殷之禮，夫子皆能言之，但杞、宋不足徵耳。然使杞、宋雖微而文獻尚備，猶可有爲，乃無如文獻之亦不足徵也。文獻當在杞、宋之外，有謂『即杞、宋之文獻』者，誤也。」

本文「文獻不足故也」一句，緊承上二「不足徵」言。杞、宋所以不足證吾言者，由「文獻不足故」耳。「文獻」自應就杞、宋而言，文義方順。今留良乃云「文獻在杞、宋之外」，則本文「故也」二字，如何説得去？且古者列國分疆畫界，凡典籍官守、師承授受，惟本國之人知之，而他國不與焉。夫子問禮，必適周見老聃，至齊而後得聞韶；季札聘魯，乃得觀樂；韓宣子至魯，而後得見易象、春秋。此皆文獻必在本國之明驗也，以謂「即杞、宋之文獻」爲誤，豈非説夢？

子曰「禘自既灌而往者」章

吕留良云：「魯禘賜自成王，説出明堂位。先儒謂漢儒多魯人，魯之僭大始於春秋，多矯飾之言，漢儒因而述之，則并祀周公以天子禮樂爲非據。然據魯頌之詞，未可謂盡出周末先秦也。」

禮記經大戴删後，又經小戴删爲四十六篇。至東漢馬融，始增明堂位、月令二篇，後又增河間獻王所作樂記一篇。是小戴以前，尚未有明堂位也。王莽踐阼，受九錫，稱明堂位以定其儀。蓋劉歆輩所僞作。先儒考之雖未詳，而以明堂位「成王賜魯郊禘」之説爲矯誣，不足爲據，則至當不易之論也。留良乃據魯頌之詞，以爲不盡出於周末先秦，是以成王之賜、伯禽之受爲有據，而魯用天子之禮樂亦未可厚非矣。程子不辨明堂位之僞，而直斷之曰：「成王之賜，伯禽之受，皆非也。」蓋即出於成王、伯禽，亦大悖於禮而不可以訓，是乃聖賢扶樹世教之義也。而留良必欲反其義，是誠何心哉？姑勿旁引，即以魯頌之詞考之，曰「乃命魯公，俾侯於東，錫之山川，土田附庸」，則未嘗賜以天子之禮樂明矣。繼之曰「周公之孫，莊公之子」，然後及郊天配稷之事，則僭用天子之禮樂，自僖公始，昭昭矣。假令成王賜而伯禽受，則「錫之山川，土田附庸」之下，當直接「龍旗承祀」，其文乃順，何以特書「周公之孫，莊公之子」於「龍旗承祀」之前哉？孔子曰：「魯之郊禘，非禮也，周公其衰矣。」謂以周公之聖，而子孫僭逆如此，周公之業，至是而衰也。若伯禽時，魯道方盛，何乃歎其衰乎？留良不信孔子、程子，而轉據魯史克之詩，以附會明堂位之矯誣，而駁先儒至當之論，殊不可解也。至「或問禘之説」章，又引孔子之言，而謂歎周公之衰，其非伯禽之事可信。蓋留良本意，不過選刻時文，以圖微利，隨意信口，胸無定見，徒爲有識者所鄙笑耳。

或問禘之説章

呂留良云：「中庸之難『明』，是就道理上説；此節之難『知』，是兼魯禘非禮意。故中庸止云『治國』，而此云『於天下』，『於天下』則不王不禘之義自見矣。」

或問云：「此章發明『追遠』之意，與中庸之意未始不同。」按此，可知國與天下，彼此偶然變文，非借「天下」二字，以明「不王不禘之義」也。留良此等處，總是私智穿鑿，絶非聖人語意。

子曰「射不主皮」章

呂留良云：「『不主』二字，一以奮武衛，一以揆文教，兩義都備。」

按精義，謝氏謂「射而貫革，主皮也；射而不貫革，不主皮也。主皮不主皮，以其力之不同也」，朱子辨其非是，謂「儀禮言射，固有此二類，然此專以其『不主皮』者言」。留良乃謂「武衛、文教，兩義都備」，是即謝氏「或主皮，或不主皮」之説。非聖人發歎本旨。

呂留良云：「尚德則力在其中，尚力則殺心勝而射失其道，故夫子歎之。要知聖人作弧矢以威天下，便是爲力，看王者揆文教處，能得幾許地，其餘皆奮武衛者也，豈先王不仁之術哉？如此然後萬物各得其所，其用力處乃所謂德也。杯酒釋兵，豈非絀力，而中原塗炭，何尚德之有？先王誠惡力，何不竟用畫布，并其皮去之耶？」

按禹貢，「五百里綏服，三百里揆文教，二百里奮武衛」，其地在侯、甸之外，要、荒之内，介乎内外之間，然「揆文教」之地，在内而重；「奮武衛」之地，在外而輕，則聖王之心，概可見矣。大禹之「祇承於帝」者，曰：「文命敷於四海，其告厥成功也。」又曰：「聲教訖於四海。」皆言「文教」之修，不云「武衛」也。周家散軍郊射而後，六韜之略，故不能多於周禮之書矣。從古戡亂以武，致治以文，二者不可偏廢，而其本末輕重，有不得而倒置者。留良乃較量於道里之間，妄謂「揆文教之地甚少，其餘皆奮武衛之地」。無論稽之禹貢五服之制，絶不符合，而聖王之「文命」「聲教」，乃欲以道里限之，陋矣！況夫子慨慕古道，尚德而不尚力。留良必謂「聖人作弧矢，便是爲力，用力乃所謂尚德」，是立意與聖言馳背也，豈但講書謬誤已耶！

定公問「君使臣臣事君如之何」章

呂留良云：「從天看下，則君臣尊卑雖截然，而相去不遠，蓋禮之等止一級耳。」又云：「他人枉作許多血性赤心格言，都在心上起論。若講心，則人心不同，願忠不願忠，盡忠不盡忠，憑人異志。惟本天來，則絲毫欠缺走趲不得耳。」又云：「分即所以盡心也，易盡者心，難盡者分。非分僞而心真也。僞者，更不循分耳。」

易曰：「地道也，妻道也，臣道也。」樂記曰：「天尊地卑，君臣定矣。」若云「禮之等止於一級」，而尊卑之遞降相去一間，將謂上天下地之間，不甚懸隔乎？此凡有人心者，皆知其説之謬妄也。若夫「忠」字之解，對「信」言者，先儒以「忠」爲實心，「信」爲實事；對「恕」言者，先儒以「忠」爲中心，「恕」爲如心。又曰：「發己自盡爲忠，循物無違爲信。」又曰：「盡己之謂忠，推己之謂恕，自盡盡己」云者，皆謂盡己之心也。至委質爲臣，所恃以報吾君者，祇此不二不欺、竭誠盡敬之赤心，此靖獻之本也。故曰：「臣事君以忠。」試思理之當然，有一不本於心者乎？注中言理而歸之「自盡」，乃合精粗、兼内外之謂盡也。專言内者，無實；專言外者，無本，皆不可以爲「自盡」。離理而責心，人心誠不同矣，離心而求之天，又孰惇之而孰庸之乎？心之難盡，正以分之難盡也。分未盡則心亦未盡，豈可謂「易盡者心，難盡者分」乎？先儒謂「如扶醉漢，扶却一邊，倒却一邊」，又謂「議論只好隔壁聽」者，正留良之謂。學者不可不深思而明辨之也。

吕留良云：「『禮』『忠』二字，人多略去粗節而求精微，云儀節之禮非『禮』，職分之忠非『忠』。其説似深而易遁，離理而責心，亦良知家言也。不知講到粗節處，方是『禮』『忠』之實，方是『禮』『忠』之盡，則彼之所謂深者，正吾之所謂淺耳，越看得『禮』『忠』好。」「禮」「忠」二字，正在誠意交孚，兩盡其道，方爲至極。若只在粗跡上説，則是以虚文相縻而已。況粗跡上做得周到，必自誠意中發出，果然誠意真切，則粗跡上有不期然而然者矣。若無誠意，則粗跡上又如何勉强得來？留良終日説不誠無物，到此又復夢夢，可知口耳之學，無所用之。

子曰「管仲之器小哉」章

吕留良云：「功名、品量，正要分别看。管仲雖使功名再加盛，而其器量只如是也。」品量之高下，固不盡在功名之大小。然而，本深則末茂，實大則聲宏，亦是必至之理。如有伊、周之品量，則便有伊、周之功名。假使管仲當殷、周之世，遭時遇主，未必能有伊、周之功業也。注中明云「不能致主於王道」，安得謂功名大小，不關品量之高低乎？故謂功業不足徵器量，乃浮大而無識之言。即此可知留良所學之膚末矣。

子曰「惟仁者」章

吕留良云：「兩『能』字，只在理上説，不在事應上説，在事應上説，便粗淺也；不在心體上説，在心體上説，便落空。蓋『無私心』，只説得『仁者』二字，一講到『好』『惡』，便有箇理在。惟『無私心』乃當於理，惟當於理，故謂之『能』。」

在理上説便精微，在事應上説便粗淺，是理與事，不相貫攝也。在理上説便著實，在心體上説便落空，是心與理，又不相凝合也。天下有此不在事、不在心，而懸空無著之理乎？「仁者」之能盡「好」「惡」之理，正以其存於心者，無毫髮之私；見於事者，無幾微之誤也。今析心、理爲二本，離事、理爲二物，轉使此章之旨，無實際之可憑，則所謂「落空」者，留良實自蹈之。

子曰「富與貴」章

吕留良云：「有將『富貴』『貧賤』看做重大，而以『終食違仁』作小者看，極悖謬！孟子以讓千乘，謂『以其小者信大』者，正指此也。」

以「富貴」「貧賤」爲重大，「終食無違」爲小，其説本語類。孟子曰：「苟非其人，簞食豆羹見於色。」夫簞豆之小於千乘，夫人知之，而足以觀人者，此正「終食」「造次」「顛沛」之頃，微而易忽，暫而易忘，人能矜持於富貴貧賤之交，而不能不作色於簞食豆羹之際，非存養之密者，安能信其無違而必於是也。然則「終食」之事愈小，則存養之功愈難。此正聖賢微旨也。

吕留良云：「有謂『以道却富貴，亦可以道却貧賤，故不去者尤難。若都以道爲衡，是亦巧於却貧賤矣』，其説似新快，而不知無此理也。富貴之辭，我可得而自主者，故不必聖賢，獨行之士皆能之。要却貧賤，非我之所得而主，貧賤終不能却，安能以道爲衡而巧却之耶？所謂不處不去者，聖賢於這上面取舍分明，毫無係戀、怨尤之意，渾然得其天理之安，乃所謂『仁』也。」

「富貴」實有可處之時，「貧賤」實有可去之時，故以「不處不去者」爲能審能安，而名以君子。若謂「却貧賤，非我之所得而主，貧賤終不能却」，則不去貧賤，並不必獨行之士能之矣。原憲捉襟肘見，納履踵決，而以是貧非病自安，可謂確乎不去者，聖人不許其仁，正以怨欲之念雖不行，而怨欲之根未盡拔，尚須密以存、省之功也。留良乃謂「聖賢於取舍上面，毫無繫戀、怨尤之意，渾然得其天理之安」，是直將「不處不去」看作樂天知命之聖人，失之遠矣！

子曰「我未見好仁者」章

吕留良云：「第一節理當見人未見，第二節未見其事，第三節未見其人。只用理、事、人三字，安頓三個『未見』覺的確清楚。」

東陽許氏曰：「此章三『未見』字不同，前『未見』及章末『未之見』，皆言無此人；中『未見』，謂無其事。」留良剽此語，而又添「理」字與事與人，分配三「未見」，則謬矣！

吕留良云：「此『好』『惡』字，粘定在『仁』『不仁』上，拆開單講不得，原是説『爲仁』，不是論『好』『惡』也。且此『好』『惡』，亦只在資稟德性上分看，不是説一人用情發意也。」

此章論「爲仁」之功，正在「好」「惡」盡誠上説。「好仁，無以尚」，斯「仁」存矣；「惡不仁，不使加乎其身」，斯「不仁」去矣。留良乃謂「原是説『爲仁』，不是論『好』『惡』」，請問此章之旨，舍「好」「惡」之外，何處是著力處？又謂「此之『好』『惡』，只在資稟德性上分看，不是説一人用情發意」，尤不可曉。夫所謂資稟德性者，必自人身而言，安得謂非用情發意？如其資稟德性而「好仁」也者，則用情發意必「好仁」矣；如其資稟德性而「惡不仁」也者，則用情發意必「惡不仁」矣。資稟德性，其體；用情發意，其用，本一串事，如之何其岐而二之也？且「好」「惡」者，即用情發意之謂也，既曰「好」「惡」，又非用情發意，不通極矣！

子曰「君子之於天下也」章

呂留良云：「『義』從事物見而根具於心，説在『天下』、在『君子』都不得。」

事物之宜在「天下」，所以處物之宜，則在吾心。留良謂「説在『天下』、在『君子』都不得」，是「義」爲鶻突懸空之物矣，上面又如何先説「『義』從事物見而其根具於心」？一行之内，謬戾難通若此！

呂留良云：「『適』『莫』作通套『可不可』看却誤，兩字乃人之私心蔽見，不是外邊行止。」
私心蔽見如是，則外邊行止亦如是，未有心跡判而爲二者。以「可不可」釋「適」「莫」，正注中所引謝氏之説，何誤之有？

子曰「參乎吾道一以貫之」章

吕留良云：「『忠恕』盡頭便是『一貫』，本體止是一件，但聖賢用處不同、工夫各别耳。人將『一貫』看做教外别傳宗旨，將『忠恕』看做義學知見小乘，自然牽扯不合，於是空拈一心字了之。注中『渾然一理，泛應曲當』，是解『一貫』，不是一心字可了也。若一心字可了，則『一貫』『忠恕』都屬强名，原無分别矣。此正儒釋本天本心分别處，故『一貫』『忠恕』看做兩件不得，竟看做一件不得。」又云：「此是本天之學，徹上徹下，故程子指出『天地於穆不已，變化各正』是『忠恕』盡頭，其實却在『盡己』『推己』做人。近人全不理會，只以一心字了却『忠恕』，若云『夫子之道，心而已矣』，不知其流入於禿丁本心之學也。」

留良以本天本心爲儒釋之分，而以空拈心字爲流入於釋氏本心之學，其説似已。然朱子於此章，或言一心，或言一理，而於集注，則合言之曰「聖人之心，渾然一理」，是則心爲衆理具備之心，理爲心所包含之理，故雖專言心而未始離乎理，專言理而未始離乎心。吾儒之學，所謂「體用一貫」，異於釋氏「即心即佛，非心非佛」之説也。且所謂天者，亦即吾心所具之理也，離心則天於何寓？泛指「於穆不已，乾道變化」，而不本諸心，則「忠恕」之在天地者，於我何與？「盡己」「推己」，必有所以盡之推之者，豈但拈天字之可了乎？朱子有云「天地生萬物，物物有一天地之心；聖人應萬事，事事有一聖人之心」，可見心字最要，止拈心而不本於天，是有離理之心；止拈天而不本於心，是有離心之理也，均非聖人所謂「一貫」也。

呂留良云：「朱子云『忠是一，恕是貫』，此是分體用説。其實『恕』也只是『一』，故又云『忠在心，恕在事物之間，只是一個一，分著便各有一個一，恕自忠出，所以貫之也』，看『所以』二字自分明，若竟以『忠』貼『一』，以『恕』貼『貫』，又生枝節矣。『忠』是盡處『一』，『恕』是推處『一』。」

程、朱之解，皆以「忠」貼「一」、「恕」貼「貫」，此不易之論，非生枝節也。蓋惟如此，方見得聖人本末融會、粗精一致之理。留良乃云『恕』也只是『一』，又云『忠』是盡處『一』，『恕』是推處『一』，甚哉！所見之謬也。夫所謂『恕』只是『一』者，將謂百千萬「恕」，各得一「忠」，如所謂「物物各一太極」耶，則「一」仍屬「忠」，而非「恕」之「一」也。若謂「忠」自爲「忠」之「一」，「恕」自爲「恕」之「一」，則「忠恕」二字全無交涉，何謂「本忠行恕」乎？如留良云，是於「聖人之道，會萬爲一，一實萬分，萬一各正」之妙，一筆勾罷，且連本文「貫」字，注中「推」字，俱可不用，只消「一」字便了矣。

呂留良云：「道理只是一個理，到各人身上便有許多道理，却仍只得一個道理，所以『一貫』亦正自不同也。譬之傷寒，寒只是此寒，但受寒之人有虛有實，有陰有陽，所以症候不同，而方法亦别。到得寒邪散盡，元氣復還，原只是一個傷寒道理。若執定一法以治傷寒，未有不敗矣。若到『忠恕』句纔去融會『一貫』，此理便費分疏。只是在『一貫』中，即一片説透，方見聖人之言原不曾虧欠下橛，曾子之言亦不曾瞞過上橛也。」

留良謂「只是一理，而所以『一貫』，各人不同。比之傷寒症候不同，而治法亦異」，其於此章之旨，如風馬牛之不相涉矣。夫症候不同，而治法亦異者，在聖門之教，如子游問孝，則告以「敬親」；子夏問孝，則告以「色難」；子路問聞斯行，則退之；冉有問聞斯行，則進之。千差萬别，各有攸當，然非「一貫」之旨也。若此所謂「一貫」者，乃「一理渾然，而泛應曲當」，無理不收，無法不貫，如衆曜之麗天，如萬川之歸海，安有隨人不同之事？苟有不同，則不足以爲「一」，而亦不足以「貫」萬矣。留良於此章之旨，茫無所見，所以議論若此。亦可見其支離破碎之病入於膏盲矣。又謂「若到『忠恕』句纔去融會『一貫』，便費分疏，要先於『一貫』中，一片説透」，尤爲無理。夫所謂「忠恕」者，曾子因門人之問，故即學者工夫，以明聖人道理，乃有「忠恕」之説。若上節夫子口中，只明「一貫」，未嘗先有「忠恕」名目也。留良欲於「一貫」中，預透「忠恕」道理，淩躐顛倒，豈非迷謬之甚乎？

子曰「君子喻於義」章

吕留良云：「『喻』字兼深知、篤好而言，然必深知然後篤好。君子『喻義』之深、笃，道理儘著讲得进。至『喻利』，则人但將貪污一流罩煞，不知這裏面正有人物在，天下頗有忠信廉潔之行，而其實從『喻利』來者。蓋其智慧實曉得如是則利，非然則害，故所行亦復近『義』，然要其隱微端倪之地，實不從天理是非上起脚，而從人事利害上得力，此之謂『喻利』之深篤。若貪污之人，止知小利而不知大害，知近利而不知其後之大不利，此並不能『喻利』者。雖均之爲小人，而其等高下懸殊，不能深『喻』者，其爲小人猶淺。至『喻』之能深、篤者，直與君子疑似，後世不察，每爲所欺，而此種學術，遂流傳於天地之間。如孔、孟所指之『鄉愿』，今人竟望爲君子不可及之人矣，豈不可恨可痛！」

「喻」字，自屬知邊説，故注云「惟其深喻，是以篤好」，元有兩層。留良以『喻』字兼深知、篤好」，不分層次，非也。至所論「小人高下之等」，則謬之又謬矣！忠信廉潔，「義」之事也。内忠信而外廉潔，則表裏皆「義」矣。縱使隱微端倪之地，不無私意之偶萌，是亦君子而未純者，豈得目爲「喻利」之小人乎？小人雖有假託於君子之時，然未有久而不敗露者，或富貴而驕溢，或貧賤而隕穫，患得患失，千態百狀。人之視己，如見肺肝，即孟子所謂「似忠信」「似廉潔」之「鄉願」，止可以欺流俗，而不可以欺君子。如公孫弘之巧佞欺世，轅固、董仲舒早已窺其微矣，豈有小人假託於君子而不敗露者乎？今以忠信廉潔之士，而逆揣其心，謂所行雖合於「義」，「其實從『喻利』來」，如此則雖有聖賢之行，何難目爲矯僞而誣以爲小人乎？至於「見小利而忘大害、徇近利而忘遠害」，此正小人之深於「喻利」也。彼其心止知有利，利之外一毫不以動其念，有告以利中之害者，而彼不信也。即明知害之不旋踵而至，而無如好之篤而不能自已也，此所謂「喻利」，此所謂「小人」也。而留良以爲是「猶淺之乎言利，非能『喻利』者」，然則將以畏大害而屏小利者爲「喻利」乎？將以畏遠害而舍近利者爲「喻利」乎？夫利之所在，無非害之所在，孔子曰：「放於利而行，多怨。」正示人以利中之害，使嗜利者知所儆也。人苟常存一畏害之心，則不敢復萌貪利之想，雖未至於「喻義」，亦庶幾近之矣，如此而謂之深篤於利，較貪污之小人爲尤甚。謬乎？不謬乎？留良以奸邪貪鄙之小人，矯飾道學之名，其術不可謂不工矣，而卒不免於敗露，然則所謂「與君子疑似，而人望爲不可及」者，乃留良之所翼幸。烏知指、視之嚴，必不可掩。自古迄今，未有奸邪詐僞而不敗露者也。

子曰「君子欲訥於言而敏於行」章

吕留良云：「『訥』與『敏』，只在『言』『行』上見；『訥言』『敏行』，只在『欲』字上見。『欲』如何見？也只在他『訥』與『敏』時意象見得耳。故『訥言』即指日用語默，若説做著書立説，文章聲問，非『欲訥』之『言』矣。近人講『言』『行』，都犯此病，乃文行之辨，非『言』『行』做工夫實地也。」

日用語默，固爲切近工夫，然著書立説，亦「言」也。留良以文章「非『欲訥』之『言』」，然則君子豈專奉守口如瓶之戒，而執筆爲文，反肆然無忌耶？偏指著作爲言，誠有病矣。矯其説而謂著作是文非言，則膠滯不通，其弊將使多言者不以舌而以筆，豈聖人垂訓之意哉？

子曰「德不孤」章

呂留良云：「固言自然一定之理，亦所以堅修德者之志而振其氣，知其『必有鄰』，雖終無鄰可也。」

上句言其理，下句言其事，理事相應，乃可以堅修德之志。此朱子之意，即聖人之意也。留良乃謂「知其『必有鄰』，雖終無鄰可也」，則是有其理，不必有其事矣。欲求高妙，反成鶻突，墮好修之志而靡其氣者，必自此種議論開之。

上論下

子使漆雕開仕章

呂留良云：「『使』開，是就他材分可使；『説』開，是因他篤志所見者大，不肯小用，又有出於聖意之外者，故『説』之。若仍要講説其可仕，却小看了『未信』道理。『堯、舜事業，亦只是一點浮雲過太虛』耳，故曰『曾點、漆雕開已見大意』，莫要看大了『仕』字。朱子『篤志』，正指見『大意』不安小成，但恐人誤看入過高處，故下『篤志』二字便著實，即所謂進取也。若止就政事推行處講，并『篤志』二字亦錯看小樣矣。」

「斯」，即仕之理。凡經書「斯」字「此」字，未有不根上文者。蓋仕之理，小言之則小，大言之則大。爲宰治賦，仕之理也；期月已可，三年有成，亦仕之理也。出處雖殊，其理則一。或人問朱子：「是見得吾心之理，或是出仕之理？」曰：「都是這道理，不可分别。」按此，則只就仕之理上能見大意，不安小成，便可語行藏之道，何必將「斯」字躲閃「仕」字，乃謂濶大耶？留良謂「曾點、漆雕開已見大意，不要看大了『仕』字。『堯、舜事業，只是一點浮雲過太虛』耳」，夫點、開之見大意者，乃「侍坐」章所謂「人欲盡處，天理流行，在出處語默處處有之」。留良恐單粘「仕」上講，不足以該體用之全，而不知善會「斯」字者，固未嘗言用而遺體也。程明道「浮雲太虚」之言，即孟子「所性分定，大行不加」之旨。而留良援此以爲「不將『仕』字看大」之證，奚啻去而千里？

孟武伯問「子路仁乎」章

吕留良云：「仁道之大，只在事物之間，非金谿黑腰子也。仁却又不在事。見得到此，方許汝具一隻眼。」

朱子以仁爲當理而無私心，何等直截分明！留良乃云「仁只在事物之間」，又云「仁却又不在事」，何其説之反覆蹺蹊也！

子謂子貢曰「女與回也孰愈」章

吕留良云：「『孰愈』一問，是探竿影草，不是閑評較見。聖人造就子貢用處心切。」又云：「『弗如也』句，不是活，不是奪，不是回機反縱，乃殺句也。此句須殺得盡，下句纔有轉身之妙，若但從上文引逗，作隨波逐流看，却不見金剛玉劍作用。」又云：「此二句純是聖人引進子貢妙用，有縱有奪，有殺有活，却須向子貢境界火候中勘驗，弊病分明，方見聖人四路把截，逼拶到離鉤三寸處，真是老婆心切。」

留良極闢禪學，而此三條却純用禪語。以此解經，其侮慢不敬甚矣！

子曰「吾未見剛者」章

呂留良云：「夫子突然一慨，必有指歸，而茫然難測，所以來或人之對。或人舉棖之氣象有似乎『剛』，其所謂『慾』，有難識者，故夫子辨之。若粗淺嗜慾，或人豈冒昧至此？故程子下『悻悻自好，此即爲慾』，亦此意也。『慾』之非『剛』，是就棖而論，未可以盡剛之理，盡夫子未見之意。然要之大義亦不外是，得或人一舉，界限已自分明耳。」

「剛」與「慾」，一正一反，緊相針對，集注甚明。留良乃謂「『慾』之非『剛』，是就棖論，未盡剛之理」，誤矣。人之有慾者，未必皆同於棖，或好貨好色，貪榮嗜勢，有所耽戀者，皆是也。惟棖「悻悻自好」，其貌似「剛」，不知此即爲「慾」耳。故謂棖之一人，未足以概有慾無剛之品，則可；謂無慾不足以盡剛之理，則不可。

子貢曰「夫子之文章」章

呂留良云：「夫子之文章，是子貢一生家當，到此得聞性與天道之妙，乃爲此言。然只在文章得聞中，打通性與天道不可得聞消息，仍不離子貢家當，其見乃更高一層。」

朱子語類有云：「子貢之聞性、道，是後來聞孔子説，不可硬做是因文章而得。」今留良謂「子貢得聞性、道，原從文章得力」，是明與朱子背馳也。

呂留良云：「子貢得聞性、道，原從文章得力，文章、性、道，可知是一綫事，只是火候不同耳。得聞文章，然後可言性、道。文章之可聞，亦是子貢分上如此，未必人人得聞也。有不知文章者，有止於文章者，有由文章而上之者，有既得聞性、道而用功仍在文章者。此中節次等第，正自不一。」

留良見理多差，只平説道理中，語句疵病不少。如此段所云「文章之可聞，亦是子貢分上如此，未必人人可聞也」，夫文章，威儀文辭也。一入聖人之門，則見聖人之威儀、接聖人之言辭矣，安得而秘之？且此乃下學入道之始也。若文章，亦必子貢而後得聞，則自子貢以下，七十、三千之徒，聖人復用何道教之耶？若謂不得其解者，雖聞如不聞，此可以言性、道，不可以言文章。性、道者，理也。聞性、道而不知其理，即非性、道矣。文章則有形象法迹焉，識大識小，存乎其人，烏有不可得聞之文章哉？又謂「有由文章而上之者，有既得聞性、道而用功仍在文章者」，請問此二種人爲同爲别？既「由文章而上之」矣，則所見者皆性、道也，顔、曾之流也。「用功在文章」，固即事而見理，縱不「用功在文章」，亦非略迹而蹈空也。留良分此二等，將謂「由文章而上者」尚有過於高遠之弊，必須「仍在文章上用功」，方爲貼實耶。豈非管窺之見？

子路有聞章

吕留良云：「此爲子路寫生耳，若寫急勢有一痕未盡，子路精神不活現，便不是記者描畫其身説法。然子路弊病亦在此，看聖人荅『聞斯行』章如何，須曉記者言外微意。」吴氏謂「子路一於敢行，不復置思，故夫子嘗以『兼人』而退之」，朱子謂此論可補諸説之未備。然於本注不一及者，正以記者之意，專美勇行耶？留良剽吴氏説，遂謂「記者言外有微意」焉，則失之鑿矣。

子曰「臧文仲居蔡」章

吕留良云：「因文仲有『知』名，夫子即此事以辨其『知』，非以不知譏此事也，故不云不知，而云『何如其知』，猶曰『人之稱其知也，其謂之何爾？』」

注云：「豈得爲知？」語類云：「聖人專主不知而言。」皆直下判斷，並無遮掩。留良乃云「即此事以辨其『知』，非以不知譏此事」，支離牴牾，一至於此！

季文子三思而後行章

吕留良云：「曰『子聞之』，則魯人之稱頌以爲美談可知，然足以誤人之『思』，故夫子正之。是論『思』，不是論文子，而文子之得失亦在其中，與前後各章論人答問之例自别。」

留良謂「此是論『思』，不是論文子」，謬也。此章與前後章一例，列於忠、清、愚、知之間，正見記者深意。文子黨襄仲而立宣公，及其斥莒僕也，侃侃然彰人臣之直。迨襄仲死，其子歸父欲去三桓以張公室，與公謀而聘於晉，未返而宣公薨，文子乃訟言襄仲之罪，而逐東門氏，歸父奔齊。此皆「三思」中計較利害奸巧處。季氏之强，實始文子。夫子不便斥言，即借魯人所稱

「三思」一節斷之，惡之至也。若泛論「思」，則周公兼三施四之時，夜以繼日，「思」豈得以「再」爲限耶？

子曰「甯武子」章

吕留良云：「『愚』字從旁人比較而見，武子固不自命爲『愚』，亦非武子正面全身斷語也。只在知巧者一對照便見其『愚』，即其『愚』處，便是『不可及』。若以其免難成功見『愚』之『不可及』，即是功利作用，此吴下人之所謂『詐呆』，非武子之『愚』也。要使衛侯終不復國，武子卒及於難，其『愚』豈可及耶？」

武子止知有君，不知有身，但身不可保，則君必不可濟，故兼保身、濟君言之。當日事勢之必不可爲，人盡知之，而武子獨不以爲然，曰「烏知君之不可濟，身之不可保乎」。此如人子之事父母，當彌留之頃，猶必多方調治，至於絶而復，三日而後殮，猶冀其復生，此所謂「愚不可及」也。武子之「愚」之「不可及」，正以其不避艱險，務期免君於難，而卒能成功，以遂忠愛之志。留良乃云「以免難成功見『愚』之『不可及』，即是功利作用」，然則爲人臣者，值艱難之會，必君與身俱喪，而後謂之非功利乎？

呂留良云：「『愚』字，只與乖巧字對。從來萬死一生之事，世之打乖者便不肯爲。二氏之學，講到極精處，亦只是此理，此武子所以『不可及』也。成公之終復，特幸而濟耳，至於成敗利鈍，非臣之所能逆睹也，亦武侯之『愚』也。故『小人喻於利』，皆『智』也；『君子喻於義』，皆『愚』也。以此思『愚』，『愚』可知矣。」

武子之「愚」，注中分明有兩層意，所謂「智巧之士深避而不肯爲者」，武子之「愚」也；「而能卒保其身以濟其君」，則「愚」而「智」矣。但武子當此事勢，萬無可爲，惟「愚」而後能任之，其「智」處亦從「愚」處做出，故總以「愚」字該之耳。留良未詳注意，乃云「成公之終復，特幸而濟耳」，此亦未然。武子之事成公，固無必濟之理，然謂成公之復，全出天幸，無賴於武子之力，則不可。觀武子當時，納饘貨醫皆有妙用，則其他可知也。武子所處者，全君安國，雖有智巧，亦是赤心中流出，何害其爲「愚」哉？

顏淵季路侍章

呂留良云：「盡天下之老、友、少，而安、信、懷之，此其盡也。然必『老吾老以及人之老，幼吾幼以及人之幼』，其中親疏貴賤有多少等級，便有多少安、信、懷法施在，無此也安、信、懷不成。這便是一篇西銘道理。」

語類：「問：『老安少懷，其間多有節目，今只統而言之，恐流兼愛』，朱子曰：『此是大概規模，未説到節目也。』」按，聖人之志，如化工肖物，大以成大，小以成小，各得乎性命之正，而天地未嘗容心。故會得夫子「老安少懷」氣象，則親疏貴賤之序已在其中，不煩添補。留良拾或人問語，謂「安、信、懷有多少等級」，而於朱子「大概規模」之論全不理會，其粗疏鹵莽類如此。

子華使於齊章

吕留良云：「有謂『與粟、辭粟，二子原未嘗不是，夫子特廣其意耳』，『滿肚皮奈何不下這一部史記憤懣肝腸，看得一班俠客畸人，爲世間絶頂人物，不難將孔夫子説話當假道學常談看，此種趣識，誤學人不小。』」

朱子曰：「聖人以義制事，雖極謹嚴，而其宏裕寬大、優暇廉退之意，又未嘗不行乎其間，故雖以富爲不當繼，而不直拒冉子之請；雖以禄爲當受，而不責原思之辭。學者未得中行，不幸而過，寧與毋吝，寧介毋貪，庶不失聖人之意。」觀此，則以與粟、辭粟爲良友廉吏，愈襯得聖人道理更精一層。若以聖人之言而盡抹二子，將有如朱子所云其流之弊，使吝者託於不與之説，以蓋其陋；貪者託於毋辭之説，以便其私，其爲人心害不小也。至史記所載游俠之徒，扞當世之文綱，班固猶羞稱之，而留良之意，竟欲以擬聖門之高弟，亦可謂無忌憚之甚者矣！

子曰「回也其心三月不違仁」章

吕留良云：「『不違』與『至』，皆有工夫，只是下工夫處不同。其中有同原處，有天懸地隔處。」

孔子於顔子之問，答以「克己復禮」；於仲弓，答以「見賓承祭，不欲勿施」；於司馬牛，答以「言訒」；於樊遲，答以「恭、敬、忠」，果能「居處恭，執事敬，與人忠」，豈復有不克之己、不復之禮乎？「日月至」者，當其「至」時，便是全體之仁。朱子曰：「『日月至』，亦是徹底到一番。」又曰：「若論『至』處，却與久而無息一般。」是「不違」與「至」，但有生熟、久暫之分耳。若云「天懸地隔」，則是曾、閔以下，皆不得與於仁之數矣。况留良既云「其中有同原處」，豈有原同而不歸於一致，至於「天懸地隔」者乎？

子謂子夏曰「女爲君子儒」章

吕留良云：「爲儒而從勳業功效起脚，即犯爲人功利之病，正不免於『小人儒』之歸矣。」

儒者之學，有體即有用，可以自治而不可以治人，即修己之功亦虚矣。今以「勳業爲功利之病」，是不知從古聖賢勳業皆從心性中發出，正與朱子「簿書錢穀皆爲爲己」之義相悖也。「功效」二字，亦説得混，自治治人，皆有事功，皆有效驗，特不可預計其效耳。以「功效」爲「功利」，亦似是而非之説也。

子曰「誰能出不由户」章

吕留良云：「此與『人莫不飲食』節同，『出必由户』，亦即是『道』，但小事粗節耳，舉以警人，最親切有味。若作譬喻説，則『由户』在『道』外矣。人即不由『道』，無時不在『道』中，天下事物總無一件不在『道』中，隨處提起便見。」又云：「因『由』而有『道』名，『道』即在『由』處見，故訓『道』曰路。」

「由户」自是譬喻，謂「道」之當「由」，猶人之出入必由乎户也。留良乃云「『出必由户』，亦即是『道』，但小事粗節耳」，果爾，則當云「誰能出不由户，何故他事之不由道？」不當云「何莫由斯道也」。訓「道」曰路，正見「道」之不可不「由」。今云「因『由』而有『道』名，『道』即在『由』處見」，將謂人不由「道」而「道」遂絶於天地間乎？

子曰「質勝文則野」章

吕留良云：「聖人當下道箇『彬彬』，已是箇成德氣象〔一〕，只是如何會『彬彬』，況云『然後君子』，則未及『彬彬』時，固學者事也。故朱子加入學者當『損』『補』以成其『彬彬』，則『彬彬』方有下落，而『然後』句亦分明。人謂『君子』二字不可作贊語，翫『然後』語意，是上四字正有『損有餘，補不足』工夫，不指現成説。注中『學者』云云，正解『文質彬彬』；『成德』云云，正解『君子』，然則『君子』何嘗不可作贊語？但不可以『文質彬彬』四字作『君子』

〔一〕「象」，原作「體」，據下文改。

贊語看耳。」

朱子曰：「言『文質彬彬』，自然停當恰好，不少些子意思。」慶源輔氏云：「至於成德，則文質斑斑然，相雜而適相稱，有不期然而然者。」觀此，可知注中「損有餘，補不足」，乃言學者下手工夫，「至於成德」，則不待調劑，自然「文質」得中矣。「然後」二字，緊承「文質彬彬」，對上兩「則」字，謂學者造就至此，方可謂之「君子」。留良乃以「『損有餘，補不足』作『彬彬』正解」，謬也。且如留良之説，則「彬彬」固學者事矣，如何又云「當下道箇『彬彬』，已是成德氣象」乎？

子曰「人之生也直」章

吕留良云：「『生』字，指有生終始全理。自稺至老，爲彭爲殤，無非生也。只現在此刻，『直』則是『生』，『罔』即『幸免』。蓋『生』之道理本合如是耳，此程子所謂『生理本直』也。讀者錯認『本』字，遂將『生』字看做生初之生，要追原反始，以『直』字當父母未生前本來面目看，害道不小矣！其病總坐不與下句相照應，若將『直』字對『罔』字，『人之生』對『幸而免』，反覆思議，自無此病。」

朱子曰：「上『生』字，爲始生之生；下『生』字，爲生存之生。」此論何等直截！大凡聖人言理，多自人之初生言。蓋天以是理賦於人，人得之而後有此生。程子所謂「生理本直」，正謂此也。留良乃將兩「生」字俱作生存之生，又謂「讀者錯看『生』字，以『直』字作父母未生以前本來面目」，夫既以「生」爲「生初」矣，何至認作「未生以前本來面目」乎？留良妄生意見，害道實甚，反云讀者作生初解爲害道，爲可怪也。

呂留良云：「『人之生也直』，此句當緊照下句講，有此『直』乃有此『生』，人之所以爲人者，此也。『罔』則『生』之理已絶，雖『生』亦『幸免』耳。後人誤解程子『生理本直』句，將『本』字作自然無爲看，於是講章遂有『即生是直』之説，是重『生』字，不重『直』字，下句如何振合？其病亦從『生之謂性』與『良知之説』而來。」

朱子曰：「惻隱、羞惡，都是本心自然發出來，若順這箇行便是『直』。」此與程子「生理本直」之意同。順其本心而行，即任真自然之謂也。與告子「生之謂性」，專以氣言者，固天淵相隔。即陽明「致良知」之説，以本體爲工夫，亦與此無涉也。

子曰「知之者」章

吕留良云：「爲學於『知』『好』煞好用工。到『樂』底地位，程子所謂『功夫尤難，直是峻絶，又大段著力不得』者，濂溪之『尋孔、顔樂處』，延平之『融釋脱落』，皆此意也。」

朱子曰：「此『樂之者』『之』字，是指物而言。是有得乎此道，從而『樂之』也。如顔子之『樂』又較深，是安其所得後，與萬物爲一，泰然無所窒礙，非有物可玩而『樂之』也。」據此，則「樂之者」雖有「融釋脱落」意，而與「孔、顔樂處」自是不同。蓋其「樂」者，其心自樂；「樂之」者，以所得爲「樂」。「樂之」之後，亦能漸漸自有其「樂」，而方有所得，固未能泯乎「樂之」之迹也。今混而同之，亦懵然於「樂」字地位矣。

吕留良云：「三『之』字，明指聖人之道，原不可指禮樂、刑政、理數，亦何嘗空微無倚耶？若離却道字，即貪財、好色，亦何不可附此四句耶？」

「知之」「好之」「樂之」三「之」字，自然指聖人之道而言，但云「不可指禮樂、刑政、理數，又非空微無倚」，此非知道之言也。夫聖人之言，未有「空微無倚」者，必實有是理，實有是事，而後舉以教人，不獨此章爲然也。至所謂禮樂、刑政、理數，聖人之道豈有外於此數者哉？精粗本末，原是一貫，事之所在，即理之所在也。如中庸一書「五達道」「九經」，以及文、武、周公之制作，無非禮樂、刑政之事，而其原皆出於天命之性，亦可曰「不當指此以爲聖人之道」耶？謬亦甚矣！且易曰：「形而上者，謂之道；形而下者，謂之器。」道，即理也。今云「不可指爲禮樂、刑政、理數」，夫禮樂、刑政，猶可曰「於道有形上、下之分，而理字亦在所非之中」，然則所謂聖人之道者，復是何物耶？道與理，爲一耶？爲二耶？後又引「貪財、好色」爲言，則愈支離而謬悠矣！

呂留良云：「聖學工夫，只有知、行兩端。『知』字中工夫最多，到得箇『知之』者，火候已是一半。『好』與『樂』，總是『行』中火候，若不曾『知』得，也無從『好』『樂』；即有所『好』『樂』，如金谿、姚江之學，亦能使人鼓舞顛狂，却只是差異，不可謂之『好』『樂』，總只謂之不曾『知』也。」

集注：「張敬夫曰：『知而不能好，則是知之未至也。』」朱子曰：「『好之者』，是『知之』已至分明見得此理可求，故心誠『好之』。」又謂：「呂氏『知之則不惑』，其説稍深。此章『知』字，只謂好學者耳，未到不惑地位。」又曰：「此亦謂知義理之大端者耳。」觀此，則是至於「好」而後爲「知」之至，非首句「知之」即與「好」「樂」平分一半火候也。且不但「好」字中有知，即「樂」字中「義之精，仁之熟」，亦兼知、行在内，豈可專截「好」「樂」屬「行」中火候乎？

子曰「中人以上」章

吕留良云：「此章只在材質上論，『語』當其時，即中人以上亦有機候因緣。中人亦有用困、勉之功造到『可語』者，却又别是一話，非此章本義也。」

謝氏曰：「此論上、下之分，非『不移』之品，特言其操術淺深耳。」朱子曰：「或是他工夫如此，或是他資質如此，聖人只説上、下時，便都包在裏面。」留良乃云「只在材質上論，亦有用功造到『可語』者，又别是一話」，果如所言，則夫子語曾子以「一貫」，何必待其真積力久？曾子魯矣。子貢明敏，何必待其積學功至，而後發其疑而告之耶？

樊遲問知章

吕留良云：「『知者之事』『仁者之心』兩『者』字，是從現成指示，與『其言也訒』『不憂不懼』一例。惟其是『知』『仁』，故事與心如此，不説如此做『知』『仁』也。」又云：「『務義』兩事，若不足爲『智』，正是『智』處。由事而指『智』，故不先下『智者』字。事可指而心難形，故就現成『仁者』指出他處心積慮樣子，與『仁者，其言也訒』相似。先下『仁者』字，正有意在。」

「務義」「敬神」，就事上説；「先難後獲」，就心上説，皆指現成之「知者」「仁者」而言。本文下段云「仁者」，上段不云「知者」，各隨文法之便，並無深義。故注中並説「知者」「仁者」。留良云「『知者之事』『仁者之心』兩『者』字，是從現成指示」，又云「由事而指『知』，故不先下『知者』字。事可指而心難形，故就現成『仁者』説」，不與集注相刺謬乎！

呂留良云：「知鬼神之當『敬』當『遠』，只合如此，必通於死生晝夜之故矣。知其説者，之於天下，其如示諸斯乎！彼諂事鬼，與蠻作無鬼論者，其愚則一，皆不免於爲鬼所揶揄者也。」

或問程子：「知鬼神之道，然後能『敬』能『遠』否？」曰：「亦未説到如此深遠處，且大綱説當敬不惑也。」謝氏云：「『敬鬼神而遠之』，知鬼神之情狀也。」朱子謂其「未見所以『敬而遠之』之意，亦太漫矣」，今留良云「知鬼神之當『敬』當『遠』，必通於死生晝夜之故」，與程、朱之意顯相馳背。且鬼神雖兼内外祀典，原未論到仁人饗帝、孝子饗親，理無不明，誠無不格地位。今牽入「知其説者，之於天下，如示諸斯」，懸隔不倫甚矣！

子曰「知者樂水」章

吕留良云：「此節『知』『仁』，雖指兩種人，是就其資稟現成處説，不論工夫，亦不論全體也。三截節節自爲形容，無淺深之義，亦無聯貫之情。」又云：「就兩種人資性大段而言，故有此分别，與『好仁惡不仁』章相似。若説『知』『仁』道理工夫，兩者原分不得。」又云：「三股隨意舉似，説箇大段道理，固無貫串之義，亦無重『動』『静』而以上、下發明中段之説。予論此章正不喜如是。」

注云：「有似於水，故樂水；有似於山，故樂山。動而不括，故樂；静而有常，故壽。」程子亦謂：「知者樂於運動，若水之流通；仁者樂於安静，如山之定止。動則自樂，静則自壽。」蓋「動」「静」者，「知」「仁」之體，而情與效因之。留良必云「無聯貫之情，無貫串之義」，直欲盡翻程、朱之案而駕乎其上，傲戾堅僻，肆無忌憚甚矣！

子曰「君子博學於文」章

吕留良云：「『博文』『約禮』，功有兩層，事只一件，『之』字即指上句。」

朱子答或人問，曰：「『博文』『約禮』，學者之初，須作兩般理會，而各盡其力，久之見得功效，却能交相爲助而打成一片。若合下便要兩相依靠，互相推託，則彼此擔閣，都不成次第矣。」又問：「『約禮』，只是『約』其所『博』者否？」曰：「也不須如此說。有所未知，便廣其知。學既『博』，又須當『約禮』。」注中「學欲其博，守欲其要」，亦是分開平說。又曰：「『禮』字，不可只作理字看，是持守有節文處。」可見「學文」只是廣求事物之理，及反諸吾身而得其所守之要，只以一箇「禮」爲歸宿也。若以「約之」字指「文」言，是將所「學」之「文」，歸到「禮」上，仍是講究貫通之意，不見踐履切要處，且必待所「學」既「博」而後「約之」，則未「博」時便不須以「禮」，正所謂互相推託、彼此擔閣也。朱子明曰「須兩般理會，各盡其力」，何云「事只一件」乎？

子貢曰「如有博施於民」章

吕留良云：「先儒謂『仁』字最難訓，以其不著事爲，不論地位也。如『博施濟衆』，豈不是仁者之事？然夫子却以爲『聖』而不止於『仁』。『仁』譬之水，『聖』譬之海，謂海非水固不可，然非必海而後水也，則水自另有件物在。惟『欲立立人，欲達達人』，乃『仁』之體；『能近取譬』，乃爲『仁之方』，只此便是夫子善訓『仁』字。」又云：「有心便有事，不論事只論心，則心亦易詭而遁矣。夫子之意，非謂『博施濟衆』專求諸事而不是心，亦非謂『立人』『達人』專求諸心而更無事也。但心從『近』推，事即從『近』做，不如『博施濟衆』之求諸遠且難耳。」留良於評語云：「聖門之『仁』，未有離事物而直指心性者，即下文『立』『達』、『近取』之『方』，庸詎非事耶？」此却又云『仁』字難訓，以其不著事爲，不論地位」，下段又撥轉説「有心便有事」，一説而反覆遷變如此，殊不可解。朱子曰：「『博施濟衆』，固『仁』之極功，譬如東洋大海固是水，但不必大海之水方爲水，只瓶中傾出來底亦便是水。」留良剿用此説，而於「非必海而後爲水」下接云「水自另有件物在」，如其説，則是離海言水，乃别指一物而謂之水，其實非水也。不通甚矣！「仁者」有「立」「達」之心，即有「立」「達」之事。「立人」「達人」，即是「施」「濟」，不必「博」「衆」而後謂之「施」「濟」，而後謂之「仁」也。留良摭拾先儒語，矜爲獨得，每小變其説，輒與立言之旨天懸地隔，徒見其詐僞妄誕而已矣。

子曰「述而不作」章

吕留良云：「『述』『作』本無低昂，『述而不作』，正爲理不當『作』耳。」

樂記曰：「知禮樂之情者，能作；識禮樂之文者，能述。作者之謂聖，述者之謂明。」「明」

「聖」者，「述」「作」之謂也。豈得謂「述」與「作」不分低昂乎？謝上蔡云：「事有『述』有『作』，至於道，則無『述』『作』之殊。」或問謂：「聖人不敢當折衷之名，而自託於傳述，謝氏以其卑而恥之，故必侈其說以自高，失聖人之意遠矣。」本注所謂「事虽『述』，而功倍於『作』」，理固如此。若夫子意中，正以「述」之遠遜於「作」，猶可以之自居耳。留良拾謝氏之餘唾，矜爲妙解，而不知其謬於聖人立言之意也。

呂留良云：「朱子謂『砒礬可食』，當食之，若尚猶豫商量，即不可謂之篤信也。」

朱子斷無謂「砒礬可食」之理，如或傳有此説，亦宜辨明。「喪欲速貧，死欲速朽」，曾子親聞諸夫子者，而有子尚知爲「有爲之言」，此正其嗜學篤信聖人處。蓋「古之學者爲己」，「信而好之」，亦以求得於心也。聖門篤信好古，無如曾、閔，然曾子於「小功不税」，則曰「是遠兄弟，終無服也，而可乎？」閔子「要絰而服事」，則曰「若是乎，古之道不即人心」，此皆先王一定不易之制，然心所不安，輒不肯苟同如此。夫子「信而好古」，然於三代之禮未嘗無取舍，如記中孔子「善殷」，及云「殷已慤」「吾從周」之類，不一而足，何嘗以混沌無皂白爲「信好」也。朱子最尊信程子，然語録中，於程門紀録之誤者，未嘗不標而出之。其編程子遺書，以李端伯爲首，以紀録之善也；以暢潛道爲殿，以紀録多誤也。此乃朱子所以善於尊程者，豈以一概不別白爲當然乎？

留良乃云「若朱子謂『砒礬可食』，宜即深信而食之」，此正告子「不得於言，勿求於心」之病也，以此爲篤信朱子，謬矣。此等議論，蔽惑人心，而爲害於學問者甚大，學者所宜明辨也。

子曰「默而識之」章

吕留良云：「三句看來，『默識』似『知止至善』，『學不厭』似『明明德』，『教不倦』似『新民』。只『默』與『不厭倦』，見聖人渾然本分如此。看三句氣象如何！問：『注云：「三者已非聖人之極至。」恐不須如此恢張。』曰：『固是。然於此亦須見箇聖人意中所見底模樣定不小小。』」

以「學」「誨」配「明德」「新民」，可也；以「默識」比「知止至善」，則偏甚。緣留良解大學「聖經」章，以「止至善」專重在「知」，又妄以此章「識」字作「知」字，故欲比而同之。夫「止至善」之非專屬「知」，不待言矣。即此章注云：「識，記也。默識，謂不言而存諸心也。」「默識」之非專屬「知」，明矣。況「默識」是切近工夫，「止至善」乃「明」「新」極功，以此喻彼，是之謂不知類也。

子曰「志於道」章

吕留良云：「艾千子曰：『張子韶咏「依於仁」句，云：「試看迷途一瞽矇，若還無相豈能通？力行未到安身處，且可依他入箇中。」然畢竟不合。謂其看「依」字淺也，莫若從注爲是。唐宋諸儒説經，未經朱子採取者，猶夏、商、周之書，爲夫子删去者，終不可傳耳。』艾千子此論已分明，然謂『子韶看「依」字淺』，却不當其罪。他看得『仁』字不好耳，故云『無相豈能通』，他只將『仁』當箇瞽者之相，則所爲『安身處』者，非『仁』矣。湛若水教人『隨處體認天理』，亦近似好話，然其所指之天理，乃子静之黑腰子也。今欲破諸邪説，須先認取『仁』字端的。」

張九成始學於楊龜山，後師釋宗杲，杲語之曰：「左右既得欛柄入手，開導之際，當改頭换面，隨宜説法，使殊途同歸，則世出世間，兩無憾矣。」此朱子所謂「張氏論著皆陽儒而陰釋也」。或疑「金谿之學，本之范陽」，而實不然。金谿「主静」之學，其流弊近於禪，若無垢則委心皈依矣。白沙、甘泉，自是子静一派，然「自然」宗旨從「與點」章得來，章楓山述朱子語，謂：「專理會『與點』意，恐入於禪。」白沙曰：「朱子時，人多流入異學。今人溺於利禄之學深矣，必知此意，然後有進步。」觀此，則白沙之論，亦所謂矯枉過正，而不自知其近於禪也。且所著述，多稱説程、朱，與餘姚之徒公然與朱子爲難者，亦復有間，至「隨處體認天理」，亦係白沙語，白沙謂：

「日用間隨處體認天理，著此一鞭，何思不到古人處？」又曰：「自兹以往，尚有分殊處，合要理會。」此與聖門「先博後約」之旨相違悖，然較之「以本體爲工夫」者，猶彼善於此。況「隨處體認天理」，宋儒嘗有此説，必謂「所指天理，是另一種」，亦過刻之論也。「仁」道精微難言，先儒論之屢矣，無垢固不識「仁」，如留良者，又烏足與言「仁」哉！

呂留良云：「朱子云：『藝是小學工夫，論先後，則藝爲先，三者爲後；論本末，則三者爲本，藝爲末。習藝之功固在先，而游者從容潛玩之意，又當在後。文中子謂：「志道、據德、依仁，而後藝可游也。」此説自好。』玩此一條，則『游藝』輕重先後之理盡矣。故上三句可次第遞説，而『游藝』句不可坐煞在『依仁』後，與『依仁』相比屬，亦不可將此句另側重，似反精妙於上三句也。」

朱子謂：「自『志道』至『依仁』，是從粗入精；自『依仁』至『游藝』，是自本兼末。能『依於仁』，則其『游於藝』也。蓋無一物之非仁矣。」又曰：「『藝雖小學，至『依於仁』既熟後，所謂小學者，至此方得他用。」是皆以「游藝」坐在「依仁」後，與「依仁」相比屬也。文中子言「志道、據德、依仁，而後藝可游」，本謂「游藝」當在「依仁」後，朱子亦以此取之。留良乃引之以證其「『游藝』不可坐煞在『依仁』後」之謬解，是未達於文中子之言，並不識朱子取之之意也。

呂留良云：「功夫到聖處，本原大段已定，這上面神妙，却正在末處。中庸所謂『聖人有所不知不能』者，『不知』『不能』，不礙其爲聖人；更知更能，不又加神妙乎？」

中庸講「聖人不知不能」，乃謂四海之廣、古今之遠，有聖人見聞之所不能及者，此言「道之費」也。今云「『不知』『不能』，不礙其爲聖人；更知更能，不又加神妙乎」，是以聖人之「不知」「不能」爲未能「游藝」也，是以「游藝」爲窮究聖人所「不知」「不能」之事也。不通一至此乎！

子謂顔淵曰「用之則行」章

呂留良云：「『必也』『者也』，四字最活，如此人方可『行軍』。能『懼』能『謀』，見大本領，不泥定『行軍』説。」又云：「單講箇『懼』字，是聖賢主敬本領。此『懼』字却大，不是此處本分。此處『懼』字，貼定『臨事』説，單講不得。要之源頭固自大，『懼』字生來，見得此意，本分道理又高一格耳。」

南軒解此節云：「『臨事而懼，好謀而成』，古人所以成天下事而不失也，豈獨可『行三軍』而已哉？」朱子論之曰：「此本爲『行三軍』而發，故就『行三軍』上觀之，尤見精密。」前代輯大全者，但録南軒之解，而反遺朱子之辨，致後人輒以推開泛説爲高，而無當於聖人發論之本旨。此留良「最活」「不泥」之解，陰剿南軒而顯謬紫陽者也。至「主敬」之云，亦出大全朱氏公遷之説，「事有鉅細，敬無兩心」，而留良區别源流，强分大小，抑何其支離糾纏，有異於朱子「即是戒謹、恐懼之心」之説乎？

子曰「富而可求也」章

吕留良云：「『如不可求』，主命説爲是，若謂『義不可求』，『如』字口氣欠的。聖人言語每下一步以就人，正是決其不可意。」

「義不可求」，伊川、南軒俱有此説。而或問謂「此章之意，蓋爲中人而發，以是曉之，庶其易知而有信」，留良之説剿此。

冉有曰「夫子爲衛君乎」章

吕留良云：「方夷、齊去國時，固已不計孤竹之有後矣。」

「仁」以孝爲先，孝以宗祀爲重，使夷、齊並不計孤竹之有後，而但以讓國爲高，是乃不孝之大者，焉得謂之「仁」？又焉得謂之「求仁」乎？留良以己之心度聖人，而敢悍然不顧義理之説如此！

子所雅言章

呂留良云：「此言聖人尋常言語之間，引據辨説，大約不出此耳，不是日提此三經爲課程也。」又云：「首喝一句，末又復繳一句，中間列數一句，純是記者會通從前語言，從中指點綱宗出來，與學者做思議。」又云：「聖人初不曾立個綱宗，謂言必軌於此，在聞言者亦隨人隨時各受教而退，未嘗總聚同參，如後來語録、公案也。記者日久熟會得如此，筆之於書，令後人領會聖人教人全身，其意無窮。」又云：「不是聖人以此立教，亦不是偶然道及。須看記者熟之平日，參之同人，悟得聖言大都不離近是，『雅』字情景義旨乃得。」

朱子曰：「古之爲儒，只是習詩、書、執禮。只這詩、書，大而天道之精微，細而人事之曲折，無不在其中。禮則節文法度，聖人教人，亦只是許多事。」本注云：「皆切於日用之實，故常言之。」可見此是切實道理，非有元妙之説。留良乃云「記者會通從前語言，從中指點綱宗出來，與學者做思議」，似聖人之言幽眇空幻，得門人指點宗旨，方可默坐相參，何異禪門衣鉢乎？既又自覺其非，而改之曰「聖人初不曾立個綱宗，聞者亦未嘗總聚同參」，而已不能掩其前言之謬矣。

子曰「三人行」章

吕留良云：「聖賢學問，仰有掇，俯有拾，隨處皆有所取益。今世謹愿之士，深居支户，不肯見一箇不好人，不知接遇不善，亦儘有鍛鍊處；講聖賢道理，尚有掩却一半，必不肯看一部不好書，不知辨析群言，亦儘有受益處。凡此只緣有箇我在，正要兩邊辨别完全耳。」凡言「見不善如探湯」「見不賢而内自省」，皆謂適然相遭，亦可借以自鏡，非特尋箇不好人，藉作他山之石也。至勸善懲惡，六經備矣。删詩不去鄭、衛，凡以示戒也。佛經内典，程、朱亦嘗研求，蓋欲得其旨趣而詰之也。武侯教後主讀申、韓書，後儒且以爲譏。況名之爲不好書，則必其爲邪説淫詞，惑亂人心之言也，屏之不暇，而可涉其流乎？

子曰「天生德於予」章

吕留良云：「天生此德於予，自無死桓魋之理，只在生德上看，非謂天生德後，又必保護此德也。既生後，天更無保護處，但雖不保護，必無此死法，夫子亦只在德上信得真耳。」

「『匡人其如予何』，只在生德上言其理如此」，此說本之朱子。然謂「既生後，更無保護處」，則詩書所載「保佑命之」，及「惠迪從逆」「修吉悖凶」者，皆不足信耶！

子曰「仁遠乎哉」章

呂留良云：「若謂此心纔提即在，此只説得心，未可言『仁』也。上蔡以『知覺』訓『仁』，病亦坐此。後來學術毫釐之差，皆始於此。『仁者，心之德』，心只是虛靈不昧，故能藏『仁』，非虛靈不昧即『仁』也。惟其虛靈不昧，爲最活之物，故有『人心』『道心』之分。『仁』者，『道心』也，『欲仁』即『道心』之動處，故曰『欲仁仁至』。」

泛而曰心，知覺之謂也。知覺從形骸上起底，爲「人心」；從義理上起底，爲「道心」。凡聖賢所言「本心」「良心」「赤子之心」，皆「道心」也。「道」即天所賦於人之理，仁、義、禮、智是也。仁統四端，言仁而義、禮、智該之矣，故曰：「仁，人心也。」朱子仁説云：「天地以生物爲心者也，人物之生，又各得天地之心以爲心者也。故語心之德，雖其總攝貫通，無所不備，然一言以蔽之，曰仁而已矣。」此章爲放失其心者言，放則遠，求則至，非「欲」者一心，「至」者又一心也。朱子曰：「自心自省，當體便是。」此即「欲仁仁至」之謂也。留良乃云「此心纔提即在，此只説得心，未可言『仁』」，又云「心只是虛靈不昧，故有『人心』『道心』之分」，不知朱子釋大學「明德」之義，而曰「虛靈不昧」者，乃謂理與氣合，故至虛至靈「以具衆理而應萬事」，是即所謂「道心」也。是以孟子言學問工夫，曰「求放心」，曰「存其心」。夫心存即理存，豈非心與理一，本無不善之明驗耶？言不義而受萬鍾者，云「失其本心」。夫失本心則爲不善，豈非得其本心則爲善耶？心之本善明矣！聖賢立教，曰天，曰道，曰性，曰理，此惟賢者乃能體之。若世間庸愚所認者，自己身心而已，必告之以心之本善，然後知天理人欲有主客之分，趨善從惡有順逆之殊，而徐導之易也。今若謂心者空空洞洞而已，善惡惟人所爲，則彼之恣睢騁騖，復何所已極耶？不以心爲本善，斯乃吕留良學術之大誤，欲矯新建之差，而不知與孟子之旨去而千里矣。

子曰「文莫吾猶人也」章

吕留良云：「『文』即言也。文、行相須，原無偏廢之理，夫子只患奪志耳。」又云：「『文』，原只是講所以『躬行』之理，只爲學文，人便將來但作説話説了，程子所以譏其『玩物喪志』，也爲如此。若『子以四教』，却是『文』作第一件。弟子『行有餘力，則以學文』，朱子謂『不學文，則所失不止於固陋而已』。又何嘗不重文也？近世學者，恐文章之士易走作，遂至以『學文』爲禁，而所取悉皆鄙瑣不尷不尬之物。即有一二拘謹之士，下梢亦無展拓。只爲此章書看得不融貫，將文、行打作兩橛，便生出多少病痛耳。」纔説「『文』即是言」，又謂「文、行相須」，而以「文」爲「子以四教」之「文」、「則以學文」之「文」，是將自己之文，與古人所垂之文混而爲一，不知其何解也。

子疾病子路請禱章

吕留良云：「『丘之禱久矣』，即此見『禱』之有理，即此見『禱』之無益，即此見聖人之敬天持身，旦明不失。其辭氣之間，如春水方至，百川灌河，絶澗枯渠，無不充溢。古人云『學者最要識得聖賢氣象』，試從理會來。」

莊子云：「秋水時至，百川灌河。」留良乃以秋爲春，訛舛可笑。即朱子詩傳，於「蒹葭蒼蒼」章内引此二句，未嘗易一字。留良豈亦未之讀耶？

子曰「奢則不孫」章

吕留良云：「『儉』字，尚從禮中出來。『儉』非即『固』也，『儉則固』耳。其間有漸積，有流弊，如晏子一狐裘三十年，可謂之『儉』，然君子作法於『儉』，其失則『固』，故禮不可不慎也。」

「奢則不孫，儉則固」，兩「則」字，口氣甚緊，與「質勝文則野」二句，皆直指其病之辭。若云「上句當下即是，下句由積而致，是兩事並論，文法一樣，而意義各别」，經書中從未聞有此等語也。曾子以晏子爲國奢示儉，而雜記載孔子之言，平仲與管仲並譏，一僭上，一偪下，僭上爲「不孫」，偪下爲「固」矣。禮無不中，過中一分，即有一分不孫；不及中一分，即有一分固陋。「不孫」與「固」，由一分至十分，有積漸。而「奢」之「不孫」，「儉」之「固」，則無積漸也。胡雲峰謂「『與其奢也，寧儉』，是言禮之弊也如此；『與其不孫也，寧固』，是言弊之極也其終必至於此」，意重在「不孫」一邊，然於經旨實不相符。留良竊其説，乃劃出「奢」之「不孫」，專言「儉」之「固」，則謬之又謬也！

子曰「君子坦蕩蕩」章

呂留良云：「注中『循理』二字，是『坦蕩蕩』真本領，即所謂『本天』者也。若只向心上尋『坦蕩蕩』氣象，到得晉人説老莊止矣。」

明道曰：「君子坦蕩蕩，心廣體胖。」伊川曰：「君子循理，故常舒泰。」二説互相足。天理即心而在，故聖賢言心而理在其中。晉人之談老莊，直放逸縱恣，絶非「坦蕩蕩」之意。且「天光之發」「天均之休」「天倪之和」，老莊之放逸，又何嘗不説天乎？

曾子曰「以能問於不能」章

呂留良云：「純乎無我，聖人也；尚有人我一間在，顔子也。」又云：「顔子之『不校』，渾然無非天理；晉人情恕理遣，總是私心；唐人唾面自乾，一發世情狡獪矣。」

朱子曰：「聖人則全是無我，顔子却尚有個人與我相對在。」又曰：「顔子心理渾然，不待自反；物我一致，不見可校。」留良之説剿此。

曾子曰「士不可以不弘毅」章

吕留良云：「『弘毅』所以爲『仁』也，而『弘毅』之體即『仁』也，不『仁』不能爲『弘毅』也。」又云：「『弘毅』原從『仁』出，不『弘毅』正是『仁』虧欠處。」又云：「秀才先不識『仁』字，枉讀四書；識得『仁』字，則士者，『仁』之具也；『弘毅』，『仁』之用也；『任』，『仁』之事也；『道』，『仁』之運也。七穿八洞，何處不見此理？」

「仁」以理言，「弘毅」以心言，心體無一毫拘蔽，此理方有安頓處。時解以「弘毅」即作「仁」看，誠欠分晰。而留良直謂「『弘毅』從『仁』出」，不更謬乎？又云「士者，『仁』之具；『弘毅』，『仁』之用；『任』，『仁』之事；『道』，『仁』之運」，總是一派混話，何曾有一字道著？

子曰「興於詩」章

吕留良云：「凡以此章爲經學者，俗學之見也，彼看詩、禮、樂固自輕淺；以爲心學者，異端之見也，彼亦看得詩、禮、樂輕淺。然俗學之輕淺，猶不敢畔道；若異端之輕淺，則敢於無忌憚矣。蓋詩、禮、樂本天，興、立、成本心，必心本於天，乃能成材合道。若謂吾心自有興、立、成，吾心自有詩、禮、樂，即以心爲天矣。」

先王以詩、書、禮、樂造士，其時有其教而未謂之經。及夫子删述六經，編爲簡策，乃號之爲經。其名雖殊，而其爲教一也，名曰經學，有何害耶？程子於「誦詩三百」一章云：「窮經將以致用也。」亦以詩爲經，可曰「俗學之見」耶？且曰：「經云者，聖人以常道教天下萬世而名之也。」以詩、禮、樂爲經學，尊之至矣，如何反云「看得詩、禮、樂輕淺」耶？以此爲心學者，亦未全非，何也？詩、禮、樂之名物度數，固有資於外，而其理固未嘗不本於心也。孔子曰：「詩三百，一言以蔽之，曰：『思無邪。』」記曰：「心中斯須不和不樂，而鄙詐之心入矣；外貌斯須不莊不敬，而易慢之心入矣。」是三者本於心之明文也。如何一曰心學，便是異端之見，「看得詩、禮、樂輕淺」耶？又云「詩、禮、樂本天，興、立、成本心，必心本於天，乃能成材合道，若云吾心自有興、立、成，吾心自有詩、禮、樂，即以心爲天矣」，此非知理之言也。夫詩、禮、樂者，聖人所以教人之具也；興、立、成者，學者進於道之節次也，其理皆本於天而具於人心。豈得判而爲二哉？留良好言本心本天之辨，蓋竊取伊川程子之言，云：「聖人本天，釋氏本心。」每據此以爲説。夫所謂「聖人本天」云者，特言其本則然耳，中庸所謂「天命之謂性」，董子所謂「道之大原出於天」是也。自「繼善成性」而後，則所謂天之理者，固悉具於人之心矣，孟子所謂「仁義之心」「惻隱、羞惡、恭敬、是非之心」，張子曰：「心統性情。」又曰：「合性與知覺，有心之名。」皆即心以明理之妙，亦何待揀去心字，而後可以闡本天之旨耶？留良未達其本，而好分門户，樹標幟以自神其説，豈非古人所譏「道未足而强言」者歟？

子曰「如有周公之才之美」章

吕留良云：「此章大意，甚言『驕吝』之不可耳，不關『才』事。若謂有才者不可『驕吝』，豈無才者不妨『驕吝』乎？蓋緣天下『驕吝』之病，大約生於小有才者，故夫子以『才』立説。」又云：「『驕吝』生於『才』，無『才』則何『驕吝』之有？韓子所云『傲雖凶德，必有恃而後行』，謝上蔡所謂『去箇矜字不得』者也。然世間『驕吝』之人，儘有不必有才者，但當責其『驕吝』，不當醜其無才。假令有才而即可以寬假『驕吝』之罪，則於『周公之才之美』，當何如耶？」

朱子曰：「此是爲有才而無德者言。」又曰：「聖人只是平説去，『如有周公之才、美』而『驕、吝』，便連才、美壞了。況無周公之才、美而驕吝者乎？甚言『驕吝』之不可也。」留良剿此爲説，乃又云「不關『才』事，世間『驕吝』之人，儘有不必有才者」，則與其所云「『驕吝』之病，大約生於小有才」，及所引「有恃而行」之説，自相矛盾矣。

子曰「大哉堯之爲君也」章

吕留良云：「上節言其德，故曰『民無能名』；下節指其勳業，正謂『可得而名』者此也。仍要牽合『無名』『則天』，不分德、業，一派混話，皆講章不通之説。」下節「可得而名」，尹氏已明言之，固不必「牽合『無名』」。然「成功」「文章」，是就「則天」中抽出一二言之。李光地謂「上節注中『德』字，包『業』在內，蓋兼體用言之。『堯之德不可名，其可見者此耳』，猶云『堯難名之德，此其可見者』也」，留良謂「上下節判分德、業」，將「成功」「文章」劃出在「則天」之外，此固執不通之論也。

舜有臣五人而天下治章

吕留良云：「不曰『文王之德』，而曰『周之德』，此『周』字兼武王。對唐、虞而言，不獨周之才可以繼唐、虞，周之德亦未始遜於唐、虞也。」又云：「武王順天應人，不得已而爲之，聖人之德也；文王可爲而不爲，聖人之至德也。武王牧野以前，亦同文王之至德，後乃迫於時耳。不曰『文』而曰『周』，未嘗除武王也。」

語類：「問『文王三分天下有其二一段』，『據本意，只是説文王。』」或問中載胡氏説，「又兼武王而言，如何？」曰：「也不消如此説，而今都回護聖人也不得。如東坡駡武王不是聖人，又無理，只是孔子便説得來平。」據此，自以集注單指文王言者爲正。留良一則云「『周』字兼武王」，再則云「未嘗除去武王」，且云「武王牧野以前，亦同文王至德」，紛紛置辨，若惟恐此節之爲武王累而曲爲回護者。此徒剿胡氏舊説，而不曾知有集注之定解故也。

子罕言章

吕留良云：「『罕言』，與不語無言不同，不語無言有箇教旨在，『罕言』只是記者旁觀，見得此數者夫子言之甚少，便類記之，不是夫子有箇教旨與人猜也。故三件類記而不倫，同一『罕』而所以『罕』之故正自不同。若欲求合一之説，則穿鑿附會，害道不小矣。」

朱子曰：「『罕言』『利』者，凡事循道理，『利』自在其中。如『利涉大川』『利用行師』，豈不言『利』？所以『罕言』者，正恐人求之，則害義矣；『罕言』『命』者，吉凶禍福皆是『命』，若儘言『命』，恐人皆委於『命』，而人事廢矣；『罕言』『仁』者，恐人輕易看了，不知切己上做工夫。然聖人若不言，則人又理會不得如何是『利』，如何是『命』，如何是『仁』，故不可不言。」是三者之「罕言」，即夫子教人之微旨也。今云「不是夫子有箇教旨與人猜」，又云「同一『罕』而所以『罕』之故正自不同」，既有「所以『罕』之故」，是即「夫子之教旨」也。且或問云：「三者皆理之正。」有何不同，而記者爲「類記不倫」乎？

太宰問於子貢曰「夫子聖者與」章

吕留良云：「古來聖人中，只周公、孔子直是別。周公之多材多藝，孔子之多能，皆衆聖人所無。雖不以此損衆人之聖，然周、孔分外不可及實如此。知此方見子貢知聖已到至處。」又云：「孔子不特『多能』異乎群聖，看『天縱』二字，則聖處已自不同。孟子所謂『集大成』『生民未有』可見，即所謂『多能』，若是尋常技藝，『聖』字中孰不統攝？惟周、孔之藝、能，皆足經緯天地，利用萬物，故『多能』又與『聖』字分説也。」

朱子答或人之問，云：「太宰以『多能』爲『聖』，子貢以『多能』爲聖人餘事，是『聖』字固另提起説矣。」又問：「此是聖人賢於堯、舜處否？」曰：「也不須如此説。賢於堯、舜，却在收拾累代聖人典章、禮樂、制度、義理，以垂於世，不在此等小小處，非所以論聖人之優劣也。」留良乃以

「多能」爲「經緯天地，利用萬物」，「故與『聖』字分説」，試問「經緯天地，利用萬物」，非聖人而能之乎？且周、孔而外，如堯、舜、禹、湯，豈得不謂之「經緯天地，利用萬物」者乎？留良又何以云「『多能』皆衆聖人所無，而亦不以此損衆聖之爲聖」也？

子曰「吾有知乎哉」章

呂留良云：「此節通指誨人説，蓋謙言己無知識，正對人而爲言，不是自責自勵語。」又云：「説『無知』，便見其求知；説告人無不盡，便見其求知無不盡。聖人成己成物，仁智並到，『無知』二句，固非元妙説法，亦非謬執謙退也。」又云：「『有知』即是『生知』『上知』之謂。人以夫子誨人無所不知而稱之，故夫子遜謝以爲『無知』，只告之『不敢不盡』耳，非謂毫無所知也。即辭『生知』而居『敏求』，辭『聖、仁』而居『爲、誨』之意。」

留良謂「此節通主誨人説，蓋謙言己之『無知』，正對人而言，非自責自勵語」，是已。又云「説『無知』，便見其求知；説告人無不盡，便見其求知無不盡」，則仍涉「自責自勵語」矣。何其胸無定見，心口枝梧也！至云「『有知』即『生知』『上知』之謂」，果爾，則夫子何不曰「我非生而知」，而但曰「吾無知」乎？

顔淵喟然歎曰「仰之彌高」章

吕留良云：「或謂『首節即説做道不可幾，無所用力，恐與末節無分』，予謂：『原不須分，此節只贊聖人之道，統『前』『後』而言。須知顔子至此興歎，原先有末節而下此節，但此節自言其難處，却在聖人身上説；末節説聖道終不可及處，却在自己身上説，則無分而有分矣。」

朱子以「高」「堅」「前」「後」爲一關，「所立卓爾」爲又一關，前是高妙，難見得親切；後是親切，難至於從容也。喟然之歎，雖因末節而有，然以爲「首節贊聖道，統『前』『後』而言」，則是「卓爾」末由，仍然「高」「堅」「前」「後」之見也。乖謬甚矣！又自知「前」「後」混淆無別，乃强爲之説，曰：「首節言其難處，却在聖人身上説；末節説聖道終不可及處，却在自己身上説，則無分而有分矣」，夫「無方體，無窮盡」者，聖人之道也，「化不可爲」者，獨非聖人之道乎？顔子始而見其如此，既而見其如彼，此由學問功候之淺深。而留良判爲「首節屬聖人，末節屬自己」，此所謂「窮而遁」也。

子貢曰「有美玉於斯」章

吕留良云：「惟其當『沽』，所以必『待賈』。」

玉自當「沽」，而「沽」必「待賈」，語意自有兩層。今云「惟其當『沽』，所以必『待賈』」，則反而言之。將曰「若不當『沽』，即可不『待賈』」乎？此似欲逼緊一層，而不知語氣之不順也。

子曰「歲寒」章

吕留良云：「有匹夫匹婦之『後凋』，有離物絶俗之『後凋』，有畸節獨行之『後凋』，有賢智忠孝之『後凋』，有聖神之『後凋』。只一個『後凋』中，品味正自不同，見識到得一種，纔做得一種出。」

聖人以「松柏」喻君子之持守堅定，未説到神聖極至處。即以木論，「後凋」者固不止松柏，然本文明説松柏「後凋」，只應就松柏言松柏，不必推及他木，亦無容别其爲何等松何等柏也。留良於「燕居」章，云「其間高下等級正多」；於「四絶」章，云「『無』字中精粗等項亦多」；此又云「『後凋』中品位正自不同」，不解其何故必與本文作拘，而好爲此搜剔分别也。

唐棣之華章

呂留良云：「言『思』，便是言理，論者必以理爲腐，而粘住思人説，此正迂腐之至。」又云：「夫子借詩言而反之，就思人教思理，離脱思人固非，膠定思人亦非也。夫子一言蔽三百，曰：『思無邪。』蘇氏謂『爲詩者未必知此，夫子斷章』云爾。夫駉詩義在思馬，説詩豈必泥思馬乎？是求廓而反室矣。」

詩曰「爾思」，曰「室遠」，豈得謂非思人？聖人引詩而言「思則不遠」，自指理説。留良以「粘住思人説」爲「迂腐」，又云「夫子就思人教思理，脱離思人不得，膠定思人亦非」，支離朦混，殊不可解。至云「駉詩義在思馬」，雖初學兒童，亦知其説之謬也。

孔子於鄉黨章

呂留良云：「『鄉黨』『宗廟、朝廷』，兩者分記，是聖人之中禮；兩者類記，又是聖人之不測。合兩節看，乃見聖人全體。」

聖人周旋中禮，即一舉一動，俱可見聖人全體。所以記其不同者，正要人於不同處參，看出聖人之所以各中乎禮耳。留良乃謂「兩者類記，見聖人之不測」，則謬矣。聖人進德淵微，則有神而不可知處；化民成俗，則有過化存神而不可測處。若夫鄉黨卑讓之禮，會朝表著之言，乃秉先聖之禮，酌交接之宜，何「不測」之有？此種議論，所謂「飾智以驚愚，求深而反淺」也。

執圭章

呂留良云：「『上如揖，下如授』，兩句一併讀，以形容手容之平耳。是記者度量高卑之數，非夫子有時而上，有時而下也。」

門人問朱子云：「既曰『平衡』，而又有上下者。步趨之間，其手微有上下，但高不至過『揖』，下不至過『授』否？」曰：「得之，是原説手之稍有上下也。」今云「非夫子有時而上下」，豈聖人手容畫然一定，略無移動者乎？

下論

子曰「先進於禮樂」章

呂留良云：「『前輩』『後輩』，止説今昔耳，故曰『於禮樂』。若謂禮樂分先、後進，則是禮樂之『先進』『後進』矣。」

詞意含糊，乍看幾不知其所謂，及細按之，乃知留良欲描於字口氣耳。其實「先進」「後進」之於禮樂，與用禮樂之「先進」「後進」有何差別？理既可通，又無上下文之關礙，何苦設難端以困學者，使塾師、晚學，躬日月，淹歲月，以争一二字無關義理之虚神，何暇窮理通經？此等講説，誤人不淺。

呂留良云：「論者輒以上節不贊『先進』、不貶『後進』，下節不補不從『後進』以爲妙，欲周旋時人，反與孔子作頭抵，不亦異乎？」

下節夫子明説「從先進」，則不從「後進」明矣。周旋「後進」，誠爲不必。至上節「野人也」

「君子也」，夫子原是述時人之語，此處且不贊先進、不貶後進，留待下節發明，有何不是？留良一概痛詆，多見其心粗耳。

吕留良云：「『野人』『君子』二句，乃時人之言。此二句尚須活放，未可直入時人口中。」

「野人也」「君子也」，此二句，正須提清是時人之評，方有著落，不然却似夫子自作反面之詞，無此理也。留良乃云「尚須活放，不可直入時人口中」，然則當於何處入時人口中耶？此又留良多設難端以疑誤初學也。

吕留良云：「縉紳、富室不知儉德爲避，轉相效慕。」

易「君子以儉德避難」，削去「難」字，加一「爲」字，割裂經文，使人不解，且易經本義非言用度奢儉。留良引此以黜奢侈之非，失其旨矣。

季路問事鬼神章

吕留良云：「『事鬼』之道，即在『事人』之中，此聖人教學者，用力只在日用平實處，而其道無所不達也。若泥定在『事鬼』中講出『事人』之理，以求其合一，則雖謂『未能事鬼，焉能事人』亦可矣。此似是而非也。」

孔子所以言「未能事人，焉能事鬼」者，以其理本合一也。留良乃以「於『事鬼』中講出『事人』之理，以求其合一」者爲「似是而非」，果如所云，則必別有「事鬼」之理，出於「事人」之理之外而後可也。以祭祀之精意言之，仁人享帝，其所以「對越在天」者，即平日「民胞物與」「至誠惻怛」之心，故能「昭假於上帝」也；孝子享親，其所以「致愛致慤」「僾見愾聞」者，即平日之「視於無形，聽於無聲」，故能「無怨恫於神明」也。以祭祀之節文言之，祭統所謂「見君臣之義，見父子之倫，見貴賤之等，見親疏之殺，見爵賞之施，見夫婦之別，見政事之均，見長幼之序，見上下之際」，凡所以交於神明者，莫非身世相接切實之道，果能於「事鬼」中講出「事人」之理，是深明經義也。留良乃以「未能事鬼，焉能事人」折之，是文致其罪，而未察於義理之實也，不亦枉乎？注云：「學不可躐等。」謂舍「事人」而求「事鬼」，勢必穿鑿矯誣，無所依據。非以「事鬼」「事人」爲二，必先從事於「事人」，而後徐及於「事鬼」也，故復引程子之説以明「合一」之義。留良不會注意，而以「求合一」爲非，失之遠矣！

季氏富於周公章

吕留良云：「冉有，政事之才，長於理財。爲季氏宰，則竭其知、能爲之謀富足，以爲盡其職分，不道此却是『聚斂附益』也。『聚斂附益』，不特冉有無此四字在意中，即外人亦未必以此相稱，是記者因聖人之意而勘斷之，故上面先提『季氏富於周公』句，見若季氏不富，冉有所爲未到此重罪也。故冉有之罪，從不知大義、呆老實做官得來。」

天之生財，止有此數。冉子「爲宰而賦粟倍他日」，其必有不當取而取者，可知矣。留良乃以冉子「長於理財，盡其職分」爲「聚斂附益」，然則孔子之爲委吏、乘田，必曰「會計當，牛羊遂」，亦可謂近於「聚斂附益」乎？謂「冉子之罪，在不知大義、呆實做官」，然則知大義者，將别有詭計、詐術乎？以仕於季氏責冉子之不知大義，可矣，既仕焉，而以「呆實做官」爲冉子罪，則冉子不任受矣。

柴也愚章

吕留良云：「四字好處、病處都有，聖人造就人材於此亦可見，非徒作索瘢求纇語也。

然數子終於此病，而曾子竟以『魯』得之，可見人不能無氣質之偏，顧其變化之何如耳。」

朱子曰：「曾子只緣魯鈍，被他不肯放過，所以做得透。若是放過，只是『魯』而已。」又曰：「『參也，竟以魯得之』，只是不肯放過。」留良之説，實本於此。然因此而直斷諸子之終於此病，則恣且誣矣。觀子張「見危致命」「執德不弘」二章語〔一〕，切實深厚，則非終於「辟」者也；觀禮記所載，「子羔將爲成宰，成人聞之，乃爲其兄衰」，與所論「買道而葬」之語，與春秋傳「孔子曰『柴也其來』」之事，則亦非終於「愚」者也；子路忠信著於天下，鄰國信其一言，徒「喭」而能然耶？

子張問善人之道章

呂留良云：「『不踐』，正是『不入』處。」

「不踐迹」，是善人好處，所謂天然合道也。若有此美質而加之以學，則其入室也比他人爲

〔一〕「致」，原作「授」，據論語子張改。

易矣。何留良反以此爲善人病耶？蓋此二句一揚一抑，而留良必欲作一串語氣，是以謬戾至此耳！

呂留良云：「子張只問『善人』一種究竟，故夫子云云。『不入室』，是終於『不入』，故曰『善人』。若謂不可限量，則不得僅名之『善人』矣。論二句語氣，則上句揚下句抑，其實下句病痛正在『不踐迹』句中，抑揚並到，但有下句在，露不出抑底語氣耳。須將『踐跡』説好一步，則揚『善人』處抑意已透矣。」

觀此，乃知留良受病之所在矣。蓋「善人」之「不踐迹」，是未曾學問，不知有所謂「迹」者而「踐」之耳。故朱子謂「質美而未學」，張子謂「欲仁而未志於學」，玩兩「未」字，可知非謂爲「善人」者，限定於不學也。留良誤以爲「善人」者，限定終於不學，所以有「『不入室』，是終於『不入』」之説。豈知夫子此二句，只論眼前之「善人」，亦不定後來如何。觀孟子荅浩生不害，自善人而進於信人，以至爲美、爲大、爲聖、爲神，可見「善人」知學時，後面自有許多進德地步。留良乃謂「子張是問『善人』究竟，夫子云『不入室』是終於『不入』」，何其懵懵耶！至謂「下句病痛，正在『不踐迹』句中」，是謂「善人」雖知有古人之「迹」而不肯「踐」也。果爾，則任心蔑古，病痛甚大，亦不足以爲「善人」矣。

吕留良云：「『善人』原是正道中一等。『不入室』，正見『善人』光明不欺處。」「室」，訓精微之奥。蓋聖道之極致，非義精仁熟，不足以幾此。善人於此境界，相去甚遠，然聖人之教，總是引人向上，學必至於「入室」，方爲善學。此聖人之於「善人」，所以不滿之，而又深望之也。今謂「『不入室』，正見『善人』光明不欺處」，然則美質之人，皆可畫地自限，不圖進修，有此理哉？

吕留良云：「『善人之道』，不過問『善人』之名義云何耳。非『善人』自有一道，與聖賢之道分大小也。如問小人之道、惡人之道俱可，若皆與聖賢之道比較，則無人不是道矣。今人拈『道』字多謬，要之，説『善人』便是説『善人之道』，非『善人』者其姓名而別有其道也。」

朱子曰：「『善人之道』，只是箇『善人』底道理。」留良云「不過問『善人』之名義」，字義亦非。

吕留良云：「不但『不踐』有抑揚，并『踐迹』亦有抑揚；不但『踐』字有抑揚，即『迹』字原有抑揚之理在。要看得圓透。」

此章抑揚之旨，只以「不踐迹」爲揚，「不入室」爲抑耳。如留良所推廣許多抑揚，皆此章之旨所無也。今更就其言而一一剖之，其云「『不踐』中有抑揚」者，如惡人不師古而行不善事，善人不師古而天然合道，此「不踐」之抑揚也；其云「『踐迹』中有抑揚」者，如初學者勉行而未能中節，久學者習慣而動若自然，此「踐迹」之抑揚也。此二者雖有抑揚之理，然於此章之義，已風馬牛不相涉矣。至云「即『迹』字原有抑揚之理在」，則一毫不可通矣。夫此所謂「迹」者，乃前言往行，載之於經，垂爲訓典。在「踐」之者有淺深離合，在「迹」則一定而不可易，又何抑揚之有？留良此等議論，信口指注，使人茫洋迷亂，不知所適，亦誕矣哉！

子路問「聞斯行諸」章

呂留良云：「昔程子見謝上蔡，謂『此秀才展拓得開』，大都人只坐『展拓不開』，則頭童齒豁仍守故步耳。夫子此節是爲由、求各更展一步也。若謂損由之多以益求，增求之少以擬由，則是斷鶴脛續鳧脚，將使二子共成一樣不尷尬東西而後已耶？此聖人所以痛絶夫鄉愿也。」

夫子之「進」「退」由、求，教二子以中道，固非使子路學冉有，使冉有學子路也。然即使二子者互相師資，亦何害其爲損有餘、補不足之工夫？比之守一轍而不變者，不猶愈乎？如之何便成「不尷尬東西」也？若謂德不遠相過者，不可相學，則如子路問成人，而夫子告以武仲、公綽、卞莊、冉求等，此數人者，皆不及子路，而夫子舉之，何也？如留良之説，必須進者一於進，退者一於退，自成一路，方不爲「不尷尬東西」而免於鄉愿。不幾與此章之本旨相背而馳乎？又莊子「鳧脛雖短，續之則憂；鶴脛雖長，斷之則悲」，脛可言短，脚不可言短也，其用字之不典如此。

季子然問「仲由冉求」章

呂留良云：「『道』只是一道，行道處有不同，即道之時中。易傳謂『有正而不中，無中而不正』，非二道也。若隨地爲變，則馮道、劉穆之皆可以爲合道乎？只爲後世錯看一『權』字，如曹操之篡弑、馮道之喪心，李贄皆以爲活佛聖人矣。」

「道」之本雖一，然其散在事物者，一事一物，各有當然之則，是道有不同，所以行道者亦隨之而不同也。孟子曰：「三子不同道。」此道有不同之明驗也。今云「『道』只一道，行道處有不同」，此豈知道之言耶？夫道一，則行之者亦一矣，行有不同，則道之本有不同可知矣。判道與行爲二，道自道而行自行，如之何其可也？易傳謂「有正而不中」者，謂人有守經據法，而不適事理之當然者，是「有正而不中」也；謂「無中而不正」者，謂人苟能因時制宜，無過不及，則自合於一定之理，是「無中而不正」也。此二句之義，正以理無定在，欲人隨事以適中。而留良引以爲「無二道」之證，不與易傳之本意大相悖乎？且隨地而變，正道之妙用，而所貴於精義之學也。顔子居於陋巷，禹、稷出而濟時；曾子賓師而避寇，子思爲臣而守節；孟子受宋、薛之餽，而於齊則不受，皆隨地而變者也，否則膠柱而鼓瑟，如之何其可哉？留良乃謂「隨地而變，即馮道、穆之之流」，何引喻之失義一至於此？留良肆口嫚罵，語無倫次，要之與此章之旨總無干涉也。

顔淵問仁章

呂留良云：「『己』與『禮』，原自『仁』中分出，到得『克』『復』了，只有一『仁』，也不是『克』『復』外别見個『仁』。只是到此時，纔見得所『克』『復』底便是。」

曰「『禮』自『仁』分出」，可也。「己」乃私欲，謂私欲自「仁」分出，可乎？蓋「己」與「禮」，皆自心分出，所謂「道心」、「禮」也；所謂「人心」、「己」也。以爲自「仁」分出，則悖矣。胡五峰云：「天理人欲，同體異用。」朱子曰：「如此説，却是體中亦有人欲。」觀朱子不許五峰之説，則留良所云，正顯與朱子悖也。又云「到此時，纔見得所『克』『復』底便是」，語亦有病，謂所「復」之「禮」即「仁」，可也；謂所「克」之「己」即「仁」，可乎？

呂留良云：「朱子講『發動時固用「克」，未發時須致其精明始得』，蓋未發之精明，知居多；而發時之勇決，行居多。顔子『有不善未嘗不知，知之未嘗復行』，此其所以『不遠復』也。紅爐點雪，雪消處是行，所以爲紅爐是如何？」

已發、未發，俱兼知、行。已發之知、行，謂遇事接物時，至明以察其幾是知，至健以致其決是行也。未發時，雖未有所知、所行之事，然兼包知、行之理在内，如朱子言「未發時致其精明」，未發之中，惺惺不昧處，是知之根；其謹惕不放逸處，亦是行之根也。以未發屬知，已發屬行，從來無此説。留良又引「顔子『有不善未嘗不知，知之未嘗復行』」以爲證，殊不知此皆已發上之知、行，不可混入未發内也。朱子所謂「未發致其精明」，乃主敬工夫，所以「有不善能知，知之便能不行」，其根實由於此。

呂留良云：「自大賢以下，即不能無私欲之累，故必須從『克己』下手，到『己』私『克』勝而天則尚有未合，則須於『復禮』著力。然至此境者甚少，而其功亦至精，不似『克己』工夫艱重，無人不當由此道也。」

「克己復禮」，不是兩時事，朱子或問中謂「『克己』時以『禮』爲則」是也。今按，下節「非禮勿視」四句，正發明「克己復禮」工夫。蓋當視、聽時，便有當視、當聽之則，所謂「禮」也。而奸聲亂色，或留聰明者，已害之也。「克己」者，於「非禮」處勿視、聽，則所視、聽者皆禮矣。二者如手反覆，無兩時，無兩事。今留良云「從『克己』下手，到『己』私『克』勝而天則尚有未合，然後『復禮』上用工」，如此則是當其「克己」時，不辨是非，茫無主宰，而惟決去爲務，不虚費此一場辛苦耶！且所貴乎聖賢之學者，爲其即事循理、即物體道也。若「克己復禮」判爲兩層工夫，則當既「克己」之後，未「復禮」之前，空蕩其心，所作所爲，毫無準則，到「復禮」時，然後一一收拾也。天下有此聖學哉？

仲弓問仁章

呂留良云：「顔子本原不動，但微有感湊未淨，只須決去便無事；仲弓病痛似輕，而本原不足，虚邪深痼，故必當峻補，『出門』四語是仲弓峻補方也。」

朱子曰：「譬如服藥，『克己』者，要一服便見效；『敬』『恕』者，漸漸服藥，磨去其病。」所謂「一服見效」者，喻用力之猛毅；所謂「漸漸服藥，磨去其病」者，喻持養之謹密。乃因二子天資之異，而示以進德之方，非謂二子各有其病症也。如以病症言，則所謂「虚邪深痼」者，乃梏亡反覆以後之病症，以語中人尚不可，而可以是誣聖門大賢以德行著稱者乎？

呂留良云：「人心中只有一『仁』，何處著『敬』『恕』名目？只爲私欲所間隔，則此心放失而不存，便與仁體日遠耳。『敬』『恕』，所以去私欲以存心，心存而後可以復仁體。主客層次正須一一分明。」

「敬」，所以存「仁」之體；「恕」，所以行「仁」之用。此二字，乃爲「仁」中本有之工夫。豈可謂人心中本無「敬」「恕」名目，必對私欲而後有之耶？且謂「『敬』『恕』以去私欲，然後心存而復仁體」，語氣亦倒。朱子謂「從事於『敬』『恕』之間而有得焉，則將無『己』之可『克』矣」，是「敬」「恕」以存心，然後私欲可漸磨而去也。蓋「克」去私欲，以「復」於「禮」，其功猛而疾；存心「敬」「恕」，以漸去其私，其功順而遲。此正顏、冉乾道、坤道之所以異處。留良以上章之義移之此章，失其旨矣。

子貢問政章

呂留良云：「按，『民信之矣』，『信』字，聖人原説得較輕，只是民信服於上耳，未指忠信、誠信固有之良也。到子貢分三項來問，聖人方講到心德上去。若做上節即將『信』字看得深重，則『之矣』語氣不合，而三項扳煞之病生矣。」

「民信之矣」，「信」字之義，雖只言「民信服於上」，然尊君親上，亦即是「忠信、誠信固有之良」，更無二理。如何此處且放輕，到下文乃深重言之也？且此「信」字雖在「兵」「食」之後，然所以必須「足食」「足兵」，正爲「民信」起見。正如言「富」「教」二者，「富」之雖在先，而所重却在「教」之也。此章重「信」字之意，雖因後文將三件較量，然後説出，而其實重「信」之理，已具於首節之中矣。留良意在欲留下節語氣，却移换道理以遷就之。何其粗也！

棘子成曰「君子質而已矣」章

吕留良云：「嵇、阮以老、莊淪晉，金谿以狂禪陷宋，至『良知』而三矣，流禍一揆，非細故也。」

朱子嘗謂：「子静精神緊峭，善警發人，能使人旦異而晡不同，其流禍未艾也。」朱子雖有此言，然今以當時之事考之，南宋之末，金谿之學未甚行於天下，其門人亦未有居大位、操時政者，何因而有陷宋之事？不得以西晉王夷甫諸人爲比也。留良肆口嫚駡，亦妄甚矣！

子張問政章

吕留良云：「何以見得子張『少仁』？其病只在過高，纔過高便騖外而少實心。且如東坡、半山之權謀，伯恭、同甫之功利，未嘗不説濟世安民，然議論越高，本心越錯。聽他説話，但有愚弄天下之意，全無誠實愛民之心。只此一點意思，早已將『仁』字刬却。」

半山之權謀，同甫之功利，誠有之。不必爲古人諱也。至於東坡初年之議論，誠有過處，後來所著書，裨益於世教者亦多，其偶有偏駁之論，爲文鈔不自删去耳。何留良之蔽美而稱惡也。至於伯恭，乃朱子之至友，如詩傳則多用其説，近思録則相與編次，朱子嘗舉之與張南軒同論，蓋聖賢之徒也。留良乃敢一例嫚駡，可謂無忌憚者矣。至謂「有愚弄天下之意，全無誠實愛民之心」，此語以論東坡且不可，況伯恭乎？東坡居官，到處有惠政，無愛民之心而能之乎？同甫雖多偏駁，亦不至「全無誠實愛民之心」也。留良此等議論，多未見古人之書，而肆口詆訾，多見其狂妄耳。

季康子患盜章

吕留良云：「上多欲則下行竊，此感應自然之理。若必説因欲而民貧爲盜，是則有此事，然多却轉折，與語意不相肖。蓋上導之以欲，則下雖温飽，皆有盜心，不必使貧而後爲盜也；茍子『不欲』，雖餓死亦『不竊』，不必富而後『不竊』也。如此看，語意更分明緊切。」此章之旨，固重在「不欲」，蓋夫子爲季康子言如此。若泛論治民之道，自當以厚生爲本，必衣食足，而後可驅而之善也。留良乃云「導之以欲，則下雖温飽，皆有盜心，不必貧而後爲盜；茍『不欲』，雖餓死亦『不竊』，不必富而後『不竊』」，此不過紙上空言耳。天下有此理、有此事耶？且曰「雖餓死亦『不竊』」，所以責於民者如此，豈仁人所忍言哉？留良欲明一章之旨，而他章之旨俱不得通；欲快一處之論，而他處之理更推不去。真迂腐之談也。

呂留良云：「不從君民起念，只爲自己利害，康子患處，便是盜心。做官不爲地方計，只爲自己考成，縱諱與捕逐，亦總是盜術。故經濟事功，聖賢都從心上做起。非刻論也。」康子病處，在於有「欲」，至其「患盜」，亦情理所當然。何云「患盜處，即是盜心」耶？如此，則將聽民爲盜，乃非盜心。有此理乎？又謂「做官爲考成起見，則縱諱與捕逐，都是盜術」，亦不近情理。夫做官爲地方計者，上也。至爲自己考成，遇盜而捕逐者，有所畏而奉法，論其功效，亦尚可以除盜也。乃以其爲考成起見，而與縱盜諱盜者同科。留良不通世務，固無足道，平日所講是非之理，果安在哉？所謂「從心上做起」者，道理固當如是耶？

子張問士章

吕留良云："『質直而好義』三句，逐字平鋪説下，見『爲己』務實之密。其中並不分輕重，若將『義』字提出，若前後皆以全此者，乃『君子義以爲質』章意，於此無當也。"

此章語氣，三句平鋪，雖與「義以爲質」提出「義」爲主者有别，但道理一而已。「質直好義」是根本，「察言觀色」「慮以下人」是接於物之事，輕重自分。即提出首句爲主，亦無不可。

樊遲從遊於舞雩之下章

吕留良云："只『先』『後』處便是『崇』，不是如是而後乃底於『崇』也。『崇』是工夫，不是成效。指示親切，『非與』二字，自見精神事得俱兼知、行説。"

「崇」字雖是工夫，然已兼成效在内。蓋「崇」之得其道，則德「崇」矣；「崇」之不得其道，則德不「崇」矣。此「崇德」字，承上文「先事後得」，便見是德日進於崇高之意。如何非成效？如上章云「主忠信，徙義，崇德也」，易大傳曰："「利用安身，以崇德也。」不俱兼成效在内耶？

樊遲問仁章

吕留良云：「此章疑辨處都在『知』，然其所重者都在『仁』。疑『知』，疑其礙『仁』也；辨『知』，辨其正爲『仁』也。『知』，原從『仁』生，而其用乃所以成『仁』。『仁者，人也』，拈出一人字，便將天下枉直、諸衆不仁者皆包舉在内，人有如許人，『仁』不欲有如許人。若不『知』即不能『仁』，『知』不盡亦『仁』有不全，其不得不『知』者，乃其所以『仁』也。」

此章首節，樊遲兩問，夫子兩答，道理平分，不特未見輕重之意，連「仁」「知」相成之義，亦未之及也。至「樊遲未達」以後，乃講出「知」以成「仁」之理耳。留良謂「此章重『仁』」，雖無大害，然於此章意義，亦不親切。蓋論道理之歸宿處，則「仁」爲重；論工夫之要緊處，則「知」爲重，此章之「仁」「知」，謂之俱重可也。若言「仁包四德，統四端。偏言之仁，亦即專言之仁。聖門之教，惟在求仁」，則論語一書皆然，非此章之義獨如此也。

曾子曰「君子以文會友」章

吕留良云：「『以文會友』，是講學致知事；『以友輔仁』，是取善誠身事，兩者原是一致。要之，朋友之益，只有講辨切磋，餘無可用力，則『輔仁』亦即『文會』内見也。若將『仁』字看作大事因緣，『文』字看得粗淺，只作語言文字，又欲牽併入細求，合轉離矣。」又云：「人看得上句粗下句精，支當不過，便寫得上輕下重。或且轉而爲側注之局，皆因自己所見『文』字淺小，『會』字浮泛。與『仁』字有内外精粗之别，亦從陸、王之説，以讀書窮理爲務外來也。」又云：「『講學明道』，是貼知一邊説；『取善進德』，是貼行一邊説，知、行本是一串事，故注雖平分，而實未嘗不側注也。」

「講學明道」與「取善進德」，雖是一串事，而「文」與「仁」，要不能無内外之分；「以文會友」，「以友輔仁」，亦不能無精粗之别。且人固有忠孝直諒而不優於「文」者，與之居而觀感愧勵，皆足以輔吾仁。故子貢問爲仁，夫子示以「友其士之仁者」，而謂「『輔仁』即『文會』内見」，可乎？既詆作文「爲側注之局」者，又云「注雖平分，而實未嘗不側注」，則將誰適從乎？

吕留良云：「人之所取乎朋友者，專爲明道。易曰：『麗澤兑，君子以朋友講習。』講學明道，朋友之益，於此爲大。若取善『輔仁』，反是假借用之。蓋天下道理，精微詳悉，非講習不能明，而非朋友則不能講習。若進德修業，只在我自勉之，非他人之所能與，縱有賢師良友，不過爲之資益、扶助而已。他人皆注重下句，能不輕放上句，方爲特識。」曾子之意，以「輔仁」爲重。留良乃云「講學明道，朋友之益，於此爲大。若取善『輔仁』，反是假借用之」，顯與本文相背。如其言，則「友直」「友諒」，不當在「友多聞」之先，而程子所謂「朋友講習，更莫如相觀而善之益多」，皆留良所不取矣。其所見實淺，而敢爲異説如此。

子曰「誦詩三百」章

吕留良云：「經以明道。聖人之道，自灑掃進退，至堯舜事業；自喜怒哀樂未發，至聲音笑貌之微，其理一也，故曰『體用一源，顯微無間』。若謂性命本體爲經學之至，而政事、言語爲其次之用，即分體用、内外爲二，非聖人之道，亦非聖人欲人窮經之旨也。以此爲學，縱極講得高妙，吾知其必不能『達政』，不能『專對』矣。蓋後世講經學之弊，不出乎此。」南宋以後，言史學者多重經濟，明季亦然。其宗程、朱正學者，從不聞但以「性命本體爲經學之至」，而以「政事、言語爲其次之用」者。

子適衛章

呂留良云：「問：『如何富之？』曰：『行井田。』問：『如何教之？』曰：『興學校。』此心是實心，此政是實政，舍此雖聖人亦無他具也。」

朱子集注：「制田里、薄賦斂以富之，立學校、明禮義以教之。」雙峰饒氏、虚齋蔡氏發明此義者，不一而足。留良乃設問而自答之。甚矣！其汰且欺也。且春秋時，魯作邱甲，鄭作丘賦，井田未廢也，特不能「薄賦斂」耳；魯作泮宫，鄭人遊於鄉校，學校未廢也，特不能「明禮義」耳。而去「薄賦斂」「明禮義」六字，則三代什一，周官三物，所寓於井田、學校之實政，不可得而見。而於夫子當日「富之」「教之」之意，亦所謂「郢書而燕説」矣。

子夏爲莒父宰章

呂留良云：「看注云『見小者之爲利，則所就者小，而所失者大』，大小皆在事理上説，若從『利』字上計較大小，則是『見小利，則大利不得』，聖人教人於『利』上求其大者矣。此便是學術、義利之分，不可不辨。」

聖人告子夏以爲政，所謂「利」者，豈自私自利之謂？亦以利民爲言耳。利民之利，何諱哉？子曰：「因民之所利而立之。」傳曰：「天生民而立之君以利之也。」然利民之事無限，聖人之愛人也，非不汲汲求以利之，而有時捐「小利」而不顧，其爲民計者深且遠也。管子爲政，使民「莫敢言一朝之便，皆有終歲之計；莫敢有終歲之議，皆有終身之功」，霸業尚如此，況聖人之治乎？蓋子夏篤信、謹守，而規模狹隘，夫子恐其於利民之事不爲遠圖，故以是告之，豈分別學術而遏其利心哉？且自私自利之利，不論爲學爲政，何待計較、論量於其大小以爲趨舍哉？

吕留良云：「『欲速』者，正爲小見識，無遠大之圖，早上種竹，晚要乘涼，迫窄躁陋，不可以有爲耳。與下『見小利』一例，非妄謀大事而失之太急之謂。事機之或速或遲，必當其時，時當先發，雖聖人亦未嘗必主退後之理，但爲政自有次第，不可急遽無序耳。聖人不是教子夏遲緩作用，後起者勝，以退爲進之説也。」

「欲速」「見小」，自是兩件道理。「欲速，則不達」，循序則能達，無論大小事，皆然也；「見小利，則大事不成」，能見其大，而後可以成大事，無論眼前事與久長事，皆然也。留良將兩件併作一件，亦鶻突之甚矣！

葉公語孔子曰章

吕留良云：「君與父不同，父子從仁中來，故不講是非；君臣從義中來，故專論是非。」子之事親也，「三諫而不聽，則號泣而隨之」，留良以爲「不講是非」，謬矣！使父將「攘羊」而子知之，必切諫。即父既「攘羊」，而子隱之，仍當委曲懇至以諭親於道。若置是非於不論，使其父得罪於鄉黨、州閭，苟有人心者，忍出此乎？安得爲此害義傷教之説？

子貢問曰「何如斯可謂之士矣」章

吕留良云：「首節三句雖分志、才，然『使於四方，不辱君命』，即在『行己有恥』中出來。『有恥』固不是一味謇諤廉介，若講到精微處，便是『動必合禮』『内省不疚』也只完得一箇『有恥』，以此而『使於四方』，豈有『辱命』之羞乎？天下固有能『有恥』而未必不『辱命』者，須知其於本原之地必有未盡精細融徹故也。」

「動必合禮」「内省不疚」，此大賢以上幾於聖人者乃可言此。此所謂「行己有恥」者，尚未到此地位也。至「出使不辱」，謂其才足以應務，非狷介無能者比，如由、求之治賦爲宰，公西華之與賓客言，各有所長是也。若謂「『行己』中精細融徹，乃能如此」，是則體無不具、用無不周之大人也。士品雖高，未易語此。

子曰「君子和而不同」章

吕留良云：「『不同』，正所以圓足君子之『和』。分開有正面反面，合之只成一件，非『和』之外另有箇『不同』，亦非外『和』而内『不同』，亦非常居時『和』而論辨時『不同』。」北宋時，韓、范上殿争論事理，一毫不相假借，而下殿不失和氣。則平居時「和」，而辨論時「不同」，君子固有之矣。

子貢問曰「鄉人皆好之」章

吕留良云：「謂『子貢只以鄉人爲斷，夫子又以鄉人之善不善爲斷』，然則，鄉人之善不善，又何從定之？是麞邊問鹿，訖無已時也。須知夫子此章之意，只論善於不善如木炭之不可雜居、薰蕕之不可同器，甚言鄉人『皆好』『皆惡』之必無是理耳。縱或有之，則必有阿世之術、詭異之行，其中必有可疑，究竟歸之不善一邊耳。蓋夫子只是於善不善盡頭處看得分曉，故知必無兩存中立之理。子貢於界限處尚看未分明，便疑其或可通融和會耳。」子貢所問，夫子所答，謂人品之未定者也。子貢欲以「皆好」「皆惡」決之，而夫子皆謂「未可」，但就已定之人以知未定之人，則人品可定矣。一鄉之中，必有善惡暴著之人，幼同居，長同遊，人之善惡大概亦不能掩。留良乃謂「鄉人之善不善，又何從定之」，至比之「麞邊之鹿」。蓋欲自伸其曲説，而不知其非物情事理之實也。

「克伐怨欲不行焉」章

呂留良云：「從『不行』處，合下掃去便是，故曰『可以爲難』，『先難後獲』正好從此用力。」又云：「於四者，但曰『不行』而已，則其根荄隱伏於中，而天理反强制於外。伏於中者爲主，制於外者爲客，以客壓主，其用力甚難，若謂將以久勝之，亦必至使四者内消淨盡，無可行者，而後可言仁，斯亦難信之事矣。豈得謂『不行』爲『爲仁』之道盡是哉？」

此章之旨，朱子發揮極透。或問云：「譬之木焉，不去其根，則枝葉之生自不能已。」此言强制者不能終「不行」也。又云：「其或能制之終身，不見於外，而其鬱屈不平之氣，乃日鬭進於胸中，則其所謂仁者，亦且殫殘蔽害，而不能以自存矣。」此言强制者雖能終「不行」，亦不可以「爲仁」也。蓋顔子明以察其幾，健以致其決，則當下拔去；仲弓主敬行恕，則積久消磨，二者皆除根之藥。而原子只制之「不行」於外，故夫子不許其仁，是路頭之差，非工夫未到之謂也。留良乃云「從『不行』處，合下掃去便是」，如此則原子强制之功，乃克己之未純者，夫子但勉之以「無倦」可矣，何必抑之曰「仁則吾不知耶」？又謂「『可以爲難』，即是『先難後獲』，正好從此用力」，不知此「難」字，與「先難後獲」之「難」，義實有别。此「難」字，在强制上見；「先難」之「難」，在克己上見。夫子所以不許其仁，正從此看出他路頭差處，安可將兩「難」字比而同之也？又謂「將以久勝之，亦必使四者内消净盡，無可行者，而後可言仁，斯亦難信之事」，夫使强制之功，果不異於克己，則積久而勝乃理之必然，又何難信之有？正爲人有形體之累，而又爲氣質之拘，制遏之功雖日增，而「克、伐、怨、欲」之根亦日長。不拔其根，則理欲交戰，終身未有了期，云「以久勝之」，何言之易也！

子曰「孟公綽爲趙魏老則優」章

吕留良云：「人皆以『廉静』貼『優爲』，『短於才』貼『不可爲』。吾謂『短於才』亦是『優爲』趙、魏老，『廉静』亦是『不可爲』大夫。」公綽「廉静寡欲」，故優於爲趙、魏老；「短於才」，故不可爲滕、薛大夫。此定説也。今云「『短於才』亦是『優爲』趙、魏老」，則「廉静」而有才者，反不堪家老之任乎？曰「『廉静』亦是『不可爲』大夫」，則貪躁而有才乃勝其任，有才而「廉静」者，轉不可用乎？留良但欲獨反衆説，以誇新奇，而不顧義理之安如此！

子路問成人章

吕留良云：「大抵負約之人，不待『久』而變也，方其言時，本非實心，則響未寂而中已忘矣。『久要不忘』，只在此心上勘驗。」

「響未寂而中已忘」者，面是背非之小人也。何足復論？凡人之不能踐約者，當其要約時，未必不出於誠心，及其「久」也，時異勢殊，變其初心，故不能保其始終不易耳。故「久要」重在「久」字，「久」而「不忘」，乃見誠信有守，而可爲「成人」之事。太淺看不得。

子路曰「桓公殺公子糾」章

呂留良云：「春秋時，凡公子皆各有傅，有變難，則其傅與臣僕奉之出亡，例也；亡公子在外，各求納，其傅與臣僕竭忠爲之謀入，亦例也。」

其傅與臣僕，雖各忠其主，然亦須論道理。苟非當立，則宜安分，豈有例也。

子貢曰「管仲非仁者與」章

呂留良云：「一部春秋大義，尤有大於君臣之倫，爲域中第一事者，故管仲可以不死耳。原是論節義之大小，不是論功名也。」

域中之義，莫大於君臣。孔子所以嘉管仲之功，而不責以匹夫之小諒者，正爲君臣之大義也。朱子曰：「楚地最廣，極强大，齊、晉若不更霸，楚必吞周而有天下。」蓋自熊渠得江漢間民和，首棄周天子之命號，而立其三子皆爲王；至於熊通，併吞小國，漢陽諸姬，楚實盡之。宣王中興，雖復文、武之境土，而終不能服楚也；至於熊貲，開地千里，滅鄧、敗蔡而執其君；至於熊頵，既服陳、蔡，數加兵於鄭。蓋陳、蔡，畿南之藩蔽，而鄭則畿内之懿親，周之東遷，所依以立國也。觀其情勢，鄭服之後，不至於吞周以併諸夏不止。自管仲相桓公，撫循魯、宋、陳、衛、曹、許，數合諸侯，以致勤於鄭，經營二十餘年，然後聲罪致討於陘亭，楚人帖服受盟，於是天下諸侯，皆凜然知天子之尊，王禁明而王臣不下聘者六十年，侯度肅而諸侯無私争者三十載。其後，晉文繼起，踵桓之事，因以勤王號召諸侯，君臣之大義復明於天下。孔子所謂「一匡天下，民到於今受其賜」者，此也。且管仲，子糾之傅耳。諸侯之羣公子皆有傅，公子之傅之私義，其不敵天下君臣之大義，明矣。孔子嘉管仲之功，正所以伸君臣之大義也。而留良乃云「更有大於君臣」者，豈非讕語？

公叔文子之臣大夫僎章

呂留良云："『可』如制可之可，下來似活動，却是一定之斷。孰可之？孔子可之也。孔子如何得可之？從天理可之也。此便是春秋天子之事。"

孔子偶聞文子薦僎，而謂即此一事「可以爲文」。聖人垂世立教，何處不然？乃忽援制曰「可之可以爲義」，以證「春秋天子之事」。謬悠甚矣！

子曰「古之學者爲己」章

吕留良云：「『爲人』者，欲見知於人，則『爲人』即希世鶩名之謂，非經世利物之謂也。經世利物，亦是『爲己』中事。」

朱子曰：「學者視天下事，以爲己事之所當然而爲之，則雖甲兵、錢穀、籩豆、有司之事，皆『爲己』也；以爲可以求知於世而爲之，則雖割股、廬墓、敝車、羸馬，亦『爲人』耳。」可謂深切著明矣。留良不直引之，而更易以爲己説。何也？

子曰「不逆詐」章

吕留良云：「若於『不信』下頓住，另作波折，以取『抑亦』，便似一反一正，做成兩橛矣。須一氣直下，『抑亦』似轉不轉，其著力不在過接處。」又云：「『兩『不』字，與『抑亦』雖若有停折，却只一氣直下，要有體會。」又云：「此章重在下半截，『抑亦』正須重頓，謂『全題當一氣讀下，不作轉折』者，非矣！」

前二説，與後一説，顯然相背。要之，此章之旨，「須作轉折」者爲是；「一氣直下」，本留良之謬説耳。

呂留良云：「三句都是誠，亦都是明，分貼不得。然學者做工夫，於誠、明二字宜如何？曰：『誠、明只是一件，誠則明矣，明則誠矣。若論學者所以靠用「逆」「億」，與不能「先覺」之故，只坐見理不明，其欠工夫在，窮理格物有所未至，則明之一邊，更爲學者吃緊用力處。』」

「不逆、億」是誠，「先覺」是明，分貼不易。但就二者論之，「不逆、億」在前，則謂「先覺」中帶得誠字之意猶可，至謂「『不逆、億』是明」，而與中庸「誠則明矣」之義相牽合，則支離而失其本指矣。又謂「明字一邊，更爲學者吃緊用力處」，亦非也。格物窮理，亦須立誠以格之，此主敬所以通貫八條目也。若專以明爲事，則世人固有料事多中，不謂不明，而立心私邪，專以「逆」「億」爲能者，其害不小。重明而不重誠，豈可以立教哉？

呂留良云：「震川文云：『定其心而不以物勝。』此釋氏之覺，非『先覺』也。」又云：「震川謂：『虚中無我，以待天下之至，而我無與其間。』此皆從明道定性書得旨，然極處尚未有盡，以『先覺』止以心爲極也。問：『覺緣何不是心？』曰：『所以覺者，非心之故。』」

「所以覺者，非心之故」，語甚鶻突。留良之意，不過謂言心而不及理，「覺」字恐無把柄耳。

不知心之所以能覺者，自由理之明，無待於推原也。孔子曰：「清明在躬，志氣如神。」周子曰：「静虚則明，明則通。」張子曰：「虚明照鑒，神之明也。」蓋惟聖賢之心，至虚至明，與理爲一，故能物來坐照，無假推測。使心有所蔽，而惟於事物上擬度，則羣疑滿腹，安能「先覺」？孔子、周子、張子所言，正此章「先覺」之義，皆直指心體，而理自具其中。留良乃謂「所以覺者，非心之故」，獨不思舍心則理安所託？「覺」字之名義，安所指乎？

或曰「以德報怨」章

吕留良云：「莫道或人此論是些小弊病，釋、老之學亦是如此。老氏只講以退爲進，逍遥齊物，也是此意；至於釋氏，則竟看得父母兄弟，原與昆蟲草木一般，愛無等差，亦何異於此耶？總之異端只是私心，聖賢只是天理，私心之論，縱裝束得極好，被天理一駁便粉碎。蓋所謂天理者，正如秤之星，如尺之寸，一毫挪移走趲不得，纔得箇四平八穩耳。」

集注：「或人所稱，見老子書。」又：「或問『以德報怨』，亦可謂忠且厚矣，而夫子不許，何哉？朱子曰：『是私意所爲，非天理之正也。』」留良蓋竊此意而爲之説者。但此惟老子有之，而混及莊、釋，莊、釋之書，無「以德報怨」意。

子曰「上好禮」章

吕留良云：「禮所以辨上下、定民志，只是尊卑等威，事事分明，民便知尊君親上之義，故易使耳。謂以禮使民者，固非謂上自好禮，而民感動易使者，亦非蓋天高地下萬物散殊，凡一名一物，一動一静，莫非禮也。惟上能好之，則事事辨其數制，物物辨其等分，犁然賞心，樂此不疲，而禮制大明達於上下，民之易使，固其宜也。」

「辨上下、定民志」，則「民易使」，固矣。然徒「事事辨其數制，物物辨其等分」，而上不好禮，則無以感動其善心，而使之實知尊君親上之義，故二者皆「易使」之正解。而使民感動之義，尤與「好」字相關切。留良乃强生分别，以「上自好禮，而使民感動」之説，爲非「易使」之義，殊不可解。

子路問君子章

吕留良云：「近人講下二段，只曉得『人』與『百姓』分别，似只一『修己』，便隨地安去。不知『安人』『安百姓』，其『修己』工夫充積，步步不同。」

朱子曰：「『修己以敬』，語雖至約，而所以齊家、治國、平天下之本，舉積諸此。子路不喻，而少其言，於是告以『安人』『安百姓』之説。」然則充積道理，已包舉在「修己以敬」内，「安人」「安百姓」，特以自然及物之功效告之耳。若如留良所云，則「修己以敬」未是徹上徹下道理，直到「安人」「安百姓」，步步有一著充積工夫，似夫子當日竟留餘義，以待子路之問矣。其説之背謬若是！

子曰「賜也女以予爲多學而識之者與」章

吕留良云：「『一貫』不主知説，而泛拈心字，與『曾子』章無别，説此章之理，病也。」

二章各别者，「曾子」章以行言，此章以知言也。而其所以相通者，聖人之心，渾然一理也。惟其一理，故「多學而識」，只「一理以貫之」；隨事精察力行，亦「一理以貫之」，所「貫」不同，而其所以「貫之」者無不同也。留良由不知聖人之心，渾然一理，原不因知、行而有異，故但知二章之各别，而不知二章之未始不相通也。乃但以「泛拈心字，同於『曾子』章」爲病，此皆俗儒講究時文之法，於聖賢義理之學，全未窺見。

吕留良云：「將『一』看成另外一物，要得此把柄到手，多與不多皆妙。一立學識先，一入學識中，正是禪悟，非儒理也。儒理先須分别義理，『曾子』章『一貫』話頭，攙入此章不得。或曰：『既云「一貫」，豈兩章有二致乎？』曰：『公此見便是和尚，且耐心看細注去。』「一立乎學識之先」者，道理之本體也，聖人之渾然一理是也；「一入乎學識之中」者，道理之大用也，聖人之泛應曲當是也。先儒論「太極立乎陰陽之先，行乎陰陽之中」，即此理也。若禪悟，則説一説多且不許，況有先後、中邊之云乎？又「曾子」章，與此章雖分知、行，所謂「一」者則不異。或謂「兩章無二致」，其言亦不全非。留良以爲和尚之見，謬哉！

呂留良云：「近來講學，無非套竊禪門緒餘，借儒家言語做箇話頭，爲文章翻案之法，原不曾識得儒家言語在。此之所謂『一貫』者，只是本天；彼之所謂『一貫』者，只是本心。本天則有一定之工夫，一定之火候；本心只一了萬了，更何工夫、火候之有耶？故同舉箇『一貫』字，其實如冰炭之不同，不可不明辯也。」

聖學雖有工夫、火候，然遲速亦存乎其人。如顔子三十而入聖，曾子二十而聞一貫，亦何可以一定限之？禪學雖有言下解悟者，然亦有坐破七蒲團而未悟者，何嘗有一定之工夫、火候？留良不知道、術之異不在工夫、火候上論，如播種而耰之，經春涉夏，至於日至之時而後熟，凡物皆同。而其爲稻、爲粱、爲稷、爲黍，則不同也。

吕留良云：「謝顯道博舉史書，程子謂其玩物喪志，謝聞悚然，及看明道讀史，却又逐行看過，不差一字，謝初不服，後來省悟，却將此事做話頭，接引博學之士。須知夫子此箇話頭，正從實地接引耳。如以『學識』爲敲門之磚，以『一貫』爲密室之帕，皆狐禪矣。若問曰：『一以貫之如何？』應對曰：『多學而識之可也。』」又云：「聖人之『一』，即在『多學而識』處，舍却『學識』，『貫』箇甚麽？朱子之言，真聖人精髓。凡爲先『一貫』而後『學識』之論者，即爲邪禪所陷溺，入德之賊也。」

留良云「有問『一貫』者，但告以『多學而識之』而已」，渠意蓋以「一」即在「多學而識」處，即襲後段所引朱子之説也。不知朱子乃謂「一」之「貫」，即「貫」此多，非即以多爲「一」也。聖門之教，本末先後，固自有序。然下學工夫，亦自有本有末，聖人何嘗教人逐末而忘本耶？孟子曰：「先立乎其大者。」亦是下學之事。豈待積學力行之後，然後養其大體耶？伊川好學論曰：「必先明諸心，知所往，然後力行以求至。」朱子「求放心」節注云：「蓋能如是，則志氣清明，義理昭著，而可以上達；不然則昏昧放逸，雖曰從事於學，而終不能有所發明矣。」夫必明諸心，而後力行以求至，必先收放心，學問乃有益，是皆爲學人言之也。曾子告門人以「忠恕」，「忠」即是「一」，「恕」即是「貫」，無「忠」做「恕」不出。學者之「忠恕」，即聖人之「一貫」也。如留良言，曾子何不告門人以積學篤行耶？程子謂謝上蔡「玩物喪志」，及讀史却又逐行看過，謝後來省悟，將此事作話頭接引博學之士。所謂「接引」者，謂引博學者使返求於内也。留良乃援爲「重多學」之證，則惑之甚已！

子貢問爲仁章

吕留良云：「『事、友』與『爲仁』，『爲仁』與『仁』字，有層次，無内外也。」

「事、友」，分誼之接於人者；「爲仁」，工夫之存乎己者也。「事、友」以「爲仁」，事雖相關，然「事、友」在外，「爲仁」在内，安可謂「無内外」？至於「仁」者，理也；「爲仁」者，人也，理具於人，以人弘道，固無「内外」之可分，亦無「層次」之可言矣。

顔淵問爲邦章

吕留良云：「艾南英謂：『此四句有二義，一則斟酌前代，舉一以概其餘，非止夏時、殷輅、周冕也；一則本一人之心，建中和之極，不但法制、禮義等也。』『總看得此四句粗淺，要於上面别見箇精微廣大之道，不知夫子語顔子，與他人不同，程子曰：「問政多矣，惟顔子告之以此。」正謂即此是精微廣大盡處耳。若僅以法制、禮樂觀，誰不可語，而反以之告顏子耶？』」

朱子明謂「顏子於爲邦大本原頭，已是會得，不須更説」，故惟舉四代制度所當斟酌而行者告之。如艾説，則須增益於聖言之外，方是此章本指，固爲添設。如留良説，則不見得顏子已會本原一層，而夫子所以立言之意，亦失之矣。且注中引程子一條，詞意極分曉，不引全文，而截取兩言以就己説，何也？

子曰「躬自厚而薄責於人」章

吕留良云：「『躬自厚而薄責於人』，纔是至公。蓋在我者，此心，所以不得不『厚』；期於人者，只此事，所以不得不『薄』。若云以聖賢自待，而以不肖待人，則是不責，非『薄責』，終是物我看作兩件，亦偏陂之論也。」

留良謂「在我者，此心，故不得不『厚』；期於人者，只此事，故不得不『薄』」，以心與事判「厚」「薄」，非知理者也。蓋在心有精粗之分，而在事亦有難易之殊。設如有人焉，責之己者，曰：「吾善吾心而已，事之得失，可不計也。」責之人者，曰：「吾不責其心，而事事求全責備焉。」

以此爲「躬自厚而薄責於人」，可乎？又謂「不責人者，爲物我看作兩件」，語似是而亦未穩。仁者以天地萬物爲一體，人己固非二物，然論處物之義，則待己待人固當有别。如遇尊名美利，則當先人而自處於後；至有克己難行之事，則當「自厚而薄責於人」，此乃性分中自然之分制也。豈判人己爲二物之謂哉？

子曰「君子義以爲質」章

吕留良云：「四句只是一事，三『之』字，却指『義以爲質』。」又云：「若三『之』字專指事，則四件並列無分，且云『孫以出』事，更説不去矣，固不若都指第一句爲得也。」又云：「『信成』，言徹始徹終必以『信』，『成』字粘定『信』上説，即中庸所謂『誠者，物之終始，不誠無物』，易所謂『貞固，足以幹事』也。若曰『成義，義成』，則似『義』至此方『成』，非正解矣。」

通章以「義」爲主，「信以成之」，「成」此「義」也。謂「成之」「之」字内，兼「禮」「孫」，則可；謂「非至此而後『成』」，則不可。留良既云「三『之』字，俱指『義以爲質』」，而又云「『成』字粘定『信』上説」，謂「『義』到此方『成』」者爲非，其自相矛盾，乃至於此！且「成」字既粘定「信」上説矣，則此「之」字更作何著落耶？

子曰「君子不以言舉人」章

陳際泰文云：「君子於此，有去、取之權焉。今日『不以言舉人』，即今日『不以人廢言』者也。」留良評云：「兩句是平説，有兩項事，有各種人物，如何側併做一個人、一串事？得生薑樹上生，却被他説得好聽，但當不得明理者，磕著粉碎耳。」

用人、聽言，固是兩項事，但「併做一箇人、一串事」，理亦可通。於此有人焉，其言善也，其品行則未必善也。君子於此，固不以其言之善，而遂舉用其人也；亦不以人之未善，而廢其言之可采也。要之，用人、聽言，兩邊道理既講得明，則分爲兩人、合爲一人，無所不可，何至如「生薑樹上生」之云哉？

子貢問曰「有一言而可以終身行之者乎」章

吕留良云：「時解『恕』字，動云『求之一心』而已，不知『心』字如何切貼『恕』字？寬泛不切，猶其小者也，不知此説正墮釋氏本心之教，憑他説仁、説敬、説忠、説恕，我只以『心』

字了之。黄梅云：『憑他非心非佛，我只是即心即佛。』其病中讀書人學問心術間，爲害不小，故凡以心學爲聖學者，即禪學也。」

留良每以言心爲大戒，詆爲禪學。不知唐、虞授受，首言「人心」「道心」；大學聖經，以「正心」「誠意」爲樞紐。仁、敬、忠、恕，「道心」也；不仁、不敬、不忠、不恕者，則「人心」之流也。即以此章論之，施其所欲，勿施其所不欲，正所以遏「人心」而存「道心」也。安得以「求之一心」爲時人罪哉？

子曰「知及之」章

吕留良云：「泛論學者做工夫，自當以『知及』『仁守』爲重。至於此章論聖學、王道，到盡善盡美處，正在細節小疵上較量分毫，如造九層之塔，到頂尖處，更不可不完美耳。定要以『仁守』爲重，便失此章之旨。凡聖人言語，各有所當，一概將儱侗道理，武斷不得，且此章正論輕，並不論重，正爲『莊涖』『動禮』，一節輕似一節，所以更不可忽也。只將首節頓斷，遞次落下兩節，章意自見分明。」

朱子曰：「此一章，當以『仁』字爲重。『知及之』，所以求吾仁；『涖之』『動之』，所以持養吾仁。」觀此，則留良所云「定要以『仁守』爲重，便失此章之旨」者，非明悖朱子之説乎？

師冕見章

呂留良云：「有人道當然，有天道自然，有人物不知其然而然。雖皆窺其微、攬其勝，而於聖人裁成輔相，充極細微，推達鴻廓，無不恰盡，其所以然處，不能有所發明。此一層不到，下面數層都落空去，走入漆園、瞿曇兩家門下而不知矣。」

留良所謂「人道當然，天道自然，人物不知其然而然」，此道理之本體也；所謂「裁成輔相，充極細微，推達鴻廓，無不恰盡，其所以然處」，此聖人盡道之事也。二者理則一，而事亦相通，孔子「五十而知天命」，中庸曰「質諸鬼神而無疑」，知天也；「百世以俟聖人而不惑」，知人也。學至於此，方可謂於「人道當然，天道自然」，皆「窺其微而攬其勝」矣。烏有如此之人，而於聖人之裁成輔相，巨細不遺處，尚不能有所發明者乎？苟於聖人之道，未能有所發明，則是學之未至也。如此之人，乃能明人倫、知天道、窮物理，皆「窺其微而攬其勝」，世亦未之見也。大抵留良之誤，在於以天理爲空，以人事爲實，意謂識其理之本然，不若見之行事之深切著明耳。此皆學不識本，强生意見，知道者必不然也。且漆園、瞿曇之道，與聖賢異者，不待見之行事，其説理處原不同。今有人焉，於聖人所謂人道、天道、物理，皆「窺其微而攬其勝」，却走入漆園、瞿曇兩家門下，則是種稻麥之種，而生桃李之實。無此事矣！

呂留良云：「無心出之而自然中道者，聖人也，以處物之義自在吾心也；有心爲之而庶幾其合道者，學者也，以在物之理仍求之是物也。」

「在物之理」「處物之義」，無二道也。知「在物之理」，則知「處物之義」矣；盡「處物之義」者，以其明「在物之理」也。聖人、學者之分，只争至與不至，若曰「洞見『在物之理』，曲盡『處物之義』」者，聖人也；窮究『在物之理』，講求『處物之義』者，學者也」，則得之矣。今留良以「處物之義」屬聖人，以「在物之理」屬學者，殊不可曉。孟子之答任人禮與食色之輕重，此非言「處物之義」耶？而以之教學者，何也？程子謂：「夫子之『老安』『少懷』，如羈靮之生由於馬，物各付物而已。」此非言「在物之理」耶？而以之論聖人，何也？

孔子曰「天下有道」章

呂留良云：「自天子出之『禮樂』『征伐』，與自諸侯、大夫出之『禮樂』『征伐』，固自不同，亦隨『道』爲邪正、盛衰。蓋『禮樂』『征伐』者，『道』之用，非即『道』在是也。」

「道」者，天理所發著，事物之準則。凡離道與物而二之者，皆末學之失也。留良乃云「『禮樂』『征伐』者，『道』之用，非即『道』在是也」，悖矣！「道」之在「禮樂」者，施之有其等，用之有其地，行之中其節是也。今謂「禮樂」「征伐」之外，别有一「道」，而「禮樂」「征伐」乃其用，是離「禮樂」「征伐」與「道」而二之也。如謂「建中和之極，協剛柔之德者，乃其本，而『禮樂』『征伐』乃其用」，是别爲一義，而非此章之旨也。於「道」之本體，及夫子立言之意，胥失之矣！

孔子曰「益者三樂」章

吕留良云：「『樂』與『禮樂』〔一〕，直是膠黏不上。此當從『樂』字中看出『禮樂』來，若只是鋪排『禮樂』而以『節』字膠黏之，乃以『樂』字膠黏之，宜其不上也。其病總看得『禮樂』粗淺。」

〔一〕「與」，原作「於」，據下文改。

此句總要看得「禮樂」即是中和之理，「節」之即是調理性情之事，則「樂」之莫非身心之益矣。苟得此意，則「從『樂』字看出『禮樂』來」亦可，先説「『節』『禮樂』而以『樂』字膠黏之」亦可。順逆説來，有何妨礙？若「禮樂」字看得粗淺，則雖「從『樂』字説到『禮樂』來」，亦祇是玉帛之交錯、鐘鼓之鏗鏘而已，何與中和性情之事？所争者存乎所見之是與不是，不在乎説彼説此之先後也。留良開口便云「『樂』與『禮樂』，直是膠黏不上」，是自「看得『禮樂』粗淺」矣，何與人事？

子曰「性相近也」章

吕留良云：「『習』於善則善，『習』於惡則惡。『習』，非教術學問也，故有罪，亦可有功。若專以教術學問言，而謂其功大，則當云『性相近，習相一』矣，豈得云『遠』哉？及至説來，又似有『習』而『性』失其故者。然則其以教術學問爲『習』者，乃正深惡教術學問，而終以無善無惡爲本體耳。」又云：「『習』，非教之謂也。天有運氣，地有方隅，物有異用，事有殊因。人習於善則善，習於惡則惡，而至於『相遠』，然後聖人立之教，教所以化其『習』，使復還於『相近』也。若以詩、書、禮、樂化教勸率爲『習』，然則聖人之教，豈使人『相遠』者哉？」「習相遠也」，此「習」字，兼風氣之漸染，及教之善、不善，俱在内；此「相遠」字，亦兼中人，或上或下，及聖益聖、愚益愚，俱在内。所以下文接云「惟上智與下愚不移」方有力，其上者，雖惡人與居，不能使之變；其下者，雖聖人與居，不能化而入也，是之謂「不移」。「不移」，自教後而言，不自未教之前言也。且「習相遠也」，「習」字，即兼教在内，則中人固有因教而善，因無教而惡，益以見教之不可以已，何等關係！何故此處不可入教字在内耶？

子張問仁於孔子章

吕留良云：「時文鶻盧提在首句便錯。『能行五者』，是存心之功；『於天下』，則心存爲仁矣，方是理得。時文將『五者』作理，以『仁』作心；或以『能行』屬心，『五者』屬理；或以『五者』爲心，『仁』爲理；或以『能行』貼心存，『於天下』貼理得。盡是醉婆中喻囈。」

朱子集注：「行是五者，則心存而理得。於天下，言無適而不然。」「無適不然」，謂心無在而不存，理無在而不得也。留良乃云「『能行五者』，是存心之功；『於天下』，則心存爲仁矣，方是理得」，其割裂文義，乃至於此！「能行五者於天下」，本一句讀，朱子所以分兩截解者，恐學者誤認「於天下」爲鋪張事功之詞，故曰「無適不然」，以見其爲存心之密、循理之篤耳。如何謂「『能行五者』，方是存心；至『於天下』，而心乃存」耶？心存、理得，只是一事，如何謂「『能行五者於天下』」，是心存之事；至『爲仁』矣，乃理得之事」耶？朱子之意，以心存而理得，則可以「爲仁」。如留良之説，則「能行五者於天下」之外，尚别有所爲理得之事。可乎？且曰「『能行』則不獨心能存，理亦能得」，彰彰矣。而强判爲存心之事，豈惟失朱子之意，於本文亦刺謬矣！總之，留良看心字不明，以爲虚空之物，恐心存尚有不足以「爲仁」，故支離若此。

子謂伯魚曰章

吕留良云：「此與匡衡關雎之説，理一而語意不同，彼自近處推到遠處去，此要自遠處收到近處來，只在閨門衽席、日用平常之間，疏發義理，方與『牆面』之意更相關切。」

匡衡言關雎爲「王教之端」，是「自近處推到遠處」。此章言二南爲學者修身、齊家之要，方自近處做起，並無「從遠處收來」之意。

齊人歸女樂章

吕留良云：「『女樂』歸定公，則受之者，定公也，而特書季桓子。孔子之得政也以桓子，其去也以桓子，魯之不足以有爲，桓子之不足以有爲也。」魯自成、襄以來，政歸季氏。沙隨之役，成公在會，而執季孫行父，以非執季孫，不能得魯之要領，而成公不足爲輕重也；邢丘之役，襄公在晉，而季孫宿即事於會，以必季孫受命，職貢始有憑，而襄公不足爲有無也。昭公既孫於齊，而魯於列國之邦交不異於常，諸侯惟知有季孫久矣。況定公之世乎？「齊歸女樂」，桓子不受，定公不能使之受也；桓子受之，定公不能使之不受也。如書「定公受之」，則失事之實。爲權臣諱，而歸過於君，有是理乎？留良乃云「受之者，定公也，而特書季桓子」，若以是爲記者之深文。謬矣！

長沮桀溺章

吕留良云：「聖人易天下之心，即天心也。直立在用舍行藏之外，不在時勢，不在一身出處，亦不在做得成做不成上發意。當時沮、溺一流，總不見得此理，不能有得此心，遂成一種議論，流爲後世二氏心腸學術。」

沮、溺與二氏心腸學術，絶不相同，必欲牽合，徒見其支離耳。

子夏曰「博學而篤志」章

吕留良云：「四件只説『致知』之事，而『仁在其中』。注中『心不外馳』二句，是講出所以『在中』之義，非子夏語中所有。故吾謂『仁字尚可提唱，心字不可提唱』也，如云人知『力行』所以『爲仁』，不知『致知』而『仁亦在中』，於理甚當，故『仁』可提唱也。若云『治心求心』，是要存心而如是，非如是而心存，於理顛倒矣。蓋心字是四件與『仁』交接過渡處，説在一邊不得，謂『四件是存心』既謬，謂『心存即仁』亦非也。」

朱子曰：「從事於此四者，則心不外馳，而所存自熟，故曰『仁在其中矣』。」留良乃云「謂『四件是存心』既謬，謂『心存即仁』亦非也」，是顯悖朱子之説矣。朱子謂「從事於此，則心不外馳」，豈非以「四者即所以存心」乎？謂「心不外馳，而所存自熟，故曰『仁在其中矣』」，豈非「心存即仁」乎？留良之説，不獨與朱子悖，孟子曰：「學問之道無他，求其放心而已矣。」留良乃云「心字是四件與『仁』交接過渡處」，是以心爲空虚之物。既離學、問、思、辨於心而二之，復離心於「仁」而二之也。總由看心字不明，不知心者，衆理畢具，心存則理存，而謂「心之存，尚不足以爲仁」。充其説，必别求道理，安放於心，而後可以爲「仁」也。其於告子「外義」之學，所趨不同，而所見之誤則同。不可以不察也。

子游曰「子夏之門人小子」章

呂留良云：「陳子龍文云：『子游之爲學清虚簡直，近於聖人之道；子夏之爲學詳盡篤實，近於聖人之教。』予謂：『夫子之後，遭戰國之亂、暴秦之災，至教已無存者，止子夏、子貢、子游之門人流傳經説餘緒，然多假託傅會，不可考矣。至宋程、朱諸子出，而聖道復明，本末具在，直接不傳之微言，非子夏等之所得與也。子游當時無所傳，亦無門人著述，豈得以清虚冥悟之學誣之哉？』」

推尊程、朱，而貶及游、夏之門人，又泯没傳經諸儒之功。何其妄也！伊川誌明道之壙，謂：「先生之學，返求之六經而後得之。」墓碑又云：「先生生乎千四百年之後，得不傳之學於遺經。」然則程、朱之所以紹聞知之緒者，以遺經之存，先聖之微言大義未泯也。傳經者，雖師友淵源，所漸有淺深；或源遠末分，不無粹駁，然聖道賴以不墮，一髮引千鈞，厥功偉矣！諸經多傳於子夏之門人，詩序、易傳雖難信，而春秋、儀禮傳頗具微言，至於蜡賓出遊，子游與夫子問答者，精理奥義，與大學、中庸相表裏。其他散見於論、禮者，剖抉精藴，獨契聖人之意，所得於親受者多矣。而敢一概抹去，多見其不知量也。

子夏曰「仕而優則學」章

吕留良云：「兩句文法雖同，須分别看乃佳。下句『而』字重，『則』字緩，與上句正相反。兩『優』字亦别，上『優』易，下『優』難，如此方見聖賢内重外輕、窮達一致之理。」

聖賢垂訓，語各有當，不必一轍。如「漆雕開」章、「子路使子羔爲費宰」章，專爲「學」未足者，未可以言「仕」也。此章言「仕」必「優」，而後可兼於「學」；「學」必「優」，而後可出而「仕」，統爲專於所務言也。以彼概此，則鶻突而失其理矣。又謂「上『優』易，下『優』難」，亦是强生分别，「學」之「優」也，固不易；「仕」之「優」也，無論責任之大小，必使物各得其理，而後可以言「優」，是豈可易而言之耶？又引「内重外輕」以爲證，亦非是。「内重外輕」者，如孟子言「不願文繡膏粱」，周子言「銖視軒冕，塵視金玉」云耳，乃身外之物也。若此章之言，「仕」乃事君之義、澤物之仁，性分中之事也。大學以「明德」爲本，「新民」爲末，以先後言，則可矣。今以「内重外輕」爲言，豈非引喻失義耶？

衛公孫朝章

吕留良云：「遵傳注，莫患乎知其當然，而不知其所以然，終於可遵可畔，無一定不易之理。此異端與訓詁同歸於無得也。如此章『道』字，獨注作『謨訓功烈，禮樂文章』，人皆知之矣，然試問堯、舜以來相傳之道，夫子獨不學乎？論道體，不容分大小、賢不賢矣，然『道』兼精粗上下，獨不可以之分大小、賢不賢乎？『文、武之道』，即堯、舜之道，列聖道統傳文、武，文、武道統傳孔子，豈堯、舜列聖之『道』皆止於『謨烈』『禮文』，而孔子之得統專在斯乎？抑列聖之『道』更有别傳乎？此陋儒定以爲疑者也。然則『道』之注爲『謨烈』『禮文』，亦朱子之見如此，而非不可易也，生薑樹上生，也只得依他説耳。以此爲遵，畔乎？不畔乎？蓋此章『文、武之道』四字，全要低看。公孫問仲尼何師而爲仲尼，子貢謂仲尼無須師、無可師，列聖大道，天縱之所固有也。若仲尼要由師而得者，除非是典故名物之類，如『文、武之道』亦須問人，然則人人可爲仲尼之師，究竟『何常師之有』？『文、武之道』，猶云國朝典故名物，四字拆開不得。如此看便分明，愈見朱注之不可易矣。今人先要抬高『文、武之道』，大意已失，種種俗病由此而生。雖硬差排幾箇『謨訓功烈』『禮樂文章』字面，以裝點『道』字，曾何當於傳注哉？」

此章留良辨論甚多，總之謂「文、武之道」「道」字，全要低看，如「典故名物」之云耳。至於「文、武之所傳，與夫子所得，統於文、武者，有向上事在，全不在此」，此似是而非也。「文、武之道」，朱子所説「謨訓功烈」「禮樂文章」，正不可看作粗淺。蓋聖人之心，全體天理，其發爲「禮樂文章」者，皆自聖性流出，盡倫盡制。張子曰：「『禮儀三百，威儀三千』，無一物而非仁也。」仲尼之心志，與文、武相通，明其數便知其意，習其事便通其理。夫子之傳「文、武之道」，固不僅度數之末，亦非於「謨訓功烈」「禮樂文章」之外，別有所爲聞而知之也。中庸曰：「憲章文、武。」子畏於匡，亦曰：「文王既没，文不在兹乎？」是道即文，文即道，非二物也。留良每每隔精粗爲二致，内外爲二本，故其謬如此。

呂留良云：「大意衹問孔子何師，答曰『無師』云爾。『文、武之道』數句，是子貢反跌文法，正決言其無所從學也。」又云：「『道』字不重者，只爲此『道』字指昭代典故。若云除非此等，孔子也須問人耳。」

此章須説「夫子無所不學，無所不師」，方見聖人之大。如舜之「好問、好察」，包羅宇宙。物無大小，一入聖人之心，莫非至理。況「文、武之道」，事事皆要道精義之存，夫子無不學、無非師，所以爲聖人也。留良識見狹陋，以爲聖人有師，便滅聖人身分，必言無師而後快。豈不謬乎？子貢開口便説「文、武之道，未墜於地」，何等鄭重，何等關係！然則夫子所得於「識大」「識小」者，即所以紹文、武之傳，並非二事。留良乃認作「反跌」語氣，「若云除此等，聖人須問人，過此則不須問人矣」，以證其無師之説。豈不與子貢之本意大相悖也哉？

堯曰「咨」章

吕留良云：「陳子龍『寬則得衆』節文云：『帝王者，善審天下之人情而有以致之。』予謂：『義亦無他，只如此來，便入私心權術，而寬、信、敏、公之本皆僞妄矣。』」

此言非特斥陳文之僞妄，幾於疑本文之僞妄矣。夫子曰：「人情者，聖王之田也。」人情以爲田，故人以爲奥。大學曰：「民之所好好之，民之所惡惡之。」孟子：「所欲與之聚之，所惡勿施爾也。」皆謂「審天下人情所在，而有以致之」也。孔子、曾子、孟子之言，豈亦權術私心耶？有感必有應，自是民之秉彝，王政之行，其得衆，其人任；其有功，其民悦，皆是分内事。留良每遇此等處，必指以爲涉於功利而痛詆之，故於「天下歸仁」「天下歸心」「邦家必達」「邦家無怨」，凡以功效言者，必曲爲攻駁。亦悖甚矣！

子曰「不知命」章

呂留良云：「天，即理也；命，即天理之當然也。知理之當然，一切生死禍福，成敗利鈍，一齊放下，面前只有我所當爲之事在，更有何商量夾帶？故可以『爲君子』。佛氏以因果報應勸人，袁黄竊其旨，造爲『功過格』，謂足以改命，乃所謂『不知命』也。」

朱子曰：「此與『五十知天命』不同，『知天命』，謂知其理之所自來；此『不知命』，是説死生壽夭，貧富貴賤之命。」蓋「命」有耑以理言者，「天命之謂性」「五十而知天命」是也；有以氣言者，孔子言「道之將行、將廢，得之不得，曰『有命』」是也。留良乃謂「命，即天理之當然」，是明與朱子之説背矣。又自知其説之不可通，而曰「知理之當然，一切死生禍福，成敗利鈍，一齊放下」，以牽合其説而混其義，不知何意？

上孟

孟子見梁惠王章

呂留良云："孔子多説仁，孟子提出義字，正爲戰國功利之説，淪浹人心，與今日講禪悦、講良知、講經濟者相似。推其極，只一自私自利之害，纔説利便不義，不義便不仁，此是古今人獸、邪正之關也。"

程子曰："孔子言仁，未嘗兼言義，獨于易傳曰：『立人之道，曰仁與義。』而孟子言仁，必以義配，可謂有功於聖門矣。"留良剽竊此意，變文曰"孔子多言仁，孟子提出義字"云云。一若千古無人説義，直俟孟子提出者；又若千古無人知言義，自孟子始，直待留良看出者。異哉！至以"禪悦""良知"比之"戰國之功利"，擬議不於其倫。夫誰信之？

呂留良云："利之根源，原從仁中生出，凡貪嗜繫戀之私，皆仁之過惡也。告子以食色爲性，故曰『仁内義外』；釋氏之慈悲普度，生死事大；老氏之長生内外；權術家之事功經濟，皆自以爲仁，而不知有義然後可以成仁，不知義，則其所爲仁，皆利也，非仁也。孟子於孔門得仁字之傳，其平生得力，在體貼出一義字爲七篇宗旨。此章首尾仁、義全提，而中單舉義字，正此理也。以仁字闢利爲從治，以義字闢利爲正治，此是古今學術關頭。」

禮運云：「用人之仁，去其貪。」朱子謂：「仁止是愛。愛而無義以制之，便事事都愛。」故「用人之仁」，當去其「貪」之失。此所言「仁」，乃氣質之性，偏於柔善，故於去取、辭受之間不能決斷，所以有「貪」之失也。若孟子所言「仁、義」，乃從本原處説，先儒論之詳矣。留良乃謂「利之根，原從仁出，無義則仁皆利，貪嗜係戀之私，皆仁之過惡」，此執途人問之，無不知其説之不通也。夫無私之謂仁，萬物一體之謂仁，稍萌一毫私利之見，便與天地生物之心懸絕，此仁所以爲「元善之長」，而義、禮、智皆從此出也。如留良言，則是仁不但非「元善」，且並不可以爲善，即云「裁之以義而後善」，亦是義之善，而非仁之善。凡專言仁者，皆利也，惡也。較之荀卿「性惡」之説，抑有甚矣！又云「告子以食色爲性，故曰『仁内義外』；二氏之慈悲長生；權術家之事功，皆知有仁，而不知有義」，試問「以貪嗜係戀爲仁」，非即「食色爲性」之謂乎？將謂告子之言義非，而言仁是乎？將謂聖賢之所以異於二氏及權術之學者，彼以仁而吾以義乎？即此一條，滅棄仁義，壞亂堯、舜、孔、孟之道，罪惡可勝誅乎？

呂留良云：「仁、義固自利，然以此立説，則立心原從利起，其爲仁、義皆利，做來只成五霸假之，仁、義之真源絶矣。故必先除却言利之邪心，後方轉出仁、義本自利來，其説乃無弊。如大學亦必説破『外本内末，財散民聚』本旨，後方轉出『以義爲利，以財發身』之理。若從利上計較出仁、義之便益，非孟子之道也。」又云：「不遺親、後君，見仁、義不但利，並能去言利之不利，其利無比。」

義、利之分，所争在毫釐之間。入乎義，即出乎利；入乎利，即出乎義矣。然則，何謂「仁、義未嘗不利」乎？仁、義之利，仁、義而已矣。不遺親，仁也；不後君，義也。君固無所利於民，然未有不欲民之仁且義者；民非挾仁、義以利其君，然未有仁、義而遺親、後君者，此即大學所謂「以義爲利」也。留良乃謂「除却言利之邪心，後方轉出仁、義本自利來，其説乃無弊」，試問仁、義矣，安得有言利之邪心乎？是終以仁、義爲不利也，是終以仁、義之利爲有害於仁、義也。其於義、利關頭，茫無定見可知矣。又云「仁、義不但利，並能去言利之不利，其利無比」，如此説，是孟子誘王言利也，是以仁、義二字爲言利之關鑰也，又與前説自相刺謬矣。

梁惠王曰「寡人之於國也」章

吕留良云：「『王道之始』『始』字，或云：『即資生、資始意，言王道盡於此也，下節不過廣上意耳。養生送死，一部周禮盡之。如以此節爲始事，下節爲終事，雞豚狗彘，始不當畜耶？』此論不然。一部周禮，畢竟豳居允荒時，尚未有此精詳也。雞豚狗彘，始固已畜，若看五母雞二母彘，即是文王養老之政，豈文王前不曾畜耶？即五母二母，纖細精詳處，正是王道盡頭。若任人家多畜者侵利，不畜少畜者失養，便不是王道矣。故謂王道之成，究不離始事，加詳則可；謂『王道盡於此』則不可。」又云：「或謂『三者是民生日用至大至急之事，王道不離乎此。「不違」「不入」，即法制中農政及虞衡之令典，非止法制未備事也。「始」字，即「萬物資始」「始」字之義，統貫王道。』不知三者雖重，然出天地自然，雖無王者，民生亦自能取給；『不違』『不入』，固亦是法制，然其教易施，雖無王者，如霸者富强之政亦能及此。王者之妙，全在井田、學校等法制。霸者富强，無其心，不得其道，故不能爲，即天地亦各有分限而不能爲。惟王者參贊化育，上下與天地同流，乃能爲之，此之謂王道。故此三者雖極重大，然只可謂『王道之始』也。」又云：「當法制未備時，即撙節愛養亦未有政令規條，但人君清心寡欲以開其源，不爲民物之害，則天地自然之利始出，然後可議法制耳。」又云：「『不違』『以時』『不入』，不是無王政，但就天地自然上節宣，雖功利之治，亦能及之。若『五畝之宅』節，則直是王者自爲制造，非天地之所能爲，中庸所謂『盡人物之性而參贊化育』者也。然究非王者鑿撰也，只就上節不到處曲成輔相，若無王者，則天地亦無可如何耳。看後世漢、唐、宋以來，非無賢君治世，然只在上節中運用，到王政便不能行，陋儒反謂井田、封建、學校之制，必不能復古，也只爲世間無參天地之人，胸中並無此見識、榜樣，輒道漢、唐以下所爲，便是王政。豈不謬哉？」又云：「宅牆餘地，欲盡其利，故必有樹；凡木可樹，惟重本務，故樹必桑。」

「不違」「以時」「不入」三者，王道之始如是，終亦未嘗不如是；樹桑畜産，王道之成如是，始亦何必不如是。孟子特隨舉數端言之耳。至於規制法度，終詳而始略，非必始事絶無制度也。即如「不違」三者，亦必有嚴兼并、弛山澤，申命鼓舞之法在，此豈伯者之所能爲乎？亦豈徒事「清心寡欲」絶無教條號令所可致乎？雞豚之畜，約舉其數，亦量其力之所能畜耳。記曰：「問庶人之富，數畜以對。」正爲不限以數，故勤者能多畜以致富也。豳風七月之篇曰：「六月食鬱及薁，八月剥棗。」皆所以養老也。牆下之植，豈無他木？桑柘，其本務也，故特言之。

梁惠王曰「晉國天下莫强焉」章

吕留良云：「陳大士謂：『省刑罰、薄税斂，從此推之，勸教勤學，禮賢任能，罪己責躬，弔死問孤，乃盡。』艾千子云：『省刑、薄斂，當時救急之政，故特言之耳。勸教勤學，禮賢任能，王者大道理也；罪躬責己，弔死問孤，則霸者亦有之。救急之政，比王者大道理先一著，粗一著，比霸者所有，則又專似勾踐輩耳。』曰：『此二句，便是王者徹上徹下、徹始徹終本事，如何别尋補許多條目？總坐看得此二句粗淺，以勸教、罪躬等作用爲精深也。不知此等作用正粗淺，豈特罪躬責己、弔死問孤爲霸者事，即勸教勤學、禮賢任能，亦不當王者大道理。千子謂省、薄爲當時救急之政，也是一流見識耳。』」

「省刑、薄斂」，只是鋤去虐政耳。即急切拯救，亦必有多少撫恤安全之法在。留良乃謂「二句，是王者徹始徹終本事」，謬矣！又云「勸教勤學，禮賢任能，不當王者大道理」，則繆之又謬也！且下文「壯者以暇日修其孝悌忠信」，非即教學之事乎？

吕留良云：「晉國據天下形勝，秦之所以不能得志於中國者，以晉之蔽其前也。自三晉之分，力不足以制秦，秦人遂得東窺函谷。涑水氏書法，始於魏斯、趙籍、韓虔爲諸侯，蓋亦以天下大勢無過於此，周秦興亡，於是乎在，故託始於此，不止繁纓之惜而已也。」春秋正王道、明大法，義無大於君臣。三家分晉，周不能討，而又命爲諸侯，涑水之大書特書，與春秋託始於「宰咺歸賵」之義同。留良謂「自三晉分，力不足以制秦，秦人遂得東窺」，其説未嘗不是，但以温公通鑑始於三晉之分，爲從天下大勢起見，則謬也。

孟子見梁襄王章

吕留良云：「三代以前，但有治亂，無分合。分合之事，始於周末，治亂以德移，分合必由力併。孟子謂『天下之生久矣，一治一亂』，此猶從德言。若周以後，天下之爲治亂，止是一分一合，皆以力，不以德。雖合一之時，亦與三代之治不同，故但可云分合，不可云治亂也。」又云：「有謂『「定一」是以勢言』，曰：『「定一」之規模氣象，三代與秦、漢後，煞是不同，若單論勢力，是戰國以後之事，豈當孟子之旨乎？』或曰：『只論勢，則秦、漢以後之「定一」，孟子之言皆驗；若但論理，則聖賢之説有不驗矣。』曰：『聖賢之説，正不必一一求驗，然通盤算來，畢竟驗。』」

襄王問：「惡何定？」孟子曰：「定於一。」「定」即治也。留良判治亂、分合爲二，謬已！孟子明言「不嗜殺人者能一之」，留良乃云「治亂以德移，分合以力併」，此繆之又謬也！至其説之前矛後盾，雜亂無章，總由理不明，故詞不達也。

齊宣王問曰「齊桓晉文之事」章

呂留良云：「正義立誠，是聖門升堂學問。聖賢之學，不是纔義便了，而桓、文并是利；聖賢之學，不是纔誠便了，而桓、文并是假。推此利與假之心，不至於弑父與君不止，此仲尼之徒所以無道桓、文也。」

存誠主静，直内方外，聖賢上達工夫，盡於此矣。今云「聖賢之學，不是纔義、纔誠便了」，殊不可解。

呂留良云：「只一『未』字中，有多少道理、事業在。下文推恩、仁政皆包裹許。」

蒙引朱子「『未』字有意味」云云，此言人心爲仁之宅。如今日見牛而惻隱之心固發矣，後見羊之觳觫，則又有惻隱發焉。雖至於十百千萬，凡見有不可忍之處，皆隨感而發，無有盡時，故曰「仁不可勝用」。此留良所云「『未』字中，有多少道理、事業」之張本也。但不明言其理，只教人「未」字中求，鶻突無分曉。

呂留良云：「物之輕重、長短，即在於物；心之輕重、長短，即在於心。不能度時，心亦一物，此庸人所以異於聖賢也；能度時，度心者即心，此凡人所以同於聖賢也。」

留良好闢本心之論，此言無乃陽儒陰釋。摭引聖賢之言，而反爲之地乎！心一而已，説到長短、輕重，便已是指在物之理而言。但權度却在吾心，所以朱子謂「心之應物，其長短、輕重難齊，不可不度以本然之權度」，體用、賓主，自是曉然，所謂「本然之權度」，即指理之具於心者也。不指出理字，漫云以心度心，則所謂權度者，亦無寸之尺、無星之秤而已。先儒辨之詳矣。

呂留良云：「孟子時，民困已極，故其告君論政，只重在制産足民，而教學明倫，雖定説到，亦只舉大略，全書皆然。」又云：「孟子一生經濟實用，盡在農政，分田制禄，爲仁政根本。」

帝王經世之道，教養並重。萬不得已而去食、去兵，信必不可去，是教又重於養也。孟子每言分田制産，必及庠序學校。即爲梁王報怨雪恥計，「省刑薄斂，深耕易耨」而外，猶必繼以「孝弟忠信之修」。今云「孟子一生經濟實用，盡在農政」，謬矣！

齊宣王見孟子於雪宫章

吕留良云：「陳大士謂：『巡狩，實爲報禮，而以自狩爲文，曰「非下交也，巡狩也」，如是則天子尊；實爲廉察，而以出狩爲名，曰「非廉察也，巡狩也」，如是則諸侯皆安矣。』曰：『此直是胡説！報禮之云雖鄙俚，猶有些小道理，若廉察諸侯之變，則竟以盜賊心事看帝王矣！奚其可？』艾千子云：『帝王大典大制，都被秀才説壞，可歎也。』此言大有關係，學者戒之。』」

王制：「五年一巡狩，考時月，定日，同律，禮樂、制度、衣服正之。諸侯不敬不孝者，削以地，絀以爵；有功德者，加地，進律。」非廉察而何？但孟子明言「巡所守」，而陳際泰云「實爲廉察，而以狩爲名」，是則其立言之不善也。留良欲肆譏議，索性增一「變」字，以甚所言之謬。集中毁詆先儒之説，如此類甚多。

吕留良云：「『春省耕而補不足，秋省斂而助不給』，因論遊觀及此，見王者一舉動亦無不勤恤民隱如是，非謂仁政主乎此，亦非板定常年條例也。若仁政，則自有經制富教大法，深宫大廷至治，固不止春秋區區矣。」又云：「省耕、斂，是恐其失時；補助不足、不給，又是耕、斂中一節，有兩層義。」

先王之世，亦既家給人足矣，而先王惟恐有不足、不給也而省之。省耕、省斂有時，而不足之補、不給之助，則無刻不廑乎君心，此所謂「視民如傷」也。留良乃謂「因論遊觀而及此，非板定常年條例，仁政不主乎此」，如此説，是先王因觀而有事，非以事爲觀也，輕重倒置，失孟子之意矣。況周官「鄉師歲時巡國及野，而賙萬民之艱阨，以王命施惠」，正以仁政莫大於此。王若有事，不能春秋時省，則鄉師代王巡行，以王命施惠，正所謂「板定常例」也。留良論古，不考驗經傳，而多以臆斷，學者可爲所蔽乎？兩「而」字是急注語，非轉换語，今以「省耕、斂爲恐失時，補助爲省中一事」，不大謬歟？

齊宣王問曰「人皆謂我毁明堂」章

呂留良云：「『夫明堂者，王者之堂也』，『王者』二字，是責難語，非張大語。『王者』，不獨指天子，諸侯能行王政者便是，看下文引文王治岐爲證，其旨自明。」又云：「因明堂開陳王政，宜引武王、周公制作之盛，與成、康治化之隆，忽然提箇文王治岐爲榜樣，正是孟子善導齊王處，下面公劉、古公都是此法。」

孔、孟言仁政，多稱文王。蓋遠舉虞、夏，不若近述本朝之爲有徵也。周之王業，始於文王，故每稱文而不稱武，不獨此章爲然也。許東陽云：「文王未嘗稱王，而所行却是王政。」留良剽竊此意，又泥其文而失其指，乃謂「『王者』，不獨指天子，諸侯能行王政便是，故獨引文王治岐爲證，不言武、周、成、康，下面言公劉、太王亦是此法」，謬矣！

呂留良云：「『文王發政施仁，必先斯四者』，須知文王不是單憫惜此四者而獨加厚也，爲此四者尤窮，不及待仁政之行，仁政制度周詳，一時亦未能遽及四者，故曰『必先』。」

「發政施仁」，只泛言加恩於民，不必粘定上文五者。老老、幼幼，乃王政之大端，而四窮又老、幼中之「無告」者，故尤加憐恤。蒙引云：「此『先』字，如『後利先義』之『先』，非以時之先後爲言也。」留良乃云「此四者，不及待仁政之行，仁政制度周詳，一時未能遽及」，如其言，則是仁政之施，如九一之賦，以及去關、市之征，弛澤、梁之禁，始初止及於四窮，其他則遲之異日，如戴盈之所謂「今兹未能，以待來年」也，有如是之王政乎？

孟子見齊宣王曰「所謂故國者」章〔一〕

呂留良云：「有謂『國人實共禍福，不肯以虚譽借』，曰：『若如此説，則竟問國人可矣，何用多問左右、諸大夫？』」又云：「凡選賢才、衡文字，皆以明爲主，明即公也，未聞以公爲明者也。」又云：「章末結到『國人殺之』，則可知『左右皆曰賢』一段，亦惟『國人用之』也，語意專重在國人。但國人之稱賢，雖無黨同作好之疑，而其人之得衆，或有違道干譽之實，故又須『察而後用之』，非疑國人而爲是也。兩個『然後』字，俱從『國人皆曰賢』生出，以見其慎之至耳。」又云：「『未可也』，不是多疑，正見詳慎之至耳。左右、諸大夫、國人之言皆合矣，猶必自察，故曰『如不得已』。」

留良云「用人以明爲主，明即是公」，此似是而實非也。蓋明生於公，未有不公而能明者也。此節言「進賢之慎」，内不徇己，外不徇人，展轉諮詢，而後察之，慎也，即公也。至察而後見，則公至而明生矣。若云「明即是公」，彼察察爲明者，亦將謂之公平？且不公又何從得明

〔一〕「見」，原作「謂」，據孟子原文改。

乎？留良又云「章末結到『國人殺之』，則可知『左右皆曰賢』，亦惟『國人用之』也，語意專重在國人上」，夫所取乎國人者，正以其「共禍福，而不以虛譽借」，其論較左右、諸大夫爲公也。既以國人之論爲重，則是用人以公爲主明矣，如何説「只貴明，明即是公」乎？至云「兩個『然後』字，俱從『國人皆曰賢』句生出，以見其慎之至」，此亦不然。左右、諸大夫之所賢，不必非國人之所不可；國人之所賢，不必非左右、諸大夫之所不可。若必「國人皆曰賢」而後察，則「國人皆不可」，又何用察耶？又謂「左右、諸大夫、國人之言皆合矣，猶必自察」，此又與「重在國人」之説相刺謬矣！且必三者之論合而後察，則有一不可，即不察矣，何以三者俱不可而猶必察耶？賢、不可，總在一人身上説，不可而去，即識其不才而舍之也，未可勿聽，不但左右、諸大夫之言，即國人之論亦然。「然後」二字，通承上文，謂徧訪左右、諸大夫、國人矣，「然後」從而察之也。察之而國人之言是，則從國人；左右、諸大夫之言是，則從左右、諸大夫；左右、諸大夫、國人之言皆非，則違衆而從所察之實。蓋三者之論雖合而猶察，非必三者皆合而後察也。至下節云「國人殺之」，則所用所舍之皆由國人，可知矣。莫公於國人之好惡，所以必詢之左右、諸大夫，猶必自察之者，特恐所見之非實。如注所云「同俗、特立之士」，國人或誤以爲賢、不可，故參以左右、諸大夫之言而自察之，以求其好惡之實。蓋國人之好者，賢也；所惡者，不肖也，見賢而用之者，好民之所好也；見不可而去之者，惡民之所惡也。若徇國人之論而不求其實，則所舉錯，或反非國人之所好惡，是徇國人而實拂其公好公惡之性矣。國君進賢以治民，所以慎之又慎者，凡以爲國人也，故曰「如此，然後可以爲民父母」。此章集注甚明，留良全不體會，信口謄説，無非謬妄。

滕文公問曰「滕小國也」章

吕留良云：「文公初謀事齊、楚，孟子即以『效死勿去』告之，此是正策。到此又商『不得免』之局，是文公以『與民死守』之説爲不然，故孟子告以太王之事，而後仍以『死守』爲策，謂舍此别無妙法，然遷之説，勢不可行，則但有『效死』爲主耳。看上章已引太王，而末云『如彼何哉？强爲善而已』，其義已見，故遷避之説，乃别策餘理，不當以『世守』節説在後，遂反作遷避之變計也。」又云：「可遷則遷，可守則守，必有一番經濟實學在此，正是齊王反手絶大本領。可笑鄙儒，每讀是章，必謂列國棋布，遷必不能，若謂孟子妄設是一策耳。夫邑、戈之間，猶有棄城，一成一旅，尚可以爲，只坐鄙儒眼孔小耳。」既云「遷之説勢不可行」，又云「鄙儒必謂遷必不可」，不自相矛盾乎？孟子爲滕君陳二策而請擇，意重在「世守」上，章句之論備矣。

公孫丑問曰「夫子加齊之卿相」章

呂留良云：「『不得於言』，不『知言』也，『言』在外而『知言』却在心；『勿求於心』，謂不復求知耳，今人看不可之意，却與孟子不合，孟子意正欲求明其言之理於心。今人説求心，止是明心見性之意，與言更不相涉，不知離言而求心，正是告子宗旨與孟子背馳處，如何反倒入他拳窠去？此不但不知孟子，并不知告子之言也。看告子『勿求』下兩箇『於』字，原緊帖上句，言勿求心之助於氣，勿求言之理於氣，故曰『於』，非謂『不得於心勿求氣，不得於言勿求心』也，學者須明辨之。」

經書中，言「正心」「存心」「養心」「求放心」，未有泛言「求心」者。言「求心」，則是有所求而求之於心也。即曰「勿求於心」，亦必有所「勿求」者在也。況此章引告子兩言「勿求」，分明緊貼上文，「求」者，求所不得之言與心也。於何求之？求之於心、求之於氣也。言與心之不得，所求之物也；心與氣，所求之地也，若舍所求之物，又何所求於所求之地乎？留良乃云「看『勿求』下兩個『於』字，可見告子非『不得於言勿求心，不得於心勿求氣』，但不求言於心、求心於氣耳」，不知此處兩「於」字，絶不足爲證據，假令上文無所蒙，劈空説個「勿求」，下無「於」字，則所勿求者無著。今既云「不得於言，不得於心」矣，其爲不求言於心，不求心於氣，顯然可見。豈必在兩個「於」字上著意乎？留良解經，每於没要緊虚字强生意見，亦穿鑿無謂之甚矣。

吕留良云：「『夫志』以下六句，每上一句是承上『不可』，是賓；每下一句是駁上『可』字，是主。」

蒙引云：「『夫志，氣之帥也』至『無暴其氣』，全是破他『不得於心，勿求於氣』之説。其『不得於言，勿求於心』一句，已斷以爲『不可』了，故不復論。」今云「每上句是承上『不可』，下句是駁上『可』字」，繆也。或謂：「注於『持其志』上添出『敬』字，敬是徹始徹終工夫，『知言』『養氣』皆當以持敬爲本。」曰：「道理固是如此，但本文只將『志』字與『氣』字較論，未便夾入『知言』一節，且留良以上一句單承上『不可』，則是『持志』只爲『知言』地，而與『養氣』無涉矣。孟子何用將『志』『氣』二字斤斤較量耶？揆留良之意，似謂『持志』即是求言於心，志定而氣隨之，則言可得矣。如此，則是『知言』亦氣上事，孟子自言所長，又何必分『知言』『養氣』爲二耶？即謂『知言』只是知理，『言』字與『集義』『義』字相通，亦知自知而集自集，『知義』而後『集義』，『集義』而後氣得所養而『配義』。今欲混而一之，何貿貿也？」看注中「凡曰可者」云云，則此六句及下節，俱駁上文「可」字意無疑矣。留良自知分承與注意不合，故以上句爲賓，下句爲主，不知三段各兩句平列，而意有重輕者。上三句言「志以帥氣」，故「志」爲「至」而不可不「持」，是「不得於心」固當求之於心也；下三句言「氣以充體」，即「次」於「志」而不可「暴」，是求之於心，猶當求之於氣也。語氣重在下截，上截即上文「可」字之意，豈得以分承「可」「不可」爲賓、主之别乎？程子曰：「告子『不得於言，勿求於心』，蓋不知義在内也，志帥氣也。」留良迷誤之根，蓋在於此。不知程子此言，亦是泛言其理，「志帥氣也」句，乃申明「義内」之故。惟志能帥氣，可知義由中出，非在外也。留良剽竊先儒之論，多失其本旨，粗疏甚矣！

呂留良云：「『知言』，則知之明；『養氣』，則行之勇。知明，處當，『心』自然『不動』。聖賢工夫，總不外知、行，知先行後，序必如此，若謂知行合一，不分先後，則孟子此二句，難免支離。且『良知』二字，發自孟子，而孟子自言其『知』，却貼『言』字，『言』者，人言也，即讀書窮理之説也。孟子既知有『良知』，乃反舍其内而求之外，何耶？及言『養氣』，則又云『集義』，『集』者，事事積聚之謂，若統乎『良知』，則『良知』即『義』，又何用『集』？若以『良知』『集義』，則『義』又在外耶？」

知、行，兩事而一理，可分亦可合。經書中，有知、行並言者，如「致知、誠意，明善、誠身」之類是也；有知、行只舉其一者，如云「知德者，鮮矣」，則言知而不及行，蓋舉知而行在其中；如云「克己復禮，主敬行恕」，則言行而不及知，蓋舉行而知在其中也。觀此，則知、行二者，可分可合，都無妨礙，明矣！且聖教之最精者，無如「一貫」之旨，然而，「曾子」一章則主行而言，「子貢」一章則主知而言。若必以知行合一爲嫌，而謂二者必當分説，則是「曾子」一章少知一邊，「子貢」一章少行一邊，皆爲偏而不全之論矣。向見留良講「一貫」兩章，只將知、行二字處處纏繞，不知何意，今乃知其先有知、行不可合在意中耳。横此意見，以觀聖賢之書，何異反鑑索照？無怪乎其喧客奪主而茫無所見也。留良又謂「若『集義』統乎『良知』，則『良知』即『義』，又何用『集』？」夫所謂「良知即義」者，即陽明以「良知爲天理」之説也。孩提之愛，仁也；稍長之敬，義也。仁、義，天理也；良知者，不慮而知此仁、義也。不以仁、義爲天理，而以知仁、義爲天理，其説已不可通矣。況其所謂「良知」者，以「心之昭昭靈靈者」言，即佛氏「知覺爲性」之旨也。陽明此説之謬，先儒辨之晰矣。至「『集義』統乎『良知』」，此即張子「心統性情」之説也。「性，即理也；具此理者，心也，心具衆理而應萬事」。朱子所謂「『良知』即『明德』」是也，惟拘於氣而蔽於物，故知待致而義待集」。孟子之「知言」，即格、致；「集義」「養氣」即誠、正、修也。若如留良之説，「『義』不統於『良知』」，則心自心而理自理，又何内外之足辨，而邪正之可分哉？又謂「若以『良知』『集義』，則『義』爲外」，試問當「集義」時，所謂「義」者，爲從内出乎？爲從外入乎？若從外入，則是「義外」之説也；若從内出，則是所「集」之「義」，乃吾心虚靈不昧之本體所該載而敷施也，豈得謂『集義』不統於『良知』」耶？留良闢除餘姚之學，乃并孟子所言「良知」二字，痛惡極詆，必欲去之而後快，豈非惑歟？或曰：「孟子良知、良能，以赤子之孝悌言也，若以爲心體之靈明，則謬矣！」曰：「良知一而已，赤子之愛敬親長，良知也；推而極之，大人之通達萬變，亦良知也。程伯子所謂『良知、良能，原不喪失』是也。若必以借用古人字義爲嫌，則如張子曰『鬼神者，二氣之良能也』，亦借用此『良能』字，惟其理之是而已，曾何礙乎？此又非得失之所係也。」

呂留良云：「到『不得』而後求，已是補救末著，況『勿求』乎？『知言』『養氣』，是『不得』前一步工夫，與告子之所謂『求』，本自不同。告子只强制於臨時，孟子惟培養於平日，此自然不至於『不得』，而心之所由『不動』也。」

孟子言「知言」「養氣」，是明自己得力，亦兼爲下學説法。若自孟子言之，則培養於平日，不至有「不得於言」「不得於心」之時，固也；若自下學言之，則「不得於言」「不得於心」之時，十常有七八。若能緣此而求其理於心，求其助於氣，便是窮理持心之要道。烏可詆爲「補救之末著」，舍之而不事哉？要之，此段孟子言告子之失，正在「勿求於心」「勿求於氣」上；孟子示人，亦全在「求之於心兼求之於氣」上。學者之「知言」「養氣」工夫，固在平日，然當「不得」時，尤有工夫在，若以「有所不得」爲告子病，而以求心、求氣爲「補救末著」，添此一段搜索，却多出一段葛藤，而正旨反晦矣。

吕留良云：「『至大至剛』，亦是虚空擬議；即『塞乎天地』，亦是虚空氣象，須工夫到得此地，纔得此箇消息。即未能身造其境，也須相去一二級，見得聖人體段，便知此語不虚。不然便活畫出一箇浩然模樣，畢竟影響難信，故孟子曰『難言也』。此節止説本來體段，何須説到『直養』工夫？豈不『直養』人原無此氣乎？非也！人人有此氣，因不能『善養』，則日就銷縮，自不得見，故信不及，必借『直養無害』者身上，纔信得此事真實，正孟子善言『難言』之法。」又云：「氣之本來與究竟，一天地耳，而所『塞』處，却在『天地之間』，若離却『之間』，泛説氣塞天地，直是寬皮大話。」

未能養氣之人，説與「至大至剛」，固信不及。即「借『直養無害』者身上」言之，亦如何信得及？其不能窺測一也。須知「直養無害」二句，申説「至大至剛」之義，謂此「浩然之氣」，乃天地間之正氣。人得天地間之正氣以生，但順以養之，則天地之塞，即吾氣之剛、大也。留良之誤，由錯會大全程子之論，及注中所引謝氏語爲正解也。程子曰：「浩然之氣難識，須要認得，當行無不慊於心之時，自然有此氣象。」謝氏曰：「須於心得其正時識取。」二説乃指示學者親切體認工夫，非此節「直養無害」之正解。至云「所『塞』處，却在『天地之間』，不得離却『之間』泛説」，此尤穿鑿不經之論。

呂留良云：「『配』字，在空中紐捏，則『氣配義、道』與『義、道配氣』，有何説不去處？須實體貼到日用事業上，方見是『氣配義、道』倒亂不得。如今人也曉得是義、道，而不能行，或得半而中間消沮，或雖行而意象衰颯，皆不能養成此氣故也。故朱子於此節『氣』字指功用，而上節『氣』字指體段。」

朱子謂：「氣之未充也，以道、義而養，及既養成，此氣又足以配乎道、義。」所謂其所憑依，乃其所消爲也。或問中言之甚詳。蓋理、氣本不相離，道、義之能生氣，氣之能配道、義，皆是實體。貼到日用事業上，鑿鑿如此。此節「其爲氣也」，言養成之氣，以氣爲主，故言「氣配道、義」；至下節「是集義所生者」，推原氣所由生，便以義爲主，故云「行有不慊於心，則餒矣」。所行一有不合於義，則氣便餒，義之爲功，於氣何如哉？説義説氣，或輕或重，是本文語次如此。留良並不分别本節與下節次序，而漫云「倒亂」，不知所謂。

呂留良云：「義是吾心之制裁，道乃天下之公理；義之盡頭統體處，便是道。義與氣最親切，舍却義，氣亦無從配道；舍却義，道亦不能生氣，故下文但言『集義』。『與』字最宜玩，人多貪發『配』字，昧却『與』字。」

觀此段，可知留良之不識道與義爲何物矣。氣與道、義，猶有形上、下之分焉，若道與義，則一理而已。氣之配義，即是配道，原無兩層；義之生氣，即是道之生氣，本非二事。今留良乃云「舍却義，氣亦無從配道」，則是氣本不能配道，必假義爲緣而後可以配道；又云「舍却義，則道亦不能生氣」，則是道本不能生氣，必借義作徑而後可以生氣也。有此理哉？此由留良錯看下文但言「集義」，因謂「義與氣近，道與氣遠」。又因錯看本句「與」字，因謂「道與義爲二物」，隨文生義，傅會穿鑿，而胸中實不能了然，豈非「不得於言」而「勿求諸心」之尤甚者歟？

呂留良云：「徐爲儀曰：『有謂「氣須合於義、道者，無義、道則氣餒。若云無氣則義、道餒，便説不去」，然如此，則下節又爲贅，大全、蒙引諸説已辨之。義、道固不可云餒，當是氣餒。蓋無是浩然之氣，則血氣易盡，所以不能配道、義而餒，然説約又有以爲「非氣餒，乃體餒」者，説正可參。要之，皆非配義、集義混一之説耳。』按：『餒』字，即指道、義餒，有甚説不去？此説肆於袁黄，黄宗禪而叛注，真義外之學，故云云耳。若集注之意，則以氣與道、義同爲吾身心所固有，但氣不浩然，則吾之義、道亦不能行，即行亦不能盡，乃所謂『餒』也，故『配』字，朱子以李延平『一滚出來』解之。黄爲禪學，看得義、道便是外邊事，空空然在天地間，如何會『餒』？故云『説不去』耳。今既知氣配道、義之爲是，又曲爲兩騎之説，得非所知仍有未知者耶？」

朱子曰：「『無是，餒也』，謂無浩氣，即如飢人之不飲食而餒者也。」又門人問：「『無是，餒也』，是指義？是指氣？」曰：「這是説氣。」按此，則彼謂「體餒」者固非。而留良謂「道、義餒」，則尤謬也。蓋形氣之屬，則有增減成壞，道、義只是此理，安得有餒不餒？即如留良所謂「氣不浩然，則吾之道、義不能行，即行亦不能盡」，即此可知其以「餒」屬道、義之謬矣！蓋行不行，皆氣爲之，非道、義有所增減於其間也。或曰：「下節重在義能生氣，故『則餒矣』之『餒』屬氣；此節重在氣能配義，故『無是，餒也』之『餒』屬道、義。」曰：「此留良謬誤之根也。不知二『餒』字，俱屬氣，但下節謂行有不合於義，故氣『餒』重在義上；此節言平日無此養成之氣，故臨時而『餒』，重在養成之氣上。如此，則不必换易『餒』字之解，而此節重氣，下節重義，犁然分明，何用『體餒』『道、義餒』之紛紛哉？」留良又謂「袁黄言『道、義不會餒』，是看得道、義爲外邊事，空空然在天地間，故『不會餒』」，此留良誤認會「餒」者爲自家主人，而判不會「餒」者爲外邊事，「空空然在天地間」，顛倒迷謬之甚也！不知道、義之散著於天地間者，即其統會於一心者也，任萬事萬物之紛紜，必以吾性吾命爲之主宰。孟子言「養氣」以「集義」爲先，豈非以義稟於有生之初，而其用仲於萬物之上，惟義原不會「餒」，是以集之而生浩然之氣，氣之不餒，道、義爲之也。若道、義會餒，又安能生浩然之氣乎？留良不知天地間公共道理即是自家性命骨髓，乃指道、義不餒之説爲禪學，豈非大謬？

呂留良云：「『襲義』即是外義，惟以爲外，故可襲耳。外義者，必『襲義』，如異學既以讀書窮理爲騖外，及其立説，又必襲力行、立大者、主静、體天理、知止、致良知、慎獨諸經傳之言以行之，故未有不先外而後襲者也。但其中有淺深、高卑之不同，其高且深者，笑外而襲者之僞飾，索性以不襲爲外，然究竟不能不襲。如大善知識，視一切皆幻妄，而上堂受戒，拈香喫菜時，又極精於世法，他極怪者外，到底離外不得。蓋外邊義理，原無一不是裏邊的。肯外求者，正非外義；外義者，必不外求，姚江以『事物上求至善』爲『義外』，正坐此病。」

朱子曰：「『義襲』，是於一事之義，勇而爲之，以壯吾氣。然無生底道理，只是些客氣耳，不久則消矣。」陸隴其曰：「『義襲』，亦不是假託，只是平日不曾有實工夫，欲一旦强之使在道理上走，便不能。」按此，可知「義襲而取之」五字，須作一氣讀，謂在義上襲取乎氣，非以氣襲義之謂也。留良云「『襲義』即是外義」，又云「外義者，必『襲義』」，以「義襲」爲「襲義」，則是襲而取之者，非氣也，乃義也，與上句文氣不相聯屬矣。且此節是言浩然之氣所由生，非爲辨義之非外而發。「義襲而取」者，雖是外義之見，然與告子之外義有異，彼亦知氣不離乎義，而非徒守乎氣，亦實欲行義，而非假託乎義，但不能積累於平日，而欲振興於一旦，是爲「暴其氣」耳。若告子，則但守此冥然之心，一毫不照管而已，安有「義襲」之事乎？末云「告子未嘗知義，以其外之也」，蓋因言「行有不慊於心，則餒」，即此可見義之非外，非以告子爲「義襲」也。若於首二句，將告子之外義纏繞，則文義不得通矣。留良又以「後儒主静、體天理、致良知之學爲『義襲』於外」，此亦不然。夫所謂主静、體天理、致良知，皆是存心立本裏邊工夫，妄加以「襲義」之慾，烏能得其心服哉？朱子答平父書曰：「今人因孟子之言，却有見得此意而識義之在内者，然又不知心之慊與不慊，亦有必待講學省察而後能察其精微者，故於學、聚、問、辨之所得皆指爲外，而以爲非義之所在，遂一切棄置而不爲，此與告子之言雖若小異，然其實則百步五十步之間耳，以此相笑，是同浴而譏裸裎也。」按此一條，深中主静、體天理、致良知各家之病，亦可見留良概以「襲義」斥之之顢頇無當也。至謂「善知識家亦『襲義』」，尤爲可笑！若據彼家之説，止争悟本與否耳。不悟其本，則雖閉目藏眼，打坐澄念，亦是癡狂外邊走；若悟其本，則拈香喫菜，運水搬柴，皆是一乘寂滅場地，又何内外之有哉？此固可以不辨，特以見留良之强不知以爲知也。又謂「肯外求者，即非外義」，亦不盡然。肯外求者，亦顧其當與不當耳，若不識重輕，泛然逐物於外，正程子言「格物」所譏「如大軍之遊騎，出太遠而無所歸」也。此與外義而不求者，過與不及，胥失之矣。留良每到言理處，字裏行間，疵病無數，總由原無灼見耳。

呂留良云：「『我故曰「告子未嘗知義」』，是推究出告子『不求氣』病根，非辨義内外也。」「我故曰『告子未嘗知義』」二句，看「故曰」二字，分明承上文「行有不慊於心」，而明義内非外之故。蓋義在内，是以能「集義」，則浩然之氣自然發生於中；視義爲外，所以「勿求於心」，此乃孟子、告子緊相針對之第一著也。若告子之「不求氣」，是第二件失著，故孟子謂「不得於心，勿求於氣」，僅可而未盡也。告子外義，乃是不明天理，全體俱非，是以孟子表而出之，以示學者入路。若認作「推原告子『不求氣』病根」，則本輕而末重，非立言之體矣。且此節言「集義」工夫，以義字爲主，若言氣之不可不養處，意在上文，非此節之旨也。留良謂「推原『不求氣』」，文義亦非。

呂留良云：「『可以仕則仕，可以止則止，可以久則久，可以速則速』，四『可以』，即天道之本然，見權度之精，智之事也；四『則』字，乃『時中』之大用，見神明變化之妙，聖之事也。此四句須一氣並讀乃得。」

「智之事」「聖之事」，集中凡數十見，惟此處講孔子「聖之時」爲近是。然以四「可」字爲智，四「則」字爲聖，則謬甚！可仕、可止、可久、可速者，所值之時也，時之所值，有可有不可，而至聖之心，則無可無不可，惟無不可，故無不當其可。四「則」字，逐句分看，見一定之義；合四句看，見不定之義，仕則仕，止則止，久則久，速則速，不待商量計較，絶無繫吝凝滯，此孔子之所以智而聖，非羣聖，人所得而班也。

吕留良云：「三節總答所以異於夷、尹之問，而引三子之言以證之，都對古今聖人比較，與凡民無與。有若要説得品級分明，故將衆人與羣聖先簟起一層耳。『出類』二句，總説古今聖人，末句纔説孔子更盛如古今聖人。『出類』二句，人看來一樣無别，於是造爲一句指羣聖、一句指孔子之説，尤爲杜撰。不知雖一樣指羣聖，而義原不同，『類』指庸衆，『萃』指大賢以下。」

注云「言自古聖人，固皆異於衆人」，釋「出類」二句；「然未有如孔子之尤盛者也」，釋末句。界限剖晰分明，人所共曉，從來未聞有以「拔萃」指孔子者。至「出類」二句，原一樣無别，「出類」，承上文「類也」言；「拔萃」，是形容「出類」意，謂在一國高出一國，在天下高出天下耳。留良乃云「『類』指庸衆，『萃』指大賢以下」，謬也！

孟子曰「以力假仁者霸」章

吕留良云：「『以德行仁』，是一滚出來。『有不忍之心，斯有不忍之政』，『火然』『泉達』，原非兩層，兩層看便著假矣。」又云：「説王説霸，忽然插入孔子作比方，甚是不倫，此正是孟子文章妙處，只要發明『王不待大』之理。行仁之德，至孔子而極；力之不大，亦至孔子而極，百里、七十里尚有力可待，孔子則并無待矣。以此看王者『悦服』之理，更親切分明可信。」

朱子曰：「『以力假仁』，仁與力是兩個；『以德行仁』，仁便是德，德便是仁。」留良襲此説，謂「『以德行仁』，是一滚出來，原非兩層」，不知朱子曰「仁即德，德即仁」者，德以仁爲用，仁以德爲體也。以字行字内，尚有「善推」層次在，豈得謂「一滚出來」？末節引「七十子之服孔子」，以證「心服」之誠，與引詩言「思服」之衆同。今云「德之大，力之不大，至孔子而極」，故引爲證，本文語氣，絶無此意！

孟子曰「尊賢使能」章

吕留良云：「有謂『「市廛而不征，法而不廛」，不征而商已沐休，況并去其廛，則仁商者至矣。如是而商與農其惠均，此先王平民之道』，曰：『先王畢竟貴農而惡逐末，待之不得均平也，均平則不均平矣。故但市有廛而民居六區，初無所徵也。市商多，則行廛；若市商少，則其地多空，勢難用廛，故但「法而不廛」。此是兩樣活變爲用之例，非一併同行者，故張子下兩個「或」字可見。若竟與惠農均平看，太過矣。』」

王者視四民，皆吾赤子也。但農難而商易，恐人趨易避難，故逐末者多，則抑之。若謂「貴農惡商」，勢必驅末而盡歸之農，凡農人日用所必需之物，必皆取之宮中而後可也，所見又出許行下矣。

孟子曰「人皆有不忍人之心」章

呂留良云：「『以不忍人之心，行不忍人之政』，『以』『行』是著力字，看後『擴而充之』『火然』『泉達』是甚氣象，豈是泛然便能『行』？須著乾旋坤轉，雷厲風行始得。或曰：『此二句指「先王」說，是安而行，後「擴充」是勉而行，此處不宜說得「著力」。』吾謂：『二句也不曾粘煞在「先王」身上，只論現成道理如此耳，原兼安、勉在內，用功有難易，分量有盡未盡，其爲「行」則一也。但此二句，指現成說；下「擴充」，則就此中指引人下手，究竟「擴充」只是「行」也。對定「擴充」意，「以」「行」兩字，一滚出來，方是「擴充」之現成盡頭處。』」

「以不忍人之心，行不忍人之政」，承上文「先王有不忍人之心，斯有不忍人之政矣」而言，

「以」「行」二字，即上「斯有」之意，非「著力字」。下文「火然」「泉達」，是初學者方務「擴充」，有此氣象。若「先王以不忍之心，行不忍之政」，放之天下而準，便如日月之光、大海之流，非「火然」「泉達」之所可比矣。留良又云「非是泛然便能行，須著乾旋坤轉，雷厲風行始得」，以此證其「著力」之意，豈知「乾旋坤轉，雷厲風行」，須看本領如何，豈但「著力」之所能得？若在聖人分上，縱不「著力」，安而行之，亦是「乾旋坤轉，雷厲風行」；若在初學，勉强「擴充」得有「火然」「泉達」氣象，已是佳境，如何便能「乾旋坤轉，雷厲風行」？若必「乾旋坤轉，雷厲風行」始算能「擴充」，則是高其途、難其事，翻使初入門者無下手之處矣。留良此處，將聖人之事，與初學合而爲一，理既不通，下面節節自相矛盾。其云「二句不粘煞『先王』身上，兼安、勉在内，用功有難易，分量有盡不盡，其爲『行』則一也」，夫此二句，正承上文「有不忍人之心」二句，不粘煞「先王」身上，文義如何通得去？且若「兼安、勉在内」，則勉者之人，如何便能「斯有不忍人之政」如此之易？又「用功之難易，分量之盡不盡」俱在此二句内，則下句又何以云「治天下可運之掌上」，「運天下於掌上」，豈用功難而分量不盡者之所能到耶？此亦不待辨而知其不通矣。留良自知説不去，又云「但此二句，指現成説；下『擴充』，則就此中指引人下手」，據此，則聖人之事在此節中，學者之事在後文「擴充」中，判然矣。前説之謬，不彰彰乎？留良又欲回護前説，復云「究竟『擴充』只是『行』也，對定『擴充』意，『以』『行』兩字，一滚出來，方見『擴充』之現成盡頭處」，夫曰「擴充」，則非「現成」矣；曰「現成」，則無待於「擴充」矣。「擴充」之盡頭，方能至於「現成」地位。今曰「『擴充』之現成盡頭」，請問此語有一字相聯屬否？夫一段之中，而杈枒矛盾，七花八裂，以此解經，惑人甚矣！

孟子曰「子路人告之以有過則喜」章

呂留良云：「『人能弘道，非道弘人』，『與人同』，自是舜『與人同』；『舍從』『樂取』，自是舜『舍從』『樂取』；『與人爲善』，自是舜『與人爲善』。『善』之量，固自大，然非舜何以見其大？有謂『非舜能公之』，是即不增不減，不垢不浄，不生不滅，諸佛衆生，同在大圓覺智，非聖賢所謂『善與人同』也。」

留良以「人能弘道」證舜之能「公善」，非也。所謂「人能弘道」者，言道體無爲，必待人而後行也。若此章所言「善」，乃天下之公理，非人己之所得而私，舜惟止知有善，而不存一毫人我之見，所以舍無係吝，取無勉强，因其本同而同之，此舜之所以「大」也。孟子言聖賢好善之誠，以舜爲極至，正以示人善爲天下之公，不可挾有我之私，自小其善之意。若如留良所言，是謂善之在天下者，藉舜之公而後成其大。與孟子贊舜「公善」之旨，相懸隔矣。至「不增不減」，吾儒亦有此語，但所指者異耳。孟子「言性善」，而程子發明之，曰：「性，即理也。理則自堯、舜至於塗人一也。」又云：「不爲堯存，不爲桀亡。」非即「不增不減」之意乎？時解所謂「非舜能公之」，亦即善本公理之意，留良乃比之佛氏之大圓覺智，謬矣！

孟子曰「伯夷非其君不事」章

呂留良云：「須識得『隘』『不恭』之外，自有夷、惠在；『夷隘』『惠不恭』外，更自有不『隘』之夷、不『不恭』之惠在，自不消爲夷、惠斡旋。而當時學術，後世流弊，自能不爽銖、黍矣。」

夷自是有「隘」處，惠自是有「不恭」處；「隘」自是「清」之過，「不恭」自是「和」之過，朱子或問語類言之悉矣。留良乃云「『隘』『不恭』之外，自有夷、惠在」，是謂「隘」無害其爲「清」，「不恭」無害其爲「和」也。又云「『夷隘』『惠不恭』外，自有不『隘』之夷、不『不恭』之惠在」，是又謂「不念舊惡」，「隘」而不隘；「三公不易」，「不恭」而恭也。若然，君子又何憚而不由哉？非此章之本旨矣。

孟子將朝王章

呂留良云：「『敬王』，不是説王就是堯、舜，定做到堯、舜，看王便當堯、舜。如此説，却是褒獎尊頌，乃後世之敬，非孟子所謂『敬』也。自己實見得君非仁、義不可，仁、義非堯、舜不至，不敢不以此陳告。陳者，陳其道，非以堯、舜相奉也。此方是責難陳善之敬。」「非堯、舜之道不陳」者，正欲堯、舜其君也。若謂「自己實見得君非仁、義不可，故不敢不以此陳告，不是説君定做到堯、舜」，如此則與齊人「是何足與言」之云，何以異哉？留良每言仁義道德，輒多支離，可知聖賢意藴，非妄人所得剿説也。

孟子謂蚳鼃曰章

呂留良云：「有謂『孟子有排難解紛之意，故不受禄，爲其畫地爲限，不敢代庖也。激蚳鼃一事，正是孟子爲齊「自爲」處』，曰：『孟子當日之留齊，爲行道也，齊無「學焉後臣」之實，則不足與有爲，故不受禄。而王猶「足用爲善」，故戀望不忍即去，此孟子之仁、義交至也。蚳鼃一事，但就鼃言鼃；齊人一論，則又就孟子言孟子，各有所當，無非至道。其發蚳鼃也，初不爲齊，何況「自爲」？言外推論，謂其即此有益於齊而無傷於「自爲」則得，若謂孟子以此爲齊「自爲」，則總是權術作用，非聖賢心事作爲也。』」「有官守者」，必得其職；「有言責者」，必得其言。凡以爲君也，不得而去，「自爲」亦無非爲君也。孟子何愛於蚔鼃而諷之諫，意當日齊王必有可諫之舉，冀幸鼃之言之而齊王聽之，使王能聽鼃言，不必言自己出也。此孟子爲王之意也。而留良乃云「就鼃言鼃，非以爲齊」，果爾，則是自古直言敢諫之士，皆所以自爲而非爲君也；聖賢教人正直忠厚以事君，皆爲臣子計，非爲君、國謀也。即此可見留良居心之悖矣。

燕人畔章

吕留良云：「周公之過，何等光明洞達。豈待後人爲之解説？蓋此時是宜有過，不宜無過。」又云：「古人之過，皆從理義上起，不從心意上起。理義有何過？此有二種，一爲真過，一爲似過。真過者，知有未至，看理義稍粗，以爲是矣，而未止於至善也；似過者，於理義極精，而於尋常之跡違，非庸人所易曉，又不可以告人，此古人處無可如何，只有引爲己過，其實盛德至善，即聖人之所謂權也。只此二種，總於理義得過，故聖賢無時不憂危惕厲，而愈見其過多。惟釋氏本心，自信其心無他，即以爲無過，故其行倡狂，亦不自掩飾，但以其不掩飾處自認爲率性、爲真心。白沙名之曰『天理』，陽明名之曰『良知』，不知於理義不合處，皆成大過。蓋即此一點信心，無忌憚之意，本體渾純是過，從這上面發揮出來，安有無過之理哉？」

行而不宜之謂過，過而宜，則非過矣。使管叔監殷，不可謂非周公之過，然不忍逆料其兄之惡，則天理人情之常也。孟子謂周公之得過固宜，非謂此過爲聖人所宜有，而不可不有也。集注：「其過有所不免。」説得最有斟酌。蓋管叔之惡未著，不惟周公不知，在廷亦無有料及者。假若使之時有發其惡，而昌言不可使者，周公雖不信，亦必不使，如此則周公得免於過，幸也。知無過之出於幸，則知有過之不幸矣。留良乃謂「只宜有過，不宜無過」，然則封象而使不得有爲，舜之處象，乃不宜與。況周公之過，在使管叔，不在誅管叔。今謂「處無可如何，只有引爲己過，其實盛德至善，即聖人之行權」，此等語，執問途人而知其不通也。

孟子去齊充虞路問曰章

吕留良云：「義重『名世』，不重『王者』，『名世』或先『王者』而生，或與『王者』同時，而聞道先『王者』，故曰『其間』。蓋『王者』之所從學焉而後臣者也，非『王者』興，而『名世』爲之應也。孔、孟雖不遇『王者』，而無損其爲『名世』之實，故孟子謂『天未欲平治天下』『舍我其誰』。看後來漢高祖猶祠孔子而尊其道，亦從學之義。後世王佐不聞道，故帝王之道亦微，可見『名世』非必遇『王者』而後爲『名世』，若必遇『王者』而後信，則孟子之言荒矣。」

「必有名世」，是以「名世」卜「王者」，非以「王者」卜「名世」。蓋天生「名世」以佐「王者」，自臯、夔以迄望、散，莫不如是。孔、顔之不遇，其偶然耳，當數過時可之日。無「名世」其人則已，亦既有之，天豈虚生是人哉？此孟子所以殷殷屬望於「王者」之興也。留良乃云「義重『名世』，不重『王者』」，試問「名世」之稱，非以其功業顯於當時，聲譽垂於後世乎？不有堯、舜，安得有臯、夔？不有湯、文，安得有伊、萊、望、散乎？又云「漢高祠孔子，亦是師其道，非必遇『王者』而後爲『名世』」，若然，則唐、虞有臯、夔，即萬世之「名世」也。五百年王者興，其間又何必有「名世」乎？孟子以「王者」之興可必，「名世」之具在我，自信將來之必遇，故曰「舍我其誰」。蓋聖賢皇皇憂世之心，到底不忍作絶望之詞。若云「我自不愧名世之實，雖不遇，何傷」，此彼一時講道論德之説，非此一時悲天憫人之心也。

滕文公爲世子章

呂留良云：「性善反面，只對性惡一宗，不旁及三品之論，所見方卓。蓋凡爲異端，只要掀翻『善』字，故性惡之説，是其正宗。善惡混、無善惡，知其説之駭世，而不足以統攝，故又遁此二宗，則惑亂益巧矣。善惡混者，故降善與惡同等，援善入惡，所謂『落水拖』也；無善惡者，故擠惡與善同滅，所謂『予及汝偕亡』也。總是極憎這『善』字，必欲打掉了乃得。看告子先本作『杞柳』之説，後遁而爲『湍水』，又遁爲『生之謂性』，其話頭有轉换，宗旨只一而已。後來謂『無善無惡心之體』，便是這狐精狡獪，别無他法。」

公都子廣引言性之説，或曰「有善有不善」，或曰「無善無不善」，或曰「可以爲善，可以爲不善」，而荀卿獨膽大心粗，直敢言性惡，其得罪聖門大矣！然謂諸言性家，皆祖述荀卿，欲以證成性惡之説，則留良深刻過當之論也。蓋所謂「無善惡」與「善惡混」者，皆由不知理之麗於氣，與習之日以遠，故爲此遊移無定之論耳。若孟子道性善，直從本原處説，只有一是，不可更容他説，是以初辨「杞柳」，又辨「湍水」，又辨「生之謂性」，正謂性善之説不可有二，經中明文昭然。留良乃謂「單對性惡一宗」，豈非妄談？

呂留良云：「有謂『人與人，一也』，曰：『道一，非人一也。人如何一得？堯與舜便不同矣。』」

道，即性也。具此性者，人也。性一，則人無二矣，故曰「堯、舜與人同耳」。本節引成覸、顔淵、公明儀之言，皆謂聖人非異人，無不可學而至也。況聖人之與聖人，又何不同之有？而留良乃云「人如何可一？堯與舜便不同」，豈非亂道？

滕文公問爲國章

呂留良云：「三代授田，多寡之數不同，耕斂賦税之法亦異，但是取於民者，其『實』同是十一。『實』字，對數與法言，不與名字對。要之，三代法數之異，本是理勢不得不變，非謂更姓開國，必改易名號以新耳目也。」又云：「多寡諸解，朱子亦取陳、徐二説爲近。或云『易姓改步，異名同實，田數無增，只尺放長短，以新其法耳』，是將殷、周聖王都説做朝三暮四，欺詐之狙公矣。亦是後世心術不正之論，最害道。陳氏曰：『夏時洪水方平，可耕之地少，至商而浸廣，周而大備。』徐氏曰：『古者民約，故田少而用足，後世彌文而用廣，故隨時而加焉。』」

三代授田，多寡不同之故，實屬可疑。若云「夏時洪水初平，田尚未可盡耕，而限於五十畝」，則閲數百年而至殷，又何爲而不百畝？此陳氏之説未可盡信也。先王爲民制産，患不足，不患有餘，若以民用儉約之故，而任民有遺力，地有遺利，先王愛民之意，殆不如是。此徐氏之説亦不足爲據也。「頒爵禄」章云：「百畝之糞，上農夫食九人，下食五人。」夏田得周之半，是上農所食者，五人不足；下農所食者，二人有餘耳。八口之家，嗷嗷者不少矣。至溝塗川畛，非旦夕可竟之功，當開國草創之時，勞民傷財，變更成法，使農人不得守其先疇。朱子亦嘗疑之矣。然則所謂「尺步長短，異名同實」之説，是或一道歟？禮曰：「改正朔，易服色，殊徽號，異器械。」此其與民變革者也，律度衡量，各有一朝之制，授田以尺度之長短，爲積畝之多寡，豈得謂「故易名號，爲狙詐之術」乎？田制既不可考，後儒各隨所見爲説。留良必謂彼爲是而此爲非，亦膠固之論也。

呂留良云：「或云『徹勝於助，孟子勸滕行徹，非勸滕行助，下文自明』，曰：『謂徹法兼貢、助可，謂徹勝於助未可；謂勸滕行徹可，謂非勸行助未可。看「明堂」章、「尊賢使能」章，孟子平生實以助法爲至善，未嘗善徹也。「請野九一」節，是兼貢、助，是勸行徹，亦爲國中難行助處，只得變通如徹耳。然國中行貢之地，原自不多，究竟以助爲主，故「死徙無出鄉」二節，單言周之助法作總結也。』」又云：「此是周徹法，却不純是周徹法，故孟子下箇

『請』字；周徹亦井田九一，但公田斂法不同，故下箇『而助』字；徹兼貢法，貢只是什一，後來加重爲自賦，故下箇『什一』字。助法善，必當復；貢之名，可不必復，故下箇『自賦』字；就滕壤而言，故下箇『野』與『國中』字。」又云：「孟子主意只要行助，『雖周亦助』，正謂雖徹亦助。『國中』用貢，周法亦是佐助之窮耳。」

孟子爲滕策，曰：「請野九一而助，國中什一使自賦。」注云：「周所謂徹法如此。」留良乃云「此是徹法，却不純是徹法，故特下箇『請』字」，不顯與注悖乎？「請」字，乃立言開端語，豈爲變通徹法而言乎？又云「徹亦九一，而斂法不同，故下箇『而助』字；貢只是什一，後來加重爲自賦，故下箇『什一』字；貢之名，可不復，故下箇『自賦』字」，不知「而助」二字，乃點明九一之義。九，井制也；一者，中爲公田也，中公外私，非助而何？以下獻上之謂貢，「自賦」即貢也，謂「後世取民加重而定爲什一」，是已；謂「助法當復，貢之名不必復，故稱『自賦』」，顛倒名實，是則狙公之見也。至云「國中難行助，故兼勸行徹」，是又以貢爲徹矣。不通抑又甚焉！

呂留良云：「近人有謂『改徹即叛商，以明公劉、文王之不然』，却是後來私心議論，拘於後世文法，偏小見識，當時聖人只以民事爲重，那有許多虛文忌諱？若云當商時不應更制，豈止徹田，如太王之立司空、司徒，設皋門、應門、冢土，公劉之制三單、京師，文王之出師類禡，何非帝制自爲，將盡責以僭擬耶？抑又有别説，而經不足憑耶？故後世見識議論，不可以妄例三代聖人也。」

大雅「篤公劉」之詩云：「徹田爲糧。」此所謂「徹」，非即周時百畝而徹之制。先儒謂「後人以徹爲名，實本於此」，亦未必然。或以「徹田爲叛商」，固非。留良謂「聖人不拘虚文忌諱而改制」，亦謬也。至以「太王之有司空、司徒，爲帝制自爲」，尤可駭異。朱子曰：「漢人未見孔壁古文尚書周官，但見伏生口授牧誓司徒、司馬、司空，遂誤以是爲三公而置之。古者諸侯之國，止得置司徒、司馬、司空三卿，周是時方爲諸侯，乃侯國制度。」自是以後，先儒據此以考經傳，無不合者。留良豈俱未寓目耶？又「太王之設皋門、應門，冢土」，皆是遷國時新立之名，非商家天子之制有皋門、應門之名號也。及周有天下，仍太王時之舊名，乃以皋門、應門爲天子之門名耳。留良何考之不詳也？「三單」者，三丁，一人爲兵，而復更迭用之，此乃兵制之常；「京師」者，詩云：「京師之野。」言其野之廣大，公劉就此建都，後世因以爲王居之號。猶漢都長安，後雖京城不在陝右，亦名長安之説耳。以此爲公劉之僭，何啻説夢！留良學術粗疏，於世代先後，制度沿革，毫不講究，似此談古，豈非怪論乎？

有爲神農之言者許行章

呂留良云：「『憂民如此』，緊與『堯獨憂之』句應。使禹、稷、契，皆舜使之矣，此處復舉放勳之詞，正見大人『勞心』，堯爲重也。」又云：「堯、舜之憂不同，不爲所得之人有多寡、大小。蓋君相之職分不同，則其所憂之大小又有差。看上文『堯獨憂之』，及『舉舜』『舜使』等句自明。」又云：「人不止是舜、禹、皋陶，自舜、禹、皋陶推去，所得之人，皆堯所得之人也，故曰『堯獨憂之』。然堯只要得舜，舜只要得禹、皋陶〔一〕，此之謂『大人之事』，有分殊，有理一，讀西銘便見箇『仁』字完全。」

當洪水未平之時，堯未得舜，故「獨憂之」，舜舉而堯之憂即舜之憂矣。舜使益、禹、稷、契，而堯、舜之憂，又即益、禹、稷、契之憂矣。留良乃謂「君相之職分不同，所憂之大小有差」，如此，則是舜不能以堯之憂爲憂也，堯何爲「以不得舜爲己憂」乎？不但舜也，即益、禹、稷、契所憂，亦不止於所事。若謂山澤焚而益之憂釋，水土平而禹、稷之憂釋，是循分塞責之庸臣也。豈聖人

〔一〕「只要得舜，舜只要得」，原無，據下文及呂留良四書講義補。

之存心乎？第八節曰：「聖人有憂之。」又曰：「聖人之憂民如此。」此「聖人」，堯、舜、禹、益、稷、契，俱在其中。留良謂『「憂民」句，緊與「獨憂」對，使禹、稷者舜，而命契舉放勳，可見堯爲重』，此最穿鑿不通之論也。許行聞孟子「分田、制禄」之論，託爲「並耕」之説以亂之，孟子力辟其妄，只在「有大人之事」二句，自君相以及百職庶司，皆「大人」也，皆「治人」而「食於人」者也。今云「堯得舜，舜得禹、皋陶，此謂大人之事」，將以百職庶司爲小人乎？將使「與民並耕而食」乎？謬矣！至「分殊、理一」之説，尤爲亂道，不足辨也。

呂留良云：「古今來人主爲天下之心，有公有私；爲天下得人之事，有義有利；爲天下所得之人，有大有小。若一概不論，只爲天下得人便是『仁』，則漢、唐以後，求賢察吏之君，皆可與堯、舜比烈矣。」

「天下」字，對上「人」字言，「惠」與「忠」之所及有限。「爲天下」者，欲天下無人不遂其生，無人不復其性，此便是「仁」。但不得其人，則教化無由廣，恩惠無由周耳。豈有「爲天下」，而其心其事，尚有私而不公，利而非義者乎？利與私，尚得謂之「爲天下」乎？所得之人雖有大小，然皆能心君相之心以「爲天下」，是即人主所勤求而惟恐不得者也。若必如堯、舜之得禹、皋、稷、契，三代猶難之，何論漢、唐？按之孟子本旨，初無此許多轉折。留良務爲深刻，皆附贅懸疣之語耳。

公都子曰「外人皆稱夫子好辯」章

呂留良云：「治亂是説主持斡旋事，不是氣化上事。雖主持斡旋，也是氣化，然聖賢『不得已』心事，正便是天地『不得已』心事，原不是兩件。若泛説氣化，則『一治一亂』自是常理，不幾聖賢多事乎？此二氏之看治亂，自以爲横出豎出，而不知其終不出治亂中，正是不關治亂之一物耳。故治亂雖平列，聖賢心事只有『一治』，這『一治』都在『一亂』中生出〔一〕，方見聖賢『不得已』用處。」又云：「堯時一亂，與後來人事感召之亂不同。」治亂循環，氣化人事，兩不相離，大全、蒙存之説備矣。留良云「治亂雖平列，聖賢心事，只有『一治』」，所謂「只有『一治』」者，豈非以主持由人，而氣化未嘗有權耶？不知聖賢之所以皇皇而不忍釋者，正以盈虚消息乃天道之常，惟恐天之所禍，人莫得而勝也。至云「二氏乃不關治亂之物」，此自二氏言之乎？自治亂言之乎？如自二氏言之，彼固自以爲置身治亂之外矣。留良方反其説曰「横出豎出，終不出治亂之中」，何以又謂之「不關治亂」乎？如自治亂言之，二氏之

〔一〕「這一治」三字，原無，據呂留良四書講義補。

亂，豈在楊、墨之下乎？而謂之「無關治亂」乎？留良以辟二氏爲名，而於二氏之所以爲二氏，究未嘗有定見也。

呂留良云：「無毀譽之直道，即三代之行；懼亂賊之取義，即天子之事，充類至義之盡，理自如此，非謂假天子之權以行其義也。豎儒驚倒『天子』二字，便道：『聖人正天下之僭竊，豈身爲僭竊之事？』直是癡人夢中説夢也。」又云：「『天子』二字，原從『作之君師』説來，指有此位之道而言，非凡有其位者之天子也。凡有位之天子，不能有其事者多矣，權未嘗不在，無其道也。『春秋，天子之事』，爲其道在焉，未嘗侵其權也，充類至義之盡耳，猶云『三代之所以直道而行』也。豎儒不明大義，見『天子』二字，便震於權位，反謂『孔子欲正人僭竊，豈有身爲僭竊以正人之理？』其迂戾不通如是，豈足與論春秋聖人之義哉？」

春秋明天道，修人紀，撥亂反正，辨名定分，天子之事也。天子之事，惟天子能行之，惟聖人能言之，孔子作春秋，言天子之事，非行天子之事也。注云：「無位而託南面之權，謂罪孔子者爲此説耳。」講章有謂：「即伊、周之放、攝，非也。」有謂：「還大權於天子者，亦非也。」留良乃云「充類至義之盡，理自如此」，殊不可解。既云「懼亂賊之取義，即天子之事」，又何待「充類至義之盡」，而後見「其理如此」？若必待「充類至義之盡」，乃爲天子之事，則是孔子之作春秋，尚未爲義之盡，尚未可言天子之事乎？明與本文背矣。

吕留良云：「聖人作春秋，爲天地古今衛道計，而其事實與位違，聖人誠有『不得已』焉者，非謂能諒此『不得已』者爲『知我』，不諒此『不得已』者爲『罪我』也。『知我者』亦『罪我』，『罪我者』亦『知我』，非謂分應此兩種人也。只『春秋，天子之事也』一句内，『知』『罪』兩種道理並到。『知我』『罪我』，合下道理如此，聖人只在春秋上講，不管天下後世有此兩種人議論也。若爲天下後世人『知』『罪』我想，則似『知我』是而『罪我』非，望『知我』而病『罪我』矣。不道聖人『知』『罪』二字，只作一例看，乃見天理人情之極至。」

「知我」「罪我」二句，聖人只以明其「不得已」之意耳。孟子引此，申明上文「天子之事」，言「天下一治」，與「險阻既遠」及「天下大悦」三段一例。東萊吕氏云：「邪説暴行，天下所同見聞，而孔子獨懼，何也？手足瘋痺，雖加笞箠，頑然而不知痛；無疾之人，一毫傷其膚，固已顰蹙慘怛，中心達於面。人皆瘋痺，而孔子獨無疾，是以懼也。『春秋成而亂賊懼』，猶倉佗和緩療以鍼石，血氣流注，復知痛癢也。」由此言之，則是「知」孔子者，怳然於孔子之所以懼而懼也；「罪」孔子者，罪之心即懼之心也，盡天下之人無不懼，則人心正而邪慝不作，此春秋之成，所以爲古今一大治也。留良乃云「只『春秋，天子之事』一句，『知』『罪』兩種道理都到」，又云「『知我』亦『罪我』，『罪我』亦『知我』，合下道理如此」，是以孔子之作春秋誠有罪，雖諒孔子者，不能爲之諱也。「知我」「罪我」，注中明分兩種人，「知」者，聖人之徒也，以爲罪孔子，可乎？「罪」者，亂賊之徒也，以爲知孔子，可乎？總由錯看章句「託南面之權」句，因而妄生議論，不知春秋所以爲天子之事，只是是非非，如天子之命德討罪而已。孔子非史官而操筆削，故曰「罪我者，惟春秋」。若以褒貶爲僭踰，語、孟中發奸摘伏、顯微表幽之論不少，將皆謂之僭踰乎？

呂留良云：「有謂『趙盾未嘗弒君，以不討賊之故，春秋斷而誅之曰「趙盾弒其君」；許世子未嘗弒父，以不嘗藥之故，春秋斷而誅之曰「許世子弒其父」』，故楊、墨雖無無君、無父之心，而卒莫逃乎無君、無父之罪』，曰：『引例不當。趙盾、許止跡當罪而情可原，楊、墨則說似善而心必誅，正相反也。趙、許之罪，正以人理責之，豈可以例禽獸之説哉？』」

以許止爲可原，猶爲近似。若夫趙盾之心，路人知之矣，以爲「跡當罪而情可原」，豈非亂道？困勉録云：「無父、無君，尚未至於弒父與君，至率禽獸食人而人相食，則弒父與君，亦有之矣。」從來暴行之作，皆起於邪說，彼以盾、止非弒君者，邪説也。孔子正盾、止之罪，誅既往之暴行，杜萬世之邪説也，以此坊民，猶有無父、無君如楊、墨者。孟子以世道自任，能無懼乎？

下孟上

孟子曰「離婁之明」章

吕留良云：「人謂『任心者逸，講求法度者勞』，不知其説正與聖賢之説相反。人心雖至明，亦止一人之明，若法度則自從前許多聖人積纍下來，以一人而較多人之智，以未經歷人而較過來人之智，其勞逸可不辨而明也。良知家欲奮其私智，而廢從古聖人之道，謂『周公制作，堯、舜何不先盡爲，而待周公？必遇其時，方有其事，故但須心明，不須講求』，不知周公若不曾講求堯、舜之道，雖遇其時，心仍不明，如何制作？故夫子曰：『周監於二代，郁郁乎文哉！』周公之逸於制作者，正以其能『監』前古也。黄老清淨，與良知家惡講求，俱是棄逸而取勞，其所爲皆苟簡滅裂，而釀亂無窮，安能治天下哉？」

所謂「行先王之道」者，非拘守之謂也，有因有革，有損有益，然後可謂之「率由舊章」。譬如用規矩以爲方圓，必相夫所制之器之宜，若執一定之方圓，則無以成器，而規矩之用盡棄矣。且無論有因有革，有損有益之必勤且勞也。即以因者論之，欲使今日之事，與先王之道，無幾微杪忽之差，若規之而圓，矩之而方，不溢不欠，此其推而行之，舉而措之者，豈易易哉？謂「任心者逸，講求法度者勞」，其説固非，而留良反其説，謂「周公以『監』古而逸於制作，黄老及良知家俱去逸而取勞」，亦非事理之實也。至云「周公制作，必遇其時，方有其事」，此即易大傳「窮變通久」之義，其説固自無弊。惟是心明必由於講求，而欲絶去講求以期心明，是則良知家言之蔽耳。曾不加分别於其間，概以爲非，足知其懵於心而苟於言也。

呂留良云：「近人謂『聖人』節三段，實有賓主紐爲一串，未免少法，吾則以爲不然。三者有大小，非賓主也。看注中耳、目、心思未嘗分别，故慶源謂『皆聖人所作』，謂『作一統説』也。仁覆天下，亦包聯其用不窮，總是此節只重制爲法度耳。作三平慮，其失大小輕重，且神氣不警動紐爲一串，既合注，於上下文尤湊泊，正是得法處也。」

此節「竭目力」「竭耳力」「竭心思」，皆是聖人事，不分賓主亦可。但章首以「離婁之明，師曠之聰」引起堯、舜之治天下，上二段是賓，下一段是主。此節三件，即承上文三事而來，那得不分賓主乎？況此章主意是言行仁政，原不爲規矩、方圓、六律、五音而言，則此節之義，當仍從上文分賓主爲是。

孟子曰「規矩方員之至也」章

呂留良云：「或曰：『照下文，「仁與不仁」，似論心亦是。』曰：『注云：「法堯、舜，則盡君臣之道而仁矣；不法堯、舜，則慢君賊民而不仁矣。」蓋以盡道不盡道分仁不仁，不以仁不仁分法堯、舜不法堯、舜也。故重言心而輕視道，便成顛倒謬誤，便失孟子本旨。人倫日用，必皆求其至善，孟子所以「道性善」，而稱「人皆可爲堯、舜」，未嘗放鬆一活路，令人可以假借胡行亂走也。之事後人自畫定不能「居仁由義」，妄謂堯、舜不可再，只要得其心。心是無形無據底，如何去法？徒借此説，以自便其私，總由一點「自棄」之心，以逞「自暴」之論，學者所當深戒也。』」又云：「孟子言必稱堯、舜，謂『人皆可爲』，逼拶到至處，不肯開方便法門，故引孔子『道二』之言，正言不爲堯、舜，即爲幽、厲，中間更無别路耳。有謂『法其至者，不爲堯、舜，必不爲幽、厲』，如其言，則道三矣。總爲後世庸劣者尋出路，將不甚而身危國削者賢於暴之甚者耶！凡此等見識，即是孔、孟門下罪人，學者不可不辨。」

「道二，仁與不仁而已矣」云者，正是論心。蓋「仁，人心也」，法堯、舜，則仁；法幽、厲，則不仁。朱子謂：「一有毫髮之私介乎其間，則蔽於人欲，而不能盡乎天理之全，故仁與不仁，其間不能容髮，不可以不審其幾也。」按此，則理欲幾微之際，將審之於事乎？抑審之於心乎？審之於心，則出此入彼，斷無三也；若以事言，則法堯、舜而不至堯、舜者多矣，即法幽、厲而未至幽、厲者亦多矣，千百其等，猶恐未盡矣，奚止於三？夫聖之事，固曰至矣。賢之事，豈得曰同於聖乎？即不同於聖，抑且未至於賢，又何至遽目之爲賊民，爲不敬其君者乎？惟以心之仁不仁斷之，則凡不同於聖，與未至於賢者，皆謂之不仁，而難免乎賊民、不敬之譏矣，故曰：「君子而不仁者有矣，未有小人而仁者也。」夫子指點出「仁」字，以爲學聖心法，正以仁義之事可假，仁義之心不可假也，安得謂「心無形據，如何去法」乎？吕留良惟失其本心，妄意剽襲聖賢言語，可以欺世盜名，直謂「心無形而事有據」，是則留良受病之根也。

孟子曰「道在邇而求諸遠」章

吕留良云：「此只在道理上説，不在功效上説。若説功效，則到人人親親、長長，豈是容易？有一人不親親、長長，不可爲平，堯、舜猶病是，反成『遠』『難』矣。蓋『邇』『易』二字，專就求『遠』求『難』者言，堯、舜之道，人皆可爲，不可求差了，自走『遠』『難』耳，不是説親親、長長毫不費功夫也。『親親、長長而天下平』，是就現成本然之理，示人擇術不事他求耳，若到人人親親、長長，又須有使之道理在。但此章只重指點知所求處，故不重此義。然大旨責在主教倡始之人，則補此義更爲圓滿。」

功效原不離道理而得，道理亦因功效而見。若有道理，而無功效，則無徵不信，何以見道理之合當如此乎？即如此章，注云：「親、長爲甚邇，親之、長之在人爲甚易。」則主教倡始之人，以孝弟之道率人，其順且便也可知矣。道理如此，功效亦如此。本文明云「天下平」，何得不是功效？留良乃云「有一人不親親、長長，不算天下平」，又引「堯、舜猶病」爲比。試問經書中，説功效處，有此指期之法耶？宇内之人，何啻數萬億兆，有一人不親親、長長，不算天下平，則終無可稱平之時矣。堯、舜猶病，正指於變時雍，從欲風動，其中有猶病處在。一是充類到盡處，一是聖人不肯謂吾治已足也。如何引此以爲天下未平之證？如留良之意，堯、舜治天下，猶未可稱平。不知留良所謂平者，當何如也？總之，留良不見實理，一者不信聖人教孝悌，人必信從；二者不信人人親親、長長而天下便平。横此邪見在其胸中，遂設爲「一人未化，堯、舜猶病」之説，以實其「有道理無功效」之妄談，真所謂「禦人以口給」，不知罅漏百出，人人共見也。

孟子曰「居下位」章

吕留良云：「只是一箇道理，離人身看，著人身看，有此各樣耳。因人人不能完得此理，在人身上難見，故另提出說，及至人完得此理時，原不曾另有一件，雖聖人亦未嘗有毫末之加也。離人身看，只有理；著人身看，只有心。然心不即是理，故必能思而後理得。思是人，誠仍是天，原無二道也。從『思誠』至『至誠』，是以人合天工夫；從『至誠』觀感『動』，是以人合天功用。惟同此天，故『思誠』者無不至；惟同此天，故『至誠』便能『動』。說人處，都是說天，不可懸空放出第一句。」

此章所言道理，都是就人身上說，並無離人身看處。留良之意，蓋謂「誠者，天之道」是離人身上懸空說此一句。不知孟子此章，乃述中庸之論。中庸「誠者，天之道」句，原在人身上說，下文所言「不思、不勉」之聖人，乃無失其本然之天道者也。大全以「天道屬懸空說，不著人身上」，困勉録駁其非是。況此章集注明云：「誠者，理之在我者，皆實而無僞，天道之本然也。」豈得謂「非著人身說」乎？留良又云「離人身看，只有理；著人身看，只有心」，語病亦不小，在物爲實理，在人爲實心，實心即具此實理之心也，「萬物皆備於我」，天下豈有心外之理乎？揣留良之意，似以人身爲庸衆之身，則見不得此理，須離人身看，乃見其理。如此則孟子之因孩提以知愛、敬，即赤子將入井以知惻隱，凡一切以情驗性之說，俱無所用之矣。又云「從『思誠』至『至誠』，是以人合天工夫；從『至誠』觀感『動』，是以人合天功用」，不知「至誠」「動」物，原不分安、勉，但到「至誠」地位，自然物無不「動」。今留良專指是「以人合天者，方有動物之功用」，則生知、安行之「至誠」，豈反不能「動」物乎？無此理矣。

呂留良云：「人但知『思誠』即『天道』之『誠』，謂上句合此句；不知得『天道』者，亦必『思誠』，却是此句合上句，可知兩句分不得處。」

「思誠」者，擇善固執，盡人以合天之君子也。若謂已得乎「天道」者，「不勉而中，不思而得」，又何待於「思誠」乎？留良之説，顯與本文之旨戾矣。且謂「兩句分不得」，尤不可曉。兩句之分而合者，見聖凡一理，凡人皆可學而至於聖也；兩句之合而分者，見凡人未能同乎聖人，不可不勉而致也。今云「兩句分不得」，蒙混鶻突，何所取義耶？

孟子曰「求也爲季氏宰」章

呂留良云：「天將開治，必以殺戮靖亂，殺戮必假手於殘暴之人。凡猛將、謀士皆天所用，亦皆天所必誅，故往往開國功臣不能善終。人多歸過人主猜忌，不能保全，實則其道有足自取者，亦天理之所必然也。惜此輩不知書，不能講習此文耳，若諸葛武侯、郭汾陽、曹武惠，雖善戰，其知免矣。爲將者何可不讀書？」

留良識見如此，乃敢評論天人之際，可謂妄矣！此段悖理傷道之處，不可枚舉。夫天之開治，固以止殺也，其不免於殺戮者，則氣運使然，非天心爲之也，故遇賢聖當其際，則殺戮自稀，孟子所謂「不嗜殺人者能一之」是也。今留良乃云「天必以殺戮靖亂」，是殺戮乃天爲之矣。其悖理傷道一也。靖亂之人，天必假以武略，非必盡是殘暴之人，如商、周之伊、吕，則以至仁而靖亂者。即後世開國，以征戰立勳名，亦有惠愛不殺者。即如留良所舉諸葛、汾陽、武惠，豈不靖亂？然未嘗不仁。其或如項氏之滅秦、吴漢之入蜀，蓋是氣運之駁，亦其人之好殺，不順天心，豈天肯假手於彼，以戮無辜之平民哉？其悖理傷道二也。猛將、謀士，固天所用，然用之以戡亂除暴，非用之以殺戮也，及其殺戮過當，自犯天誅，乃其人之自取，非天有意誅之也。如留良之説，竟似「天用之以殺戮，又因其罪而誅之」，夫「用之以殺戮」，是陷人於惡也；「自用之而自誅之」，是擠人於險也。此二者，中人所不爲，而況天乎？其悖理傷道三也。其孟子所謂「善戰服上刑」者，謂無事而開兵端、務兼并者耳，若後世開國功臣，雲臺所記，淩烟所畫，彼實有除亂鋤暴之功，不可盡以戰國爲比也。

淳于髡曰「男女授受不親」章

吕留良云：「所以『不援』，即是『以道』。惟其『以道』，故人見謂『不援』耳。『以道』『不援』，作兩層説便隔。」

留良云「『不援』，即是『以道』」，其意謂孟子之守道不仕，乃以「不援」爲「援」，此似是而非也。果爾，則古聖賢之皇皇求仕，是亦不可以已乎？注云：「欲使我枉道求合，則先失其所以援之之具矣。」張南軒亦云：「孟子不少貶以求濟，是乃援天下之本也。」觀此，可知「援天下」自有援之之事功，其處也，守身以重道；其出也，始能以道援天下耳。「枉己者，未有能直人」，乃爲既出而仕者言。顔子不枉己而居於陋巷，豈能使魯國之人無不直乎？或云：「入孝出弟，守先待後，非即孟子援世之功哉？」曰：「留良迷誤之根，正在於此。湖南講云：『若以息邪説、正人心，就爲援天下，孟子何必曆説齊、梁，急急要得君行道？』此論可正留良之誤。」

孟子曰「有不虞之譽」章

吕留良云：「説到此等處，於人情物理之變，無微不矚。可知聖賢煞曾體究來，只是照管自己，機至自化，不若庸人以機生機耳。若謂聖賢不知世間有機事，是以愚視聖賢也。」聖賢清明在躬，志氣如神，世間機變之事，到聖賢面前，自然先覺，所謂「知幾」也。如留良所言，預先體究，乃「逆詐」「億不信」耳。六經、四子具在，從無一語教人研窮機事者，即莊周所云「有機事者，必有機心」，亦深惡人之用機也。留良乃謂「聖賢於機事，煞曾體究」，不獨誣枉聖賢，罪不容逭，而其胸懷之鄙薄，學術之詭譎，亦莊周之所羞矣。況「有不虞之譽，有求全之毁」，觀二「有」字，乃得之聞見實曆，非揣測而知其然，並非先覺「知幾」之謂，其立義可謂一無所處矣。

子産聽鄭國之政章

呂留良云：「世亂澤竭，民不聊生，爲連帥方伯者，能搏擊貪暴，興舉廢墮，則民生實被其仁。若煦煦孑孑，以壺飧爲德，平反爲能，而縱舍大奸慝，食人而不問，此失大臣之職。雖清謹自守，口惠流傳，其實與浚民病國者同罪也。」

按，「平反」二字，出漢書雋不疑傳，「平」讀去聲，「反」讀平聲，謂反成獄而平其不平也。故有所「平反」，則善良蒙福；善良蒙福，則貪暴自必遭僇矣。今留良以漢書此句下文有「所活幾人」一語，遂以「平反」爲弛縱有罪之意，其粗疏如此。禮記曰：「口惠而實不至，怨災及其身。是故君子與其有諾責也，寧有已怨。」「口惠」者，有惠人之言，無惠人之事也。今留良云「口惠流傳」，則是以「口惠」爲惠愛之聲名矣。其謬誤又如此。

孟子告齊宣王曰「君之視臣如手足」章

吕留良云：「君臣以義合，合則爲君臣，不合則可去，與朋友之倫同道，非父子兄弟比也〔一〕。不合亦不必到嫌隙疾惡，但志不同，道不行，便可去，去即是君臣之禮，非君臣之變也。只爲後世封建廢爲郡縣，天下統於一君，遂但有進退，而無去就。嬴秦無道，創爲尊君卑臣之禮，上下相隔懸絶，並進退亦制於君而無所逃，而千古君臣之義爲之一變。但以權法相制，而君子行義之道幾亡矣。其有言及『去』字者，諂臣媚子輒以二心大逆律之，不知古君臣相接之禮當然也。」

〔一〕「父子」，原作「父母」，據吕留良四書講義改。

呂留良云「去即是君臣之禮，後世變封建爲郡縣，天下統於一君，但有進退，無去就，而君臣之義一變」，此大謬也！三代衆建諸侯，相維相制，何待變爲郡縣，始統於一君乎？夫所謂「去」者，於齊不可而去之魯，於楚不可而去之晉，未聞自絶於周天子之域者也。況周公舊典，侯國卿大夫皆廢置於王朝。周官司士職「三歲稽邦國之士任，而進退其爵禄」是也，是故爲之臣者，祇承天子之命，以事國君，故春秋傳稱爲「王之守臣」，此侯國君臣之分，所以凜然而不可假易也。自周衰，爵禄自諸侯出，而君臣之義替。於是乎有去齊之魯，去楚之晉者，而諸侯亦莫得而禁之。若天位天禄，頒諸天子，雖欲去此之彼，可得乎？然則去就之説，在侯國已屬春秋以後之事矣，安得以「去爲君臣之禮」乎？留良又云「嬴秦創爲尊君卑臣之禮，並進退亦制於君而無所逃」，此尤謬之又謬者！進賢退不肖者，天子之大權。如留良云，將必任其去留，如齊王之臣，「昔者進，今日不知其亡」而後可也。樂記曰：「天尊地卑，君臣定矣。」而留良以「嬴秦創爲尊卑之禮，而千古君臣之義一變」，是欲并天高地下之位而廢之矣。留良之罪，可勝誅乎？此章之義，先儒所論不一，大抵謂「孟子之告齊君如此，君子自處則不然，使孟子爲齊臣言，則必曰『臣之視君如腹心，則君視臣如手足』」云云矣。嚴遵云：「與人子言，依於孝；與人臣言，依於忠。」此之謂也。

吕留良云：「後世人臣，只多與十萬緡塞破屋子，便稱身荷國恩矣。諫行言聽，膏澤下民，與彼却無干涉。」

「多與十萬緡塞破屋子」，乃宋太祖謂趙普語。史稱「普補牘强諫，太祖卒從之」，意當日施澤於民者，固不少也。況古今名臣，遠出趙普之上者，固不可更僕數。留良肆其誹詆，一概抹煞，無忌憚甚矣！爲人臣者，固不當以利禄較君恩之薄厚，然賜緡十萬，豈得轉不以爲恩乎？

孟子曰「非禮之禮」章

吕留良云：「良知家看得天下一切有爲之跡，皆是外假，惟吾心之知覺，爲良知，爲天理，是即名禮、義。不知聖賢之禮、義，正在事與時上，看事得其理，時中其宜，吾心之禮、義乃完；若於事與時察之不精，憑心妄斷，冥行自是，正所謂『非禮之禮，非義之義』也。此處正須辨析。」

孟子所謂「非禮之禮，非義之義」者，謂所行原在禮、義之中。如子路死孔悝之難，何嘗不是正理？但膠泥成跡，不能如大人之會其通達其變耳，於良知之言何與？留良以辟陸、王爲名，動輒强生議論，不顧經旨之是非，誤人實甚。

孟子曰「人有不爲也」章

呂留良云：「人必見道分明，而後能肩荷重任。『有所不爲』，則於公私、義利、是非、大小、取捨、可否之關，灼然截然，無毫髮疑蔽，故『可以有爲』。非僅謂澹泊寧静，却紛守素也。程子『知所擇』三字，義極精，道極大。」

「有不爲」，所謂知恥自好，不爲不善之人也。程子所謂「知所擇」，不過謂明是非、知取捨之大閑耳。進而至於「有爲」，煞有學問擴充之功在，故經文不曰「能有爲」，而曰「而後可以有爲」，語氣極有斟酌。若所云「公私、義利、是非、大小、取捨、可否，俱無毫髮疑蔽」，則是義精仁熟，大賢以上地位矣。留良看書無界限，一味朦混如此。

孟子曰「以善服人者」章

呂留良云：「『養』字，只是公其善，欲人同歸，非忘其名，使人不知之之謂也。」

既曰「公其善」，則必「忘其名」矣，而又曰「非忘其名」，豈有「公其善」以求名者乎？

徐子曰「仲尼亟稱於水」章

吕留良云：「『朝飲木蘭之墜露，夕餐秋菊之落英』，古人之所謂聲聞也。今人以臭腐尷尬之物，亦名之爲聲聞，已足恥矣，況又有不實者乎？」離騷曰：「朝飲木蘭之墜露兮，夕餐秋菊之落英，苟余情其信姱以練要兮，長顑頷其何傷？」王逸注云：「言衆人欲飽於私利，己獨欲飽於仁義也。」留良因上文有「恐修名不立」之語，遂以爲古人之聲聞，不知上下兩節，各押一韻，意義初不相蒙。且離騷經中，江離、辟芷、秋蘭、宿莽、申椒、菌桂、揭車、杜衡之喻，凡數十見，皆言修行之芳潔，若作聲聞説，則文義絶不可通。

孟子曰「人之所以異於禽獸者幾希」章

吕留良云：「『幾希』二字，前輩謂是形容少字義，非指一事一物，故不可作名目。然如時解動云『存心』，則更謬矣！本注謂『全其性』，尹氏總注謂『存天理』，後章注謂『天理常存』，未嘗有『存心』之説。所謂『憂勤惕厲』，亦説『存』字，不指所存者也。」又云：「『存之』

『之』字，指『幾希』之理而言，非心也，即下章總注『憂勤惕厲』之意，亦謂列聖以此去『存之』耳，非謂『存』此『憂勤惕厲』之心也。」

注云：「人物之生，同得天地之理以爲性，同得天地之氣以爲形。其不同者，人於其間，獨得形氣之正，而能有以全其性，爲少異耳。」夫性，即理也。具此理者，虚靈不昧之心也，論萬物之一原，則理同而氣異，惟氣異，則所具之理遂有不同，故語類又云：「人與萬物都一般者，理也；所以不同者，心也。人心虚靈，包得許多道理過，無有不通，雖間有氣稟昏底，亦可克治使之明。萬物之心，便包不得許多道理過，雖其間有稟得氣稍正者，亦只有一兩路明，其他道理便都不通，便推不去。人之心，便虚明，便推得去。就一本論之，其理則一，纔稟於氣，便有不同。」按此，則人之所以異於物者，心也，心異故理亦異。君子之「存」，「存」此具理之心也。理具於心，言「存心」，而理在其中矣。留良必欲分而爲二，謂「存理者是，而存心者非」，謬妄極矣！至引後章注「天理常存」句，乃隱却「人心不死」句，而云「未嘗有『存心』之説」，何其謬乎！又云「下章總注『憂勤惕厲』之意，亦謂列聖以此去『存之』耳，非謂『存』此『憂勤惕厲』之心也」，此説亦大不然。夫所謂「憂勤惕厲」者，即易乾三爻所言「君子終日乾乾，夕惕若」，坤文言傳所言「敬以直内」也。聖賢所以存理存心者，孰有外於此者乎？胡雲峰云：「朱子嘗曰：『讀此章，使人心惕然而常存。』蓋聖人之所以爲聖人者，只是『憂勤惕厲』，須臾毫忽，不敢自逸。理無定在，惟

『勤』則常存；心本活物，惟『勤』則不死。常人不能『憂勤惕厲』，故人欲肆而天理亡，身雖有而心已死，不大可哀哉？」陳幾亭曰：「列聖存『幾希』，朱子貫以『憂勤惕厲』四字，反此四字，便是『般樂怠傲』，此八字徹上徹下，舜、禹訖於塗人，帝王訖於氓庶。」觀此二條，可知天理之存亡，關乎人心之敬肆，惟聖人念念不忘畏敬，是以此心純乎天理而人欲不得而奪之。夫心一也，「放」之則爲「人心」，「操」之則爲「道心」，「我欲仁，斯仁至矣」，非別有一個道理在心外而捉縛而「存之」，亦非別有一具理之心，而以「憂勤惕厲」之心「存之」也。留良欲伸其「是理非心」之説，無如注中「憂勤惕厲」四字，明以心言，因妄生意見，支離其説，迷誤後學不少矣。

孟子曰「禹惡旨酒而好善言」章

吕留良云：「後世必有以酒亡其國者，尚是利害第二層義。只當下便有間，是聖人存心之密。」

此種議論，求深反淺。乍看似有意味，細繹之，乃大不然。纔覺酒之旨，即有省於酒之能亡國而惡之，此正所謂「存心之密，當下便有間」者也，安得謂「尚是計利害爲第二層義」耶？

孟子曰「王者之跡熄而詩亡」章

呂留良云：「古人説經，各有所發明，然其發明，都從『述而不作，信而好古』中來。故門户不同，而指歸畫一，總以群言淆亂，故折衷於正耳。今人未望見古人牆壁，便好論經學，必翻駁先儒，逞其穿鑿傅會之臆説，是既正之後，又生淆亂，正孟子所謂『一治一亂』也。學術之壞，總由不信先儒真知力行耳，何嘗有遵先儒之經説而得過者乎？故余每見今人著書説經，便心知其非。」

「未見古人牆壁，而自逞臆説，翻駁先儒」，誠宜排擊。但曰「每見今人著書説經，便心知其非」，則過矣。朱子所宗者，程子也。而程子經説，朱子辨而正之者，多矣；南宋、元、明諸儒，引伸朱子之説，而更有所發明者，亦多矣。朱子注詩，於「庭燎有輝」，用吴才老之説，且語門人曰：「才老説此一字甚有功。」然則學者即不能深明經義，而偶有所見，足以補程、朱所未及，亦程、朱所深望於後世者也。況朱子於詩、易，自謂所得僅二三分；於春秋，屢歎其難通；其餘諸經，未暇定正者，多矣。留良於凡著書説經者，即蔽以背先儒、壞學術之罪，是欲錮閉學者之聰明，使不得盡志於經義也。豈不異哉？至揚雄法言，衆言淆亂，則折諸聖，而留良乃誤記爲正。夫惟聖人可以折衷，第曰正耳，將以誰爲正而取衷耶？其鹵莽亦甚矣！

呂留良云：「春秋固爲誅亂臣、討賊子而作，然中如朝聘、郊禘、蒐狩、卒葬，包舉許多典章制度在，故注云『定天下之邪正，爲百王之大法』，義始完備。自蘇明允著春秋論，只説得是非、賞罰，今人往往脱却半邊，兼舉不漏乃合。」

聖人之經，各有正旨，有雜義。如周濂溪之言易，曰「聖人之精，畫卦以示；聖人之藴，因卦以發」是也。易之有太極、二儀、五行，造化消長，此所以作易之原，故曰「畫卦以示」；既有卦、爻、形、象，則世間萬事萬物之理，莫不因之而見，故曰「因卦以發」。春秋亦然。如正名分、定是非，此春秋之所以作，比於易之「畫卦以示」也；其中許多典章制度，乃因有此書而附見，比於易之「因卦以發」也。説春秋者，兼論制度亦可。至於是非、賞罰，乃是所以作春秋大旨，專言之，正爲得其要領。蘇明允之論，自有疵處，不在專言是非、賞罰也。

孟子曰「君子之澤」章

呂留良云：「看『私淑諸人』四字，則曾、思以來，雖源流井然，不足當此任也明矣。朱子之學，受之延平，推而上之，豫章、龜山，亦源流井然，然序統則直承程子，蓋龜山、豫章、延平亦所私淑之人也。」

留良謂「看『私淑諸人』四字，則曾、思不足當此任」，是謂孟子有輕曾、思之心也。果爾，將謂見知之禹、臯、伊、萊、望、散，不得與於斯道乎？將謂孟子賢於曾子、子思乎？既誣孟子，又連類而及朱子，謂「序統則直承程子，豫章、延平皆所私淑之人」，其辭不別白，一似朱子有直承程子之意。誣枉先賢，略無忌憚，不可以不辨。

齊人有一妻一妾而處室者章

吕留良云：「須説得他人之觀極渾融，君子之觀極分別；他人之觀極圓通，君子之觀極拘泥；他人之觀極寬厚，君子之觀極刻薄。」

君子之「觀」，亦平情順理而觀耳。謂有「分別」，則固然。若「拘泥」「刻毒」，則豈可以言君子哉？觀人而「拘泥」，則不得其是非之實，其褒貶烏足以服人？觀人而「刻毒」，則先已自陷於薄惡矣，又孰以其言爲輕重哉？留良輕佻惡習，即此可見。

咸丘蒙問曰章

呂留良云：「這不是論事勢，不是論分誼，並不是論道理，乃推原孝子之心想當如是耳。故造語益奇險，入理益精切，不然則書空咄咄，何有孝子終日妄想者耶？」

留良謂「這不是論事勢、分誼，並不是論道理，乃推孝子之心想當如是」，此大謬也！夫孝子之所欲致於親者，亦惟是勢之所得爲、分之所當爲、理之所不可不爲者耳。舍是三者，而懸空設念，是即所謂「終日妄想，書空咄咄」也，安得謂之孝子乎？又云「造語益奇險，入理益精切」，此尤不可曉。夫孝，庸行也。即尊養之至，亦即此庸行之常，推之以極其至耳，謂之「奇險」，可乎？「奇險」矣，尚得謂之「入理精切」乎？書義文理之不通，無過於此。

呂留良云：「孝子之分有定而心無窮，天下有一步尊處，孝子欲尊之心必不留餘，第不是定以天子父爲孝也。」又云：「爲孝子而至『尊親』『天下養』乃爲『至』耳，非尊養即爲至孝也。」又云：「大意在辨臣、父，故説到尊親盡頭處，然須知聖人正以孝致之，不是必以得此爲孝，不然則操、莽之所爲，皆可援孝以自解矣。」又云：「舜以孝得天下，不以天下得孝。孟子於『天子父』『天下養』下，即下此三句，正要人活看上八句。只論心，不論事，事有窮時，心無盡處，以見至孝之心，斷無臣、父之理耳。」

此節「爲天子父」「以天下養」，即中庸「大孝」章所言「尊爲天子，富有四海」云云也。「大孝」章注云：「即庸行之常，推之以極其至。」所謂「至」，即此節「尊之至」「養之至」「孝子之至」也。呂留良講「大孝」章，並未記及此節，妄以「尊、富、饗、保爲舜孝之所致」。至釋此節，亦自知理不可通，如云「孝子欲尊之心必無留餘」「爲孝子而至『尊親』『天下養』乃爲至孝」，明明以舜之尊、養爲孝之至矣。又欲回護前説，一則曰「聖人以孝致之，不是以此爲孝」，一則曰「舜以孝得天下，不以天下得孝」。試問既以尊、養爲孝之至矣，安得謂尊、養非孝之事耶？且以「爲天子父」「以天下養」爲孝之至，則是孝子之所致於親者，無有加於此者矣。又謂「聖人以孝致之」，不知所謂致此之孝，又何指也？留良又云「只論心，不論事」，此尤謬誤之甚者！夫以事論，則有至有不至矣，若「只論心」，則孝子之心一也，何有於至不至之分乎？即舜在側陋時，又何嘗有尊親之至之心乎？留良强欲回護前説，不知愈回護愈不通，徒見其剛愎謬戾，欺人欺己而已。

萬章曰「伊尹以割烹要湯」章

呂留良云：「『豈若使是君』三句，都從『道』字轉計，不在君臣遇合、澤民事業、自己功名上起見。」

「使是君爲堯、舜之君，使是民爲堯、舜之民」，即是「君臣遇合、澤民事業」，伊尹所爲，「爲道轉計」者，以此也。舍此之外，則「道」字亦無著落。至「從自己功名起見」，品斯下矣，而與行道、澤民者同語，何其不倫也？

呂留良云：「堯、舜之澤，指除亂興治〔一〕，兼教養實事説。單提『覺』字，便容易蹉入禪去。」

注云：「覺後知、後覺，如呼寐者而使之寤也。」釋氏所謂「覺」，以世界爲夢幻也；吾儒所謂「覺」，「覺」愚蒙而使之醒也，如何「單提『覺』字，便蹉入禪」耶？且「覺」即教之義也，言教則養在其先可知矣。聖治之極致，不過欲民各得其性耳。經書中有兼言教養者，備舉其事也；有專言教者，究竟其理也，單提「覺」字，亦何不完全之有？

〔一〕「指」，原作「兼」，據呂留良四書講義改。

孟子曰「伯夷目不視惡色」章

吕留良云：「『清』字，從『聖』字看出，謂其於聖人中較分明、嚴肅，則『清』處爲多，非謂其以『清』爲『聖』也。」又云：「『聖』之下加箇『清』『任』『和』『時』，纔見孟子辨析之精，言語之妙。『聖』，所同也；『清』『任』『和』『時』，所獨也。若説孔子以『時』爲『聖』，則『時』字便小，『聖』亦不大。惟『清』『任』『和』各露在『聖』外，故皆見其偏；惟『時』字加出『聖』外，故獨見其高，並『聖』字亦高一層矣。即是下文『聖由於智』之義。」

留良謂「伯夷之『清』，非以『清』爲聖也」，此説似是而實非。注云：「孔子兼三子之所以聖而時出之。」可知三子之「清」「任」「和」，即三子之所以「聖」也。離却「清」「任」「和」，豈别有一作聖境地乎？支離甚矣！至以此論孔子之「時」，則尤不可，「清」「任」「和」，一德之名也。「時」則無德不備，而不可以一德名，謂之「時」，其爲大而化之，「聖」不待言矣。留良乃云「以『時』爲『聖』，則『時』字小，『聖』字亦不大」，豈不謬乎？下文「聖之事」「聖」字，專指行言，與「智」字對。此節「聖」字，則兼知行而言。留良謂「『時』字加出在『聖』外，即下文『聖由於智』之義」，亦大欠體認矣。

復。余以爲先王之經理弼成，不過度量宏、分寸明耳，然則雖一家一邑，非此不治，況天下乎？」又云：「若爲子孫謀，從勢力起見，斷無出於廢封建爲郡縣者矣。然秦以後，有天下者，反不及三代之長，其子孫受禍，亦慘於三代之革命，而儒者猶言封建不如郡縣，并誣三代聖人之制，亦從勢力相駕馭上商量，豈不悖哉？」

北宫錡問曰章

吕留良云：「自柳州著封建之論，都以私意窺測聖人，遂使後生讀之，謂封建爲必不可復，匪獨柳宗元論之，有宋大儒，皆嘗反覆於斯矣。范祖禹曰：「後世惟知周之長久，而不知所以長久者，由其德，不獨以封建也。必欲法上古而封之，弱則不足以藩屏，强則必至於僭亂，此後世封國之弊。禮，時爲大，順次之。三代封國，後世郡縣，時也；因時制宜，以便其民，順也。如有王者，親親而後尊賢，務德而愛民，慎擇守令，以治郡縣，亦足以致太平而興禮樂矣，何必如古封建乃爲盛哉？」程子曰：「封建之法，本出於不得已，柳子厚有論，亦窺測得分數，秦法固不善，亦有不可變者，罷侯置守是也。」朱子曰：「封建只是歷代循襲，勢不容已，柳子厚亦説得是。成周盛時，能得幾時，到春秋戰國强盛，周之勢浸微，雖是聖人法，豈有無弊？」三大儒者，皆不言封建可復，而深有取於柳州，然則柳州著論，豈可盡黜爲私意也？後世國祚延促，各隨德澤之厚薄，豈關廢封建爲郡縣？若秦之務愚黔首，即令建侯分土，豈能免於顛隮？而留良徒嘵嘵以罷侯爲病，亦惑之甚矣。

呂留良云：「余讀史，至秦之銷兵爲郡縣，宋之杯酒去藩鎮，未嘗不痛恨切齒也。而腐儒猶以爲妙用，何不識死活哉？亦未之思耳。」

朱子曰：「趙韓王佐太祖區處天下，收許多藩鎮之權，立國家三百年之安，豈非仁者之功？」而留良乃切齒於此，不亦異乎？且藝祖不過使諸宿將典禁軍者出守大藩，以銷意外之變，其於藩鎮則收其精兵，制其錢穀，以奪其威權而已，節度使之職固未嘗廢也。留良不曰「解宿將之柄，收藩鎮之權」，而曰「去藩鎮」，是於宋事亦未之詳考也。其粗疏如此。

呂留良云：「其詳可亡，其略不可亡，此是亘古及今不可與民變易者。譬之曆學，其法至後世益精，其閒差較微杪，頗有古人所不到處。然虞書曰『朞三百有六旬有六日，以閏月定四時成歲』數語，粗枝大葉，而後世不能出其範圍，以是知愈略亦愈精耳。」

孟子所以僅言其略，以其詳不可得而聞也，所以不得聞其詳，以諸侯惡其害己而皆去其籍也。使籍有未去，則必學焉而求其詳矣。文、武之道，未墜於地，識大識小，孔子所以備學不遺，而文獻不足，杞宋無徵，重以爲恨者，惟欲得其詳耳。今留良乃云「詳可亡，而略不可亡」，又云

「愈略亦愈精」，似以略爲貴，而其詳可不聞，失之遠矣！

呂留良云：「即據周禮中府史胥徒計之，已自不少，外而侯國家臣更多可知，想當時必先安頓此一輩，而後其上可得而安也，則周制授田多於古，亦或其一端。」又云：「先王量入爲出，體國定制，必先安頓此一輩人，只看周官一書，府史胥徒應有幾許。」

呂留良極論吏胥之弊，多朱子所已發，至引周禮以證之，則是全未講於周官之法也。周禮王畿之内，惟山林川澤之虞衡，都家之宗人、司馬，所設府史，其數無徵。總計五官之屬，爲府者四百二十一人，爲史者九百四十人，爲胥者九百三十人。其在六鄉，則自比長以上，轉而相承，以供其職事。自鄉大夫以下，並無府史胥徒。鄉遂且然，則公邑、都家皆用此爲式，可知矣。古之府，今司倉庫掌芻秣、器物之吏是也；古之史，今房科及里書是也；古之胥，今衙前聽事、捕盜、糾獄、訟督、徵輸之差役是也。惟徒則古有常役，有定數，而後世則臨事和雇，多寡無常，故歷世所公患，惟府史及胥，而徒無與焉。嘗考諸郡縣，府之屬，正役一人，副役必二三人；史之屬，正役一人，副役必四五人；胥之屬，正役一人，副役必七八人。以中縣爲率，今丞學官、雜職、武弁，府史必近百人，胥必二三百人。合而計之，周禮五官所設，尚不及一中郡。而留良乃曰「只看周官一書，府史胥徒應有幾許」，是竟不知周官所設府史及胥之數至少，而徒則後世亦不能爲民害也；又云「侯國家臣更多可知」，是不知侯國視王畿，其數必損之又損也；又云「先王量入爲出，體國定制，必先安頓此一輩人，然後其上可得而安」，則又不考於吏胥所以漸熾，及其末流把持官政，蔓不可除之故也。兩漢雖重賢良、方正、孝弟、力田之選，而不限吏之進取，當時公卿多出胥吏，博士弟子之明經者，多補太守卒史。後漢如胡廣、袁安、應奉、王充，皆以功曹散吏起家，其時未聞胥吏之爲世劇患也。自魏晉至隋唐，始重流品，限其進取之路，而擠之廉恥之外。至於北宋，乃不給廩食，而縱使爲奸，故蘇氏極言其弊。沿及南宋，則黨徒日盛，而把持官政，牢不可破，故朱子論之尤詳。至明之末禩，而其弊極矣，然內而諸司，外而郡守、縣令，苟得廉辨之材，處之有道，而又能督察其奸，則亦不能大爲民患也。其所以析言破律，罔上行私，而不可禁禦者，半由墨吏引爲腹心；以陰通賄賂，半由庸吏漫不訾省，而拱手受成。若成周之盛，賢者在位，能者在職，且官宿其業，府史胥徒不過司管鑰給、趨走呼召而已，何至「必先安頓此輩，而後上得以安」哉？至謂「周制授田之多於古，亦或以胥吏之多」，則益謬矣！受田之多於夏、殷者，農夫也。庶人在官者之禄，則周官廩人所掌，宮正所謂「稍食」是也。故孟子曰：「下士與庶人在官者同禄，禄足以代其耕也。」與授田之多何與哉？留良粗涉經史，慷慨議論，自矜卓識，而按之經義，實無根據如此。或以內則所言閭史、閭府、州史、州府，疑鄉遂或有府史，不知閭史即閭胥也，周官「閭胥掌閭之徵令，歲時讀法，書敬敏任恤者」，則凡在閭中者，始生書其名而藏之宜矣，非閭胥之外，别有執役之史也；所謂州史者，州之屬吏也，故曰「獻諸州伯」。伯，州長也。自比長以上，皆州伯之屬吏，而黨正與州伯最近，周官州長「正歲考德行道藝」，黨正「正歲書德行道藝」，州長之所考，即黨正之所書。以此觀之，内則所言州史，宜即黨正也。謂之「史」者，史司書。自黨正以下，凡正歲、月吉、歲時讀法而書，皆自爲之，故曰「史」。此即六鄉無府史胥徒之明徵也。「府」，謂藏文籍之府。閭府，閭胥自掌之；州府，黨正掌之，非别有治藏之員選也。王平仲注疏删翼引某氏云：「黨正、族師，即今之里正；閭胥、比長，即今之保長，皆里中之賢者，民自興舉，因而秩之。漢之鄉老、嗇夫，唐之里正、村正皆然。宋以後則以胥徒任之，賤而多責，人不樂焉。」是則周官六鄉不設府史胥徒，先儒言之悉矣。况周官於府史胥徒，内而五官之屬，則備詳之；外而山林川澤之虞衡，都家之宗人、司馬，又特見之，則鄉遂、公邑之無府史胥徒，昭昭然矣。

下孟下

告子曰「性猶杞柳也」章

呂留良云：「先單説『義』，次兼説『仁義』，便是告子『仁内義外』根苗。陳定宇以爲脱一『仁』字，猶顢頇在。」又云：「先説『義』，後説『仁義』，告子意中先有『義外』論頭在，故其『爲』字，亦指『義』字居多。」

告子之論，每因辯屈而小變其説。其始以「仁義猶桮棬」，是并「仁」與「義」皆以爲非「性」而外之，未必先有「仁内義外」論頭在胸中也。「義猶桮棬」之語，陳定宇以爲「義」上脱一「仁」字，林次崖以爲只一「義」字該了「仁」字，二説皆通。故下文徑接以「人性爲仁義」，詞意並無軒輊。留良謂「『爲』字指『義』字居多」，亦穿鑿之見也。

呂留良云：「人生而静以上不容説，纔説性，只是仁義，告子歧而二之，便不是。然其以『杞柳』『桮棬』爲喻，而輕輕下一『爲』字，亦自包裹得好。孟子從『爲』字中抉出『戕賊』二字，便覺罅漏百出，不攻而自潰。」

程子曰：「人生而静以上不容説，纔説性時，便已不是性。」留良改爲「纔説性，只是仁義」，其意本謂「仁義即是性，不容歧而爲二」。不知程子此論，蓋言成性以後，此理落在氣質中，便已不是本來天命之性也。今改「便已不是性」句爲「只是仁義」，是以仁義爲氣質之性，而非本來之性也，不通甚矣。即此可見留良於先儒語，一毫不懂，只是信口摭拾耳。至云「告子以『杞柳』『桮棬』爲喻，輕輕下一『爲』字，自包裹得好」，又何曲爲告子回護也？

告子曰「性猶湍水也」章

呂留良云：「水非可以指性也，水之必下者，其性也；人非可以指性也，人之必善者，其性也。若但以水言，以人言，則水有多少水，人有多少人，豈復有定體哉？」

留良謂「水有多少水，人有多少人，無復定體」，甚不可解。孟子明言「人無有不善，水無有不下」，則「水有多少水」，而「無有不下」者，水之定體也；「人有多少人」，而「無有不善」者，人之定體也。若謂「以水言，以人言」，便無定體，是即告子「水無分於東西，人無分於善不善」之説也。謬乎？不謬乎？

呂留良云：「告子屢設譬喻以言性，即佛老家之寓言，閃爍支離，不可方物，其實皆『遁詞』耳。儒者只與格物窮理，則終無遁處，孟子『知言』本領在此。程、朱辟佛，只與論跡，『跡從何來』，亦此意也。告子先不識杞柳、湍水、馬炙等物之理，如何識性？孟子『知性』『知天』，其於『知言』也何有？方知杞柳、湍水、馬炙之理，皆吾性所有。以格物窮理爲騖外，此所謂『義外』也。伯安若善格竹子，竹子亦未必不可以言道，其不識良知，先不識竹子耳。」

告子屢説譬喻，故孟子亦就譬喻上剖析、指點，以釋其蔽。至格物窮理，「知性」「知天」本領，更不及與之細説。呂留良乃以杞柳、湍水、馬炙之喻，指爲格物窮理之實，謬矣！況儒者格物，固在窮天理、明人倫、講聖言、通世故，而非著意於一草木一器用之間，若以杞柳、湍水、馬炙等物之理爲吾性所有，必細細格到，方能識性，此正朱子所呵「炊沙而欲其成飯」者也。憒憒乃爾，何以闢陽明哉？

告子曰「生之謂性」章

呂留良云：「有謂『天下莫尊於同，莫賤於異，天地萬物盡同也』，曰：『孟子道性善，正爲同然耳。犬牛與人，性有同有不同，正爲生中有不同耳。』」

朱子嘗曰：「論萬物之一原，則理同而氣異；觀萬物之異體，則氣猶相近，而理絶不同，必兼看此兩層，方見人物之異同處。」今云「犬牛與人，性有同有不同，正爲生中有不同」，是但説得氣之不同一邊，而未説到理之不同也。集注明云：「知覺運動之蠢然者，人與物同；仁、義、禮、智之粹然者，人與物異。」豈僅「生之不同」云爾哉？

孟季子問公都子曰章

吕留良云：「『彼將曰「在位故也」』，子亦曰「在位故也」』，此正如禪家『殺活縱奪』句，同中有異，不離故處，已過千灘，衹是一箇主賓。有時一喝只作一喝用，有時一喝不作一喝用，分明只在轉機處薦取耳，此可以得言語之妙。」

聖賢講求義理，總歸著實，不徒以言語妙天下也。此處兩箇「在位故也」，推衍出因時制宜之意，見得義理精微，都在此心權度上取，正與禪家儱侗恍惚之見，截然如晝夜之相反。留良欲以聖賢精義等於釋氏機鋒，此種謬論，迷誤後人不少。

呂留良云：「異端之學，至後世而益精。且如告子子子焉必以義爲外，若在後人自有神通作用，即以爲『義内』有何不可，但推究到根源處，則仍外耳。公都子『行吾敬』并『飲湯』『飲水』之喻，固已得其崖略，然使孟季子更下一轉語，恐其説又不能不爲之絀也。要之，公都子、孟季子於兩家之理，各未能見得透徹，只好依樣葫蘆，互相酬答，一著駁難，便覺隔閡，所謂蝦蟆禪只一跳耳。」

「義内」之説，只公都子「行吾敬」三字，便已包括無遺。孟季子所以復紛紛辯詰者，緣不能細心理會耳。若能反求諸心，體認實際，更有何語可辨？不待「飲湯」「飲水」之喻，而後足以通其蔽也。呂留良以爲「二子所見各未透徹」，可謂黑白不分矣。且謂「孟季子更下一轉語，當絀公都子之説」，尤爲謬妄！

公都子曰「告子曰性無善無不善也」章

呂留良云：「從來小人之排君子，異端之詆正學，每至萬不可假借、萬無可訾議處，必以一『僞』字了之。此蘇軾、孔文仲之於伊川，余嚞、沈繼祖之於考亭，而佛老於仁義道德之説，皆是也。『非由外爍我也』一句，逆被孟子道破，遂令告子喙長三尺。」

釋氏明心見性，而譏儒家爲理障，障從外來，略有似乎「外爍」之意。至小人之詆君子爲僞學，則非其倫也。小人之言曰道學之人，若以道學目之，則有何罪？當名之曰僞學，是其意非以道學爲僞，特謂君子之僞爲道學耳。此與「外爍」之説，有何干涉？

吕留良云：「諸説之非，總只在『物』上起見，謂『物』即是『則』，如後世金谿、姚江皆主此説。孔、孟却以『則』爲主，『有物有則』，明分兩件；『有物必有則』，歸併一件，歸於『則』，不歸於『物』也。『則』在『物』之先、『物』之上，但離『物』，則『則』亦不見耳。孟子引此以證其『即情驗性』之説，重在『必有』『故好』四字。」

陸象山曰：「吾目能視，耳能聽，鼻能知香臭，口能知味，心能思，手足能運動，更要甚存誠持敬？」王陽明曰：「那能視、聽、言、動底，便是性，便是天理。」此即吕留良所指「金谿、姚江皆謂即『物』是『則』」也，不知二家之爲是言者，特自言其虚靈知覺之妙，全欲以此弄精神，認本來面目，非但舉「則」而遺之，直將併「物」而棄之矣。故陸象山以爲「心不可泊一事」，王陽明以爲「致知格物，當自求諸心，不當求諸事物」。今留良謂其「只在『物』上起見」，又謂「重在物」，是究未能勘破陸、王底藴也。

孟子曰「富歲子弟多賴」章

呂留良云：「心正不同，心正理義則同，此正儒釋之辨。」

儒者言心，釋氏亦言心。儒者之心，仁、義、禮、智之心也，合理義而言也；釋氏之心，知覺之心也，離理義而言也。此爲儒、釋之別。若但云「心不同，而心之理義同」，何以分别儒、釋耶？

呂留良云：「『在物爲理，處物爲義』，鐵板注脚，程子分解二字如此，正爲兩箇『也』字破疑耳。其實止是一串，故急接按語云『體用之謂也』。若呆煞分看，便是告子『義外』。」又云：「『理也，義也』〔一〕，兩『也』字不混。聖學只是分明，異端只要籠統。」

據其前説，則謂「兩箇『也』字，分看不得，分看便是告子之『義外』」；據其後説，又謂「兩箇『也』字，混看不得，混看即爲異端之籠統」，即此數語，知其誕謾詭變，一味欺人。

〔一〕「理」，原作「禮」，據呂留良四書講義改。

孟子曰「牛山之木嘗美矣」章

吕留良云：「『氣』字，千古惟孟子發明，而『氣』之生於『息』，見乎『平旦』，於此章尤精。『氣』根於理，理根於心，惟主静而理與心一，『氣』之用自行。此周子之圖説，即從孟子『息』字得宗也。」

朱子明説「日夜之所息」底是「良心」，「平旦之氣」自是「氣」，然則「息」字，並不指「氣」而言也。至於「主静」之説，朱子但説「主静」，看「夜氣」一章可見。此不過以「夜氣」之清明湛一，指點静虚之體，非謂聖人之「主静立極」，專藉乎「氣」之滋息，如陸象山所謂「浸灌培植，日深日固，而後爲得力」也。吕留良妄謂「太極圖説從一『息』字得宗」，何異捫籥扣槃之見。

吕留良云：「『心』之形質無『出入』，其理體亦無『出入』，其可以『出入』言者，乃運乎形質而載夫理體之活物。惟其活，故有『存亡』『出入』，『存亡』『出入』即生乎『操』『舍』，其爲物，原無『出入』也。孟子通章所指皆『仁義之心』，無『出入』者也。孔子所指却只是單『心』字，孟子藉以證其不可不『養』，重在『操』『舍』字。要之，『心』存則仁義存，亦初非二物也。若只重『神明不測』之體言，便易墮禪宗去。」又云：「孟子引孔子之言，以見『心』之易放而難守，欲人用力『養』之耳。其實孔子之言『心』，與孟子『心』字微有不同。孟子言『仁義之心』，指本然之良者，即堯、舜之所謂『道心』也；孔子單說『心』之爲物，最活變不測，惟其活變不測，故有『人心』『道心』之殊，『存亡』『出入』，已指『人心』之『危』矣。其理雖一，而所言各有指，不得混過。」又云：「程子論『出入』二字，故曰『以操舍言』。然此四句，總言『心』之活變難把捉，以儆人不可不『操』耳。以『心』之自然上論爲正，不必粘煞『操』『舍』也。『無時』與『莫知其鄉』平看，若側串講，似因『無時』，故『莫知其鄉』，多一轉矣。」

朱子所謂「心是箇活物」，不過狀其恍惚無常，易放難守。既言「心」，自即指「仁義之心」，非「仁義之心」而外，另有一種空虛活潑之心憑吾「操」「舍」也。「心」固無「出入」，放而在外，即是「出」；斂而在內，即是「入」。放而在外者，逐於物欲者也；斂而在內者，主乎義理者也。故朱子謂「心一放時，便是斧斤之伐、牛羊之牧；一收斂在此，便是日夜之息，雨露之潤」，然則「操舍」「存亡」，正指「良心」言之，安得云「『仁義之心』無『出入』」，而別求所謂活變不測者，以驗其出入耶？至所謂「道心」「人心」之分，尤爲舛謬！朱子曰：「操而存，則義理明而謂之道心；舍而亡，則物欲肆而謂之人心。自人心而收回，便是道心；自道心而放出，便是人心。」此數語，何等切實曉暢。若如留良言，是「舍亡」者「人心」，而「操存」者亦「人心」也。謬乎？不謬乎？「操」之爲道，程子謂「敬以直內」，朱子謂「主一無適，非禮不動，則中有主而心自存」。蓋此節「操」

字，正是上文「養」字緊要用力處。若以「孔子之言，只在『心』之自然上論，不必粘定『操』『舍』，與孟子引證不可不『養』之意全無關合」，此並語意而失之矣。「無時」與「莫知其鄉」，或問謂：「不能『操』而『存』之，則其『出』而逐物於外，與其偶『存』於内者，皆恍惚無常，莫知其定處。」是「兩句側串」，本朱子之意，乃反謂其「多一轉折」，又何其膠固不通也。

孟子曰「魚我所欲也」章

吕留良云：「自『本心』喪失，但爲利欲所驅使，爲境遇所遷移，萬鍾非人，行乞亦非人也。忽然萬鍾，便講作用；忽然行乞，又仍講禮義，此等人世上正復不少。胸中總舍箇萬鍾不得耳，彼赫奕者無論已，一輩貌取禮義之徒，退入高隱，即於高隱求萬鍾；退入佛老，即於佛老求萬鍾；退入理學，即於理學求萬鍾；退入方技，即於方技求萬鍾，尤爲『失心』之甚者也。」又云：「譏訶笑駡，世人盡尖酸明白，不知到自身上便全不照管，心口相違，前後異狀，即以問其人，亦自不可解，此不可解處，即孟子所謂『可已』而『失本心』者也。五鼓寒鐘，一炊熱夢，念此更應猛省。」

此於書旨全無關涉，一味肆口謾駡，却不知其句句自作供招也。彼試劣等後，便托高隱，剽竊儒先爲理學，談空説有，喜新好異，其實蠅營狗苟，算及錙銖，祇以求萬鍾而已矣。居然講禮義、講作用，鄙夷流輩，譏訶千古，尖酸惡薄，人不能堪，而於自己身上，全不照管，此所謂「失其本心」者也。

孟子曰「仁人心也」章

吕留良云：「『心統性情』，心之出入、存亡，氣之靈也，而所統之妙，與之俱爲存亡。故『放心』者，所統之仁義放也；『求放心』者，求心之所統也。心存，則所統者俱存，是氣與理一也，所以完其爲『仁，人心也』；心放，則氣離理而自行，故必用『學問之道』，正以理收之養之，使復爲一也。異端亦自求心，但舍事理以爲求，則其所求者，止氣之靈而已，故不可以窮衆理，應萬事。自聖人觀之，雖妙明圓凈，如如不動，真常流注，皆『放心』也。故『而已矣』三字，緊根『學問之道』講，若謂只要『求心』，解得更不須學問，便是臨濟、曹洞、金谿、新會、姚江之邪説，與聖人之旨悖矣。」

陳定宇曰：「仁者，人之本心。本心存則爲仁，放則非仁，故『求放心』，即所以『求仁』也。」此説何等直截。吕留良乃迂其説，以爲「『求放心』者，求心之所統也」，心所統者性情，謂求性求情，可乎？且心以氣言，則爲知覺；以理言，則爲仁義，仁義純乎「道心」，知覺則兼乎「人心」，故存亡、出入因之。朱子所謂「静時昏，動時擾亂，便是放了」。留良乃謂「心之出入、存亡，是氣之靈」，將謂入者靈，而出者亦靈乎？存者靈，而亡者亦靈乎？又謂「所統之妙，與之俱爲存亡」，「靈」與「妙」强爲分別，以「靈」説氣，以「妙」説理，尚謂不雜於異學乎？朱子曰：「『求放心』，不是在外面求得箇『放心』來，只是求時便在。」留良乃謂「以理收之養之，使復爲一」，則心在身外，理又在心外矣。

呂留良云：「『放心』者，心之仁放失也；『求放心』者，以學問求之也，故曰『學問之道無他』。『心』，便指仁；『求』，便指學問，言人爲『求放心』，故有事學問，而『學問之道』，總所以『求放心』而已。此一節，惟勉齋發明最詳。或謂『注中云：「志氣清明，義理昭著。」恐只是收攝得此心，乃可以求仁否？』曰：『此却犯朱子所謂「以一心求一心」也。「我欲仁，斯仁至」，只求底便是，若謂先存此心以求仁，則已分爲兩物矣，又何以云「仁，人心也」哉？此正繫聖學與異學分界處。總緣於學問外，另有一箇「求」字工夫，即納入學問内説，亦另有一節「求」字工夫，如此則學問與心全無膠粘，有亦得，無亦得；不道心與仁早無膠粘，有仁亦得，無仁亦得，只心不走作便是，却是蹉了路頭也。蓋人但知心與仁分離不得，不知仁與學問原分離不得。離了學問，便收得心入來，無處安頓，亦必走作也。且如人言，只收攝此心爲主，則原不消學問得，參禪坐功，皆可悟本體，一著學問，反生障礙矣。然其所弄之猢孫，便守到臘月三十，終無用處。程子所謂「與一錢而亂」，及金谿、姚江之徒，一悟之後，凶德敗行，靡所不爲。惟其求非學問之求，故其所存之心，亦非仁義之心也。且「求放心」，孟子開示學問之要，學問之實，不是説到盡「無他」「而已矣」。歸本之辭，非極盡之辭，能如是，則「志氣清明，義理昭著，而可以上達」，可知學問於「求放心」上正好做去，不是「求放心」便休。」

朱子曰：「『求其放心』，須是心中明盡萬里方可。不然，只空守此心，如何用得？」饒雙峰亦云：「若把『求放心』做收攝精神，不令昏放，則説從知覺上去，恐與『仁，人心也』不相接。」以此質之黄勉齋，而勉齋謂「此章三箇『心』字，皆是指仁而言也」。陳清瀾學蔀通辨復力闢象山「静坐收拾精神」之論。留良剽襲諸説，乃謂「離了學問，便收得心入來，無處安頓，亦必走作」，則與諸説河漢矣。離却學問，如何求得「放心」入來？果求而入來矣，又何患無安頓處乎？孔子曰：「操則存，舍則亡。」總是一箇心，「操」便是「存」，「舍」便是「亡」，非别有一物，硬捉來安頓在一處也。學問以「求放心」，只是從事於學問，而心自不放，所謂「復其不善之動」者。如留良言，是將學問去籠絡那「放心」，而安頓其中，然後不至走作也。有此理乎？至若異端所謂心，只是知覺之靈氣，正以無著爲圓妙，安頓之説，即彼所謂「墮落障礙」也。留良不惟不知吾儒所言心，究何嘗知異端所謂心哉！又云「『求放心』，是孟子開示學問之要，學問正好於『求放心』上做去，不是『求放心』便休」，此謬之又謬也！朱子曰：「學問皆所以『求放心』，如詩三百，一言以蔽之，曰『思無邪』而已。」蓋學問有實事，「求放心」却無實位。學問到精密處，則人欲自然清浄，天理自然純全，故曰「無他」，曰「而已矣」，謂舍學問，别無「求放心」之法；「求放心」之外，亦别無「學問之道」也。如留良説，是謂「求放心」不過學問之一端耳，與前所云「學問總以『求放心』」之説，不相矛盾乎？

公都子問曰「鈞是人也」章

吕留良云：「『耳目之官不思』，與『心之官則思』，兩句緊相照，故『思』字，與『耳目』一段對，不與『心』字對也。人皆説成『能思則得其心』，失其義矣。『得之』，謂得事物之理，非得『心之官』也。下兩句只解『心之官』一句，見其爲『大體』耳。」艾千子云：「『心之官則思』，此有『人心』在内；『思則得之』，則皆『道心』。『心之官』，對『耳目』言；『思則得之』，乃『先立乎其大』也。」坐誤看『得之』意，致生謬解也。朱子曰：『「心之官則思」，固是原有此「思」，只恃其有此，任他如何却不得，須是去「思」方得其所「思」，若「不思」，却倒把不是做是，是底却做不是，邪思雜慮，順他做去，却害事。』觀此，則兩『思』字不同之義了然矣。蓋下文『先立』『立』字，即此第二箇『思』字也。」

「耳目之官」二段，是辨別小體之不可從，而大體之當從也。耳目以視聽爲職而不能思，所以易蔽於物，此小體之不可從也；心則能思而以思爲職，所以得事物之理，而物不能蔽。若心能思而不思，則亦奪於耳目之欲，而物得以蔽之矣，此大體之當從，而「先立」之爲要也。孟子語意本自顯然。呂留良乃引朱子之説，而謂「兩『思』字有不同之義」，不知朱子之意，是謂「心以『思』爲職，須是去『思』方得之，若『不思』，則是非瞀亂，而邪思雜慮得以競進，豈不害事」，此明以「不思」爲邪思所中，非謂上一箇「思」字中，並有邪思在内也。今謂「兩『思』字有不同」，是仍惑於艾千子「人心」「道心」之論，與「思則得其心」之説，同一悖謬矣！

呂留良云：「孟子爲邪説以理義爲外，故其立言，每直指本體，示人固有處多，而不及工夫。如『放心』章之『求』字，『身體』二章之『養』字，此章之『立』字，皆懸空説，在三字中煞有工夫，非前後際斷，空洞森羅之爲立也。象山以『先立其大』爲宗旨，所謂『立』，立其所立，非孟子之所謂『立』也。孟子之『立』，欲得其能『思』之職，如象山論，乃不立其大耳。

『先立乎大者』，不外能『思』。」又云：「孟子當羣言淆亂，人心陷溺時，故其所言，大約辨醒是非處多，實指工夫處少，故其語空懸，易爲外道所假借。陸子静亦拈此句爲注脚，却是改頭换面之術耳。如此節講『先立大者』，是甚卓越，然『大者』如何便『立』，却未及詳示，不是他不説，無暇説至也，七篇中大約如是。或謂『説「立」便是工夫』，此陽明『本體即工夫』邪説也；或謂『如是則當於「立」字中講出實功』，曰：『孟子不曾説得，如何代爲補？』然則畢竟如何？曰：『孟子以孔子、子思爲宗者也，看孔、思所説工夫，即得之矣。不是不可補，須補得真是孟子意中工夫爲難耳。』」

注云：「若能有以立之，則事無不思。」是「立」而後能「思」，非即以「思」爲「立」也。留良云「『先立乎大者』，不外能『思』」，是明與注背矣。或問辨尹氏「思而得之，立乎其大」之説爲失其序，又答張敬夫書云：「據今所解，全不曾提掇『立』字，而只以『思』爲主，心不『立』而徒『思』，吾未見其可也。」按此，則工夫全在「立」字内。留良乃謂「以『立』爲工夫，此陽明『本體即工夫』之邪説」，是非闢陽明，直闢孟子之説也。孟子言存心、言養性、言寡欲、言學問以求放心，何嘗不説工夫？陸、王之學，只是體認此心差了，故其工夫亦只講到寂照一邊去，非關孟子空懸其説，而爲外道所假借也。即孔子、子思所論實在工夫處，彼又何嘗不改頭换面，而别爲一説乎？

孟子曰「有天爵者」章

吕留良云：「孟子此章，大段爲有『人爵』者言，令其猛省，而求爵者已在裏許。看末節『惑之甚』『甚』字，及『終必亡』句自見。故注中補『固已惑矣』，最宜熟味。古人始終只是一箇『修天爵』，『從』字極輕，初非古人意也。今人始終只是一箇『要人爵』，『修』字亦極輕，其所『修』，亦非古人之『修』也。若謂『孟子有以「人爵」歆動今人意』，則『修天爵，以要人爵』者，與古人又何别耶？」又云：「見處纔落時命作用，便看此章書理不徹。末節曰『要』曰『棄』，前半截如此，後半截如彼，人道是兩截人，我道原是一截，由後半截看來，知他前半截已不好了也。故讀書人終身志節，全在初上學時，立心便須端的，不然才人名士，下稍頭都靠文字不著，便是『要』『棄』『必亡』榜樣。」

今人與古人，同是「修其天爵」，而「修」字中，早有純雜之不同。至於始「修」而終「棄」，則是以「人爵」之得失，爲「天爵」之去留，其惑益甚矣！須知兩半截均有不是處，若必歸重前半截，以「修」字爲「棄」字病根，雖亦原情定罪之論，然朱子有云：「彼直棄而不修者，又將何以處之耶？」故知立論貴乎持平，一偏則失之矣。

孟子曰「欲貴者人之同心也」章

吕留良云：「『三代之下，惟恐不好名』，此言大誤後生。『疾没世而名不稱』，三代豈不好名？所好者，所以名之實耳。三代下之好名，但在聲華榮利上起見，正與古之好名相反。其所謂名，止就當世權貴與一時市乞，嘖嘖以爲快意，不知此正古人之所鄙恥而痛惡者，一好此名，終身墮落坑塹，雖有作爲，只如無有矣。」

「三代以下，惟恐不好名」，此亦以名之可好，而引人從事於實也。但與「疾没世而名不稱」者，用心有别耳。彼因名以考實，而意固不在名也；此緣實以求名，而意不專務實也。然所好之名，亦從實字生根，非全無實之虚名也。若徒在聲華榮利上戀戀不舍，則卑污苟賤，敗節喪名，莫此爲甚，又何自而有可好之名耶？「以當世權貴與一時市乞，嘖嘖爲快意」，此吕留良之所謂「好名」，而非「三代以下，惟恐不好名」之説也。

孟子曰「五穀者種之美者也」章

吕留良云：「『熟』字，原從『美』字中轉出。看注中『恃其美』與『爲他道之有成』兩路夾拶出『熟之』，只在這條路上做去，便是至美，連『熟』字亦有名象，無程期，故曰『熟之而已矣』，不曰『熟而已矣』，此便是『必有事焉，而勿正；心勿忘，勿助長』也。數句道理，都包在『之而已矣』四虛字中。」又云：「『熟』下著箇『之』字，則『熟』字是用力字，非功候字也。自始至終，由淺及深，都是『熟之』中事，亦不僅末後一著也。只此二字，便見『必有事焉，心勿忘，勿助長』，直到『鳶飛魚躍，活潑潑地』道理具在。」

「仁」謂「種之美」，「熟之」指爲仁之功。曰「夫仁」，自當曰「熟之」，文義則然。若孟子當日曰「夫爲仁，亦在乎熟而已矣」，亦無不可。留良乃强生異議，所謂曲學多辨，使學者敝精神於無益，甚無謂也。「熟」下著箇「之」字，用力與功候都兼在内。求所以「熟之」，是用力必至於「熟」而後已，便是功候。但言用力，於「熟」字義亦未全。又云「自始至終，由淺及深，都是『熟之』中事」，則與「不言功候」之説，亦自相矛盾矣。

孟子曰「舜發於畎畝之中」章

吕留良云：「貧士不辰，誰非困苦者？然其所志，只躁進弋獲美官多錢，蠅營狗苟，至老死而不悟，人以爲伏櫪壯心，吾以爲反駒逐臭耳。五品四維，從頭不識，到底又何曾『動忍』『增益』乎？」又云：「自古窮愁悲憤，至不堪之處，多蹉脚走入差路去，此二氏之所以日盛，而人道之憂也。他也道是大事因緣，真仙法器，儼然自以爲『大任』，而不知此正被『大任苦勞』五句壓倒，而自入於禽獸非類之道，中庸所謂『傾者覆之』耳。發揮處，要令晉以後陽儒而陰入二氏之説者，如蟄蟲聞雷。」舜以下諸人，非是天生安逸，便無成就。只是天下事事物物，許多險阻曲折，必從經歷體驗過來，方能知之明而處之當。故程子以爲「若要熟，也須從這裏過」，張子亦云「貧賤憂戚，庸玉汝於成」，此中天人相與之故，煞甚親切。至若秀才之窮愁感憤，二氏之苦行真修，與此有何交涉？而嘵嘵醜詆，亦大無謂矣。

孟子曰「盡其心者」章

呂留良云：「三節各分知行説，然大學言『物格知至』，畢竟『知性』是始事；中庸言『天地位，萬物育』，畢竟『立命』是終事。」

首節是知一邊事，次節是行一邊事，末節是知之至而行之盡，集注剖劃分明。今云「三節各分知行説」，此何解也？且大學以「致知格物」爲始，而終極於「明新至善」之歸，中庸以「爲己謹獨」爲始，而終極於「中和位育」之盛，是大學、中庸各有始終也。今以大學言「格致」，中庸言「位育」，别「知性」「立命」之始終，謬甚！

吕留良云：「將『性』字看錯在本體原頭去，語意遂多雜，和下節不道。『性』字，只作『理』字解，『知性』只在零星處説。又『知天』即在『知性』裏，『盡心』却在『知天』後，與下節不同。若竟以『知天』作極頭，不找出『盡心』來，則見地不透。」

留良謂「『性』字，只作『理』字解，『知性』只在零星處説」，是已。至於「知天」一層，不在「盡心」「知性」之外，「天」爲理所從出，既已究極事物之理，全體通徹，則理所從出，自一以貫之矣。言「心」言「性」，而歸之於「天」者，程子所謂「極本窮源」之論是也。故此節宜趨重「知天」，方與下二節「事天」「立命」文法相屬，義理相貫。集注：「盡心、知性而知天，所以造其理也。」然則窮理以「知天」爲極，安得截斷「盡心」在「知天」之後乎？吕留良之爲此説者，蓋由泥看語類「知性、知天，則能盡其心」之説也。不知語類所云，特恐人誤以「盡心」二字説入空際，故指「知性」「知天」以實之。即如答黄敬之所謂「性，是吾心之實理，若不知得，却盡箇甚」，亦此意也。若泥其辭，必欲於「知天」後找出「盡心」，則語意淩亂，理亦隔閡矣。

吕留良云：「『知性』是『物格』，『盡心』是『知至』，故『盡』字大，『知』字零星。若要從無物處恍然悟得本體，此却是『直指人心，見性成佛』之説。程子所謂『吾儒本天，釋氏本心』，正指此也。性即理也，天即理也，不曰心即理也，故恍然無物，謂心體則可，貼『知性』則非。」又云：「『心』是活物，惟其虛靈，故能具性情；亦惟具性情之德，故其虛靈直肖天體。釋氏只取虛靈不昧者爲本體，達摩所云『浄智妙圓，體自空寂』八字，即此是佛性。故羅整庵謂其『有見於心，無見於性』，其實連『心』都不是，他只見得活處，不曾見得極處，便與天體不相合，下面都無用。故必『知性』『知天』，則見得極處，方是能『盡其心』。若楊簡之言下忽省此心，詹阜民之下樓忽覺澄瑩，王守仁之龍場恍若有悟，皆止見釋氏之『妙圓空寂』，而非聖賢之所謂『心』，亦只到得他『覺』字『悟』字，而非聖賢之所謂『知』與『盡』也。故此節『知天』只在『知性』裏，若倒説在『盡心』後，便『天』在『心』外，失其所謂『心』矣。」

朱子謂：「盡其心，只是窮盡其在心之理耳。」又謂：「不可盡者，心之事；可盡者，心之理。」此節説『心』處，正不得撇却『理』字。留良乃以『恍然無物』爲『心體』，何以異於釋氏『妙圓空寂』之説乎？且云『釋氏只見得活處，不曾見得極處』，所謂極處者，物理之極處也。若以『無物』言『心』，則虛空杳渺，又何所極耶？又云『『知天』只在『知性』裏説，若倒説在『盡心』後，便『天』在『心』外，失其所謂『心』矣』，夫『天』者，理之所出。『盡心』『知性』，則『天』不外是，即謂『盡心』『知性』而後『知天』，亦並不爲倒説。倘『心』之全體未能『盡』，而欲於理之本原，冥探默索，不轉墮釋氏憑空覺悟之見乎？

吕留良云：「或問：『禪學亦言見性，不只説心。』曰：『聖人之所謂性，指健順五常日用事物之理而言；禪學之所謂性，則指其虚無中妙明圓浄者而言，總要打破事理乃得，與其所謂心仍是一樣，非吾之所謂性也。後來陽儒陰釋，所稱如主静、良知、知本、慎獨等，皆名是而實非，同是此術。陸子静謂「儒、釋差處止是義利之間」，朱子曰：「此猶是第二著。」吾儒説萬理皆實，佛説萬理皆空，從此一差，方有公私、義利之别。今學佛者云「識心見性」，不知是識何心？是見何性？按此，知吾儒惟知其萬理皆實，故能誠敬以存養之；禪學惟知萬理皆空，故倡狂無忌憚，下稍一切無用，直敢説諸天供事世尊，以喻天小於心。此惟不知性，故心亦放失如此。』」

留良反復辨論釋氏「明心見性」之説，亦從朱子語録摭拾得來。朱子曰：「盡知存養，吾儒、釋氏相似而不同。只是他所存所養所知所盡處，道理皆不是，如吾儒盡心，只是盡君臣、父子等心，便見有是理。性，即是理也。如釋氏所謂盡心知性，皆歸於空虚，其所存養，却是閉眉合眼，全不理會道理。」又答胡季隨書云：「釋氏只是恍惚之間，見得些心性影子，却不會仔細見得真實心性，所以都不見裏面許多道理，政使有存養之功，亦只是存養得他所見的影子。固不可謂之無所見，亦不可謂之不能養，但所見所養，非心性之真耳。」此二條，何等簡浄周匝！一經吕留良蔓衍，便覺辭句喧雜，而本意轉晦矣。

吕留良云：「三『知』字，微有别。『知性』，固指知之無不盡而言。然第一個『知』字中，具有『格物』功夫在；到第二個『知性』，則純指工夫全備時，所謂『物格』也；第三個『知』字，乃是盡頭處，所謂『知至』也。」

蒙引曰：「用功之言，只可作推本説。若本文『知性』，亦是舉成功者説，故集注云『必其能窮夫理而無不知者也』。」觀此，則第一箇「知」字，亦不必屬工夫説。要之，推本其用功處，則「知性」自在「盡心」之先，及其成功之時，則「盡心」「知性」「知天」，皆一時事，而無淺深階級之可言。留良妄加分晰，支離穿鑿，迷誤後學不少。

吕留良云：「存養得一分，事得一分；存養得十分，事得十分。不必到存養自然後，方爲『事天』。『養性』固在『存心』下，然亦是存得此心，便養得此性。非謂存時粗淺，到養纔精深也。」

「存心」「養性」，有合成一串者，有分爲兩開者。如謂存得父子之心，方養得仁之性；存得君臣之心，方養得義之性，此串説也。如謂存心者，氣不逐物，而常守其至正；養性者，事必循理，而不害其本然，此開説也。要之，惟心具性，固非二物。而心以神明言，性以理言，神明貴操而不舍，故言「存」；理貴順而不害，故言「養」。道理自歸一串，而工夫仍當兩分，若如留良所云「存得此心，便養得此性」，則但言「存心」足矣，何必復言「養性」乎？

呂留良云：「『立命』，即下章所謂『順受其正』也，非謂自我作主，不由造物。孔子曰：『未知生，焉知死？未能事人，焉能事鬼？』能知生，即知死；能事人，即事鬼，於日用云爲盡合天理，此之謂『立命』，惟其不以生死爲事，故曰『殀壽不貳』也。釋氏但以生死爲事，故求脱離生死，一生精神工力，都用在臘月三十日，只怕猢猻走却，直向瞎驢邊滅，便道是佛性不毁。以聖賢視之，乃其所謂『弄精魂』也。秀才見識低汙，看得生死事大，已落在他脚底，業已爲壽殀所貳，何處得有『立命』來？」

細玩白文及集注，此「命」字，自應從新安陳氏「兼理與氣言，事事盡其在我。如西銘所謂『不愧屋漏爲無忝』，此以理言者也；禍福死生，順受其正，如西銘所謂『勇於從而順令』，此以氣言也。惟盡其在我，乃能順受其正；亦惟不惑於死生禍福，乃能盡其在我。理與氣原不相離」。蒙存專主理説，固非；留良專主氣説，亦偏。至謂聖賢「立命」之學，與釋氏異處，只在「不以生死爲事」，則「殀壽不貳」一句，便已該却「立命」道理，又何用「修身以俟之」乎？朱子曰：

「既不以殀壽貳其心，又須修身以俟，方能立命。不以殀壽動心，一向亂做又不可。此即所謂智而不仁，將流蕩不法，而不足以爲智者也，又何從得有立命之學來？」困勉録亦謂：「殀壽不貳而不能修身者，有二：一則雖識得破，却不能放下；一則既識破，便一切放下，蕩然自肆，如莊周之類。」然則「不以生死爲事」者，亦未必不同於釋氏，留良所論殊未確也。

孟子曰「霸者之民」章

吕留良云：「『王者』，是三王，人説得太高遠，做成無懷、葛天世界，非對『霸者』之言矣。漢治尊黄、老，正是雜霸，豈復有『皡皡』景象乎？黄、老、申、韓自是一氣，此等處須辨得分明。」又云：「昔人有游海上，乘風至一所，有巨山當前，林木蓊鬱，因繫舟其下，將登覽焉，已而覺山微動，遽爲解纜，山旋淪没，須臾狂飆大作，遥見此山出没風濤之中，視之乃大魚也，背積沙土，久之生叢篁耳，蓋此魚已瞬息千年矣。『皡皡』之意，當以此會之。」

孟子所言「王者」，兼帝世在内，不必專指三代，觀集注「耕田鑿井，輔翼自得」等語可見。吕留良以爲「説得高遠，轉近黄、老雜霸之治」，此説非也。王、霸辨處，在有心與無心之間。存疑云：「霸者，有心於民感，故其民感之，易曰：『憧憧往來，朋從爾思』是也；王者，無心於民感，故其民忘之，易曰：『顯比，王用三驅，失前禽』是也，不怨不庸不知爲之。」正形容出「皞皞」景象，此中自有一道同風實際在。留良乃爲海上巨魚之説，欲人會心於杳冥恍惚之地，怪誕不經甚矣！

呂留良云：「前稱『王者』，末節换『君子』。『君子』者，聖人之通稱，兼有位無位而言，如孔子『綏之斯來』云云是也。總見王道之妙如此，得此道，即君子也，其功用亦如此。」「君子」，即是「王者」。孔子之「綏來動和」，亦自得邦家而言，豈謂聖人不得位，便有此「綏來動和」之功用乎？留良以「『君子』爲聖人之通稱，兼有位無位而言」，謬也！

孟子曰「舜之居深山之中」章

呂留良云：「通章關鍵在『及其』二字，二字之前，二字之後，混作一件不得，打作兩橛又不得。」又云：「『及其』是回合語，不是分界語。」又云：「『及其』四句，須倒縮，不是趕注。」

易曰「寂然不動」，即此章上半截意；曰「感而遂通天下之故」，即此章下半截意。一静一動，界限分明，何不可分而爲兩？又如何得混而爲一耶？留良又云「『及其』二字，是回合語，此四句，須倒縮」，如此，則是此章贊舜，全重在上半截，即下半截言感動之速，亦必歸到感而仍寂上，乃得「回合」「倒縮」之意。此襲説叢語，而不知此章正旨也。新安陳氏曰：「此由感應之用，而推原其未感未應之體如此。」陸隴其云：「所謂渾然之中，萬理畢具者，必至下半截露出方妙，與『不違如愚』章一例。」此二説，最明切。蓋此章經文從寂説到感，經意則從感推到寂，如論語「吾與回言」章，重「亦足以發」，不重「不違如愚」，知此可破留良之謬。

孟子曰「人之有德慧術知者」章

吕留良云：「窮困無聊人，東觸西礙，步步逼入斷頭死路，饒汝奇才異能，到此無復擺布，只有怨天尤人耳。略一轉身，墮落披毛戴角去，亦且顧不得，豈知疢疾中境界，盡自縱横自在，何故自投坑陷也？只是見識低，無志氣耳。雖然，如是且道德慧術智便如何到手？須從今日豎起脊骨，猛著精神去。」又云：「按，此節專在事理上説，事理皆是心做，人處安常之境，則此心便放散了，所以於天下事理多有疏漏處。惟孤臣孽子處萬難之地，處處荊棘，處處機阱，不得不將此心逼拶聚會起來，直要照顧得到其揆度事理，每在數層之後，如黄河之隄常恐其蟻穴之隙，深危如此，則其於人情物理、世故變態無有不通達者矣。每見誠心人，處一事非不有所感通，然不能四平八穩、周匝詳密，反不若一老於世故之人處來停當，以是知應天下事，理在明，不全在誠也。人心本明，所以有不通達者，只是不將此心逼拶聚會故也。」

新安陳氏云：「此章與『舜發畎畝』章互相發，故集注及南軒之説，皆引『動心忍性』以釋此章。人苟履憂患之境，處孤孽之勢，當知天以是玉我於成，勿自沮而深自力，憂勤惕厲，懼以終始，庶幾操心危而卒無危，慮患深而卒免患，而至於達。達則有德慧術知，而疢疾不能爲吾患矣。」此最得孟子警發策勵之意。若如吕留良所言，「疢疾中境界，盡縱横自在」，則近於達人之放曠矣；又云「須竪起脊骨，猛著精神」，亦不過豪傑之慷慨激昂耳，與「操危」「慮深」意何涉？至云「次節在事理上説，事理皆是心做，在明不在誠」，尤謬論也！語類云：「德慧純粹，術知聰明，須有樸實工夫，方磨得出。」是言「操心」「慮患」，總脱不得一箇誠字。「操心危」，以存心言，「德慧」所以愈明；「慮患深」，以處事言，「術知」所以愈周。南軒以爲「『危』故專一而不敢肆，『深』故精審而不敢忽。專精之至，故於事能通達」，此即是誠至而明生之驗。易之明夷曰：「利艱貞。」惟正其志，故能不失其明也。若謂「事理皆由心做，應天下事，在明不在誠」，則世有處憂患而逞其機械變詐者，又得謂之「德慧術知」乎？

孟子曰「廣土衆民」章

呂留良云：「『中天下而立』，是孟子借『大行』盡頭語，只要襯跌出『所性不存』句。既非實事，亦非正位，亦非了句，須極意張大，而還他不盡語氣爲得。」又云：「『定』字，是王者平、成、富、教事，非三代下之天下一統太平無事景象也。漢、唐以來，養不成養，教不成教，制度不成制度，事功不成事功。此朱子所謂『千五百年，架漏牽補過了，堯、舜、三王、周、孔之道，未嘗一日行於天地間也』。然則，三代後之太平，都是氣化中自然治亂，以君子視之，憂方大耳，何樂之有？學者須從此處見得過道理，將『定』字決不肯混帳下語。」

「中天下而立，定四海之民」，乃聖人道濟天下之實事，「大行」之極功，言此以明「大行」之無加於「所性」耳。留良乃云「既非實事，亦非正位」，殊不可解。至謂「三代後之太平，都是氣化中自然治亂」，語尤謬妄。孟子曰：「天下之生久矣，一治一亂。」蓋以氣化言之，則治亂皆有所從生，非有聰明首出之君，勤修德政，挽回氣化，曷以致四海熙皞之盛治耶？如留良言，是三代以後人君，並無有富、教之事，而但聽其自然，坐致太平，有是理乎？

呂留良云：「此與『其爲氣也』相似，兩起句文法雖同，實義自別。上節是『所性』之『分』，下節是『所性』之『藴』，疆畛截然。」

此兩節，皆言「君子所性」，只是一虚一實，並無兩意，與「動心」章兩箇「其爲氣也」，分體段、養成兩層看者，迥然不同。留良乃謂「上節是『所性』之『分』，下節是『所性』之『藴』，疆界截然」，試問「所性」之「藴」，在「分」以外乎？「所性」之「分」，又離却仁、義、禮、智，而别有天賦之定「分」乎？此節注云：「分者，所得於天之全體。」「全體」，即仁、義、禮、智之謂；下節注云：「上言所性之分，此乃言其藴。」是所謂「藴」者，即「分」中之所藴也。留良必欲劃作兩開，豈朱注亦茫乎不解耶！

孟子曰「易其田疇」章

呂留良云：「兩『其』字，指民；兩『之』字，即指富。」

兩「之」字，謂所「食」所「用」之物也。留良乃云「即指富字」，無論文義不可通，且如此，則必待「使富」之後，始教以「食時」「用禮」也；未「富」時，將聽其漫無撙節乎？

呂留良云：「或云『孟子不言功利，此却言富言財，當有分曉』，予謂：『只在「可使富」與「財不勝用」二句著眼，便似言功利。若向「易」「薄」四句著眼，正見孟子行仁真實本領，與功利家天懸地隔，何須更用分曉乎？惟其政爲仁政，故其富足亦是仁治中之富足，民心之仁厚，有不期然而然者矣。』聖人只欲民遂其生，此便是『仁』字根源，故其經制不求富而民已富，不爲財而財已足，所以民無『不仁』。若聖人沾沾謀富足、財用，則『上下交征利』，『不仁』之甚矣！蕭道成爲治十年，可使黄金與土同價，亦可與聖人使『菽粟如水火』同語乎？」

書曰：「德惟善政，政在養民。」務農重穀，正是王政先務，何可與功利二字同年而語乎？留良以爲「只在『可使富』與『財不勝用』二句著眼，便是言功利」，又云「若聖人沾沾謀富足、財用，則『上下交征利』，『不仁』之甚矣」，此大謬也！阜財足民，乃聖人厚生之政，而所以正民德者，亦根於此。故曰：「倉廩實而知禮節。民有常産，則有常心也。」留良不知王政與功利異處，全在公私之分，而僅以言富言財爲近於功利，雖極力剖辨，終亦不見分曉。

呂留良云：「民富則性良而俗厚，此『仁』字，只在菽粟中推論，見民富之妙耳，非即富是教，亦非富不必教也。但如『水火之求無弗與』，即便是『仁』。『仁』字正不得深看，方得疊句急口語意。此不是説先養後教，亦不是説即養即教，只是説治天下重在使民富足，富足則恒心自生，『仁』只是富足之效，與『里仁』『仁』字相似，原是帶説，故不曰『民仁』矣，而曰『焉有不仁』也。」

按，此章「仁」字，陳定宇、蔡虛齋皆謂「推有餘以濟不足，便是仁」。蓋緣跟定「昏暮叩人之門户，求水火，無弗與」説來，即謂菽粟如水火之多，亦如水火之與人不吝也。但集注言「禮義生於富足」，「禮義」二字，所該甚廣。即以親睦言之，如「出入相友，守望相助，疾病相扶持」之類，皆是「仁」字中事，豈止「有無相通」一節已乎？吕留良云「『求無弗與』，即便是『仁』」，乃沿定宇、虛齋之説，而不知其未能該括也。

孟子曰「孔子登東山而小魯」章

吕留良云：「首節總只言聖人之道大，以起下學聖之法，與中庸『大哉聖人之道』三節相似，連『聖人』二字，亦是從『道』字帶來，原不爲孔子贊頌也。近來紛紛拈重孔子，又分上兩句在孔子身上語，下兩句爲學者身上語，都自討支離。」又云：「不曰『遊於聖人之門者難爲道』，而曰『難爲言』，『言』所以載道，能令人一見屈服，每在乎『言』，亦有河伯望若反走、嗒然沮喪之意。且『言』者聖人之所輕，輕者尚如此，況其有更進於是者乎？『難爲言』，不是難於摹倣聖人之言，只是聖門爲言之淵藪，遊其内者，自己開口不得耳。」

首節總言聖道之大，「登東山而小魯」二句，就本身所處上言其大；「觀於海者難爲水」二句，就他人所見上言其大，「故」字緊承上文，「聖人」自是説「孔子」，蒙引、淺説以爲「宜泛説」者，非也。至中庸「大哉聖人之道」，「道」字，泛指道體而言，猶「費隱」章所謂「君子之道」。此章言聖道之大而有本，學者當以漸而進，則「道」字自應貼定「聖人」身上説，與中庸不一類。至「遊於聖門者難爲言」，乃謂見聖道之大，則其小者不足觀，非因所見之大，遂氣奪神阻而不能言也。呂留良乃云「聖門爲言之淵藪，遊其内者，自己開口不得」，直以「言」字貼「遊聖門者」身上説，謬也！

孟子曰「柳下惠不以三公易其介」章

呂留良云：「此正與『君子不由不恭』參看，知其爲如是之『介』，必『不由不恭』，正辨其爲『聖之和』，非專指『其介』也。通身只是論『和』，方得宗旨。」又云：「必先有其『介』，而後論『易』不『易』。今人胸中庸庸憒憒，漫無可否，且無論其不『易』，亦何處論其『易』也？其

『介』即於『和』中看出。」

雲峰胡氏曰：「人皆知夷、齊之清，而不知夷、齊之清而有量；人皆知柳下惠之和，而不知惠之和而不流。孔、孟之言，皆闡幽之意也。」按此，則此章所論，與「君子不由」章，意各不同，無容牽混。蓋介自介，不恭自不恭，介不介，固無關於恭不恭也。柳下惠雖以「和」稱，然「進不隱賢，必以其道」，「直道事人，至於三黜」，故特表其「介」，以明惠之非一味和。今云「通身只是論『和』」，殊不可曉。

孟子曰「堯舜性之也」章

吕留良云：「『性之』，非言性，亦非性異人也。即言性，亦非中爲性，真爲性也。」

朱子論此章：「『性之』『性』字，似稟字，只是合下稟得，合下便得來受用，故與『性善』之『性』字，有虛實之分。」留良剿襲此意，而云「『性之』，非言性」，又云「即言性，亦非中爲性，真爲性也」，則與朱子之意謬戾矣。夫所謂「合下稟得」者，即稟得此天命之性也。維皇降衷下民，民受之而爲恒性，本無不善，堯、舜與塗人無以異也。但有生而後，此理已墮在形氣之中，遂有清濁、偏正之分，非復所性之本體。惟堯、舜氣質清明純粹，故所稟受於天者，渾然繼善之全體，無一毫偏倚駁雜，此所以「生知」「安行」，異於湯、武之「身之」也，而謂「『性之』，非言性」，可乎？至若程子所云「纔説性，便已不是性」，謂於形氣中説性，已非人生而静之本體，不能一毫無損。程子此言，正可與「堯、舜，性之」之旨互相發明。若如留良所言，「非中爲性，真爲性」，是以堯、舜之性，亦囿於氣質，而非本然之性也。其謬甚矣！

公孫丑曰「詩曰不素餐兮」章

呂留良云：「此章正見得君子計功受食、辭受取與之間，處義至精，非故爲大言，以張吾道之勢也。」又云：「只緣聖人渾是一團天理，觸磕著便有過化、存神之妙，所以賓師自處，進退綽綽，惟孟子可以無愧。後世若伊川之於宋，庶幾近之，下此立人之朝而無官守言責，鮮不負『素餐』之譏者。吴康齋學力尚未到孟子地位，妄欲自擬伊川，衹取辱耳。」

南軒張氏曰：「飾小廉而妨大德，徇末流而忘正義，非君子之道也。」此言深得此章之旨。隱居躬耕，自食其力者，「不素餐」之小者也；君子有功於人國而受其食，「不素餐」之大者也。留良乃云「此章正見君子計功受食」，何所見之陋也？至「聖人渾是一團天理」，及「過化、存神」之説，則又渺若河漢，茫無著落，殊不可曉。康齋踐履篤實，刻苦勤修，日孜孜以聖人爲必可學而至。蓋持守有餘而格物未至，方之先儒，則尹和靖之流亞也。生於陸子之鄉，爲吴草廬族孫，獨能向慕正學，紹述程、朱，爲學動静交養，敬義夾持，一切元遠之言，絶口不談，可不謂聖人之徒乎？至其應召而出，見石亨當國横肆，若將浼焉，三辭不許，乃稱病篤不起，出處之際，可謂較然不欺矣。顧允成云：「先生樂道安貧，曠然自足，如鳳凰翔於千仞之上，下視塵世，曾不足過而覽焉。」留良乃謂「立朝無官守言責」便是「素餐」，而以「康齋妄擬伊川，徒自取辱」，其義何居？

孟子曰「形色天性也」章

吕留良云：「或言『須抬高聖人，方得「惟」與「然後」字意』，或言『不可抬高聖人，方得指引「踐形」意』，或言『上句須説得輕，下句説得重，方見兩意都到』，其實皆未盡也。上句『形色』輕『天性』重，下句『聖人』重『踐形』輕，合言之，則兩意都到耳。」又云：「人每補出『聖人不過踐形』耳，以爲得引進衆人意，不知先失語氣。看『惟』字『然後』字，一何鄭重，正要見『踐形』之難也。」

此章從「形色」上指點出「天性」，欲人於視、聽、言、動間切實用力，與别章泛言天性之旨不同。蓋有是「形」，即有是「性」；盡是「性」，乃能「踐」是「形」，有物有則，即道即器，「形」與「性」原脱離不開。留良乃謂「『天性』重『形色』輕」，是區「形」與「性」爲二也，大失孟子之旨矣。「形」爲衆人之所同，「踐形」則聖人之所獨。程子所謂「衆人有之而不知，賢人踐之而不盡，能充其形，惟聖人也」。曰「惟」曰「然後可」，抬高聖人，正以明「形」之不易「踐」也。留良乃謂「『聖人』重『踐形』輕」，夫重聖人者，重聖人之「踐形」也，「踐形」輕，聖人又烏足重乎？又云「人每補出『雖聖人不過踐形』，以爲得引進衆人意，不知先失語氣」，此亦非也。正惟「聖人不過踐形」，所以「踐形」非聖人不可，况「天性」不出「形色」之外，「盡性」之功，亦只在「形色」之中，非禮勿視、聽、言、動，則己克而禮復矣。造到聖人地位，只是動容周旋中禮而已矣，孟子之意，正謂一「踐形」而聖人之能事已畢。蓋以聖人作「踐形」樣子，非贊聖人也。留良剽竊先儒語，而不明其所以然，是以張口便多謬戾如此。

孟子曰「天下有道以道殉身」章

吕留良云：「戰國時，縱横、名、法督責富强之術，皆爲逢迎人君好貨利、淫欲、武暴之心，而造爲一種説數，以爲道理當如此。或遠托黄、老，或近祖桓、文，皆所謂『以道殉人』

者。未有後世講假道學而失真名節一流，故孟子所指亦不爲是也。」

「殉」者，相從不離之義。「以道殉身」，「以身殉道」，「道」與「身」皆不相離，至「以道殉人」，則「道」與「身」離矣，尚安有所謂「道」哉？其以「道」言者，新安陳氏所云「妾婦以順從爲道，故亦曰道是也」，留良謂其「造爲一種説數」，直從空中推衍出「道」字，已屬曲説。又牽引「後世講道學而失名節」之弊，其意不知何指，益與本意風馬牛矣。

孟子曰「君子之於物也」章

吕留良云：「此章專爲二本者而發，所謂一本者，只是一箇『親親』，凡『仁民』『愛物』，都從『親親』分派出來，自然有此劑量、等殺耳。其所以劑量有多寡、等殺有厚薄者，俱從親而生也，只看服制圖、世系譜，則可曉矣。」又云：「君子欲盡仁愛之量，只在『親親』上加厚，親益厚，則放之仁愛益周，此之謂『務本道生』。」又云：「『弗仁』『弗親』〔一〕，已説盡不可倒

〔一〕「弗仁」，原作「弗愛」，據孟子本文改。

行逆施之理，然但言『仁民』『愛物』，而不指出『親親』，如溯河源而不抵星海，未足以盡一本之義。此兩句，雖是説三者各得其當然，根本處只以『親親』爲要。『兼愛』之人，總緣無本，天下未有二本之人，而不薄於其所親者。」又云：「『親親』『仁民』『愛物』，必如此剖别分明，纔成得渾淪一件，所謂仁也。異端不知此理，以平等普度無别擇爲廣大，不道正是其不仁處。譬之人身，自首至足，官骸分位，高卑清濁，迥然各用，却只是一體，然必如此分位各用，乃所以爲一體。若倒屙出口，捫舌置尻，豈復成人哉！異端究不能自平其首足官骸之等，即可以信其理之必無，而説之不可行矣。」又云：「儒者理一而分殊，只是推得去；異端二本而無分，只是推不去，兩句中兩『而』字，正是説推得去也。」

集注「程子曰：『統而言之，則皆仁；分而言之，則有序。』楊氏曰：『其分不同，故所施不能無差等，所謂理一分殊者也。』」按，程子以序言，楊氏以差等言，則有輕重、先後之分矣。蒙引謂「此章只是輕重之等，既有輕重，則先後亦在其中，重者必在所先，輕者必在所後，但正意主於輕重之等。」此皆重在「親親」「仁民」「愛物」三者之差等，未嘗專重「親親」一層也。留良乃謂「『仁民』『愛物』，都從『親親』分派出來，只在『親親』上加厚，則放之仁愛益周，所謂『務本道生』也」，殊不知聖賢立言，各有指歸。此章論施愛之差等，與論語「務本」章意各别。凡言本末，有以始終言者，有以分合言者。以始終言者，論語所謂「行仁自孝弟始」，「仁民」「愛物」，由此而推是也；以分合言者，此章愛有差等，總根於所性之仁是也。仁者以天地萬物爲一體，其理一也，由仁而發之爲「親親」，爲「仁民」，爲「愛物」，厚薄親疏，各如其所應得，此分之所以殊也。今以「親親」爲理一，「仁民」「愛物」爲分殊，通乎？不通乎？又謂「君子欲盡仁愛，必於『親親』加厚」，然則，不「仁民」「愛物」，親固可薄乎？欲盡「仁民」「愛物」之道，而後加厚於親，可謂之能親其親者乎？至孟子闢夷之所謂「一本」「二本」，乃謂人以父母爲本，與本末之説絶不相干。注引尹氏云「何以有是差等？一本故也」，此乃推明分殊之原於理一，即程子「統而言之，則皆仁」之意。謂凡此親愛之差等，皆仁中自有之條貫，非有人爲之私，安排布置，故爲分别，故又曰「無僞也」。留良錯會注意，直以根於「親親」者爲「一本」，與異端之「二本」相對立論，何貿貿也！至「剖别『親親』『仁民』『愛物』差等，譬人身首足官骸之分」，乃剿襲龜山楊氏之論，然楊氏却説得細膩穩貼，非若呂留良之粗鄙穢雜也。

呂留良云：「只『理一分殊』四字，自是天生如此，非聖人强爲差排分别也。但看世間持齋、放生之人，即使孝親敬長，已自降其親長與蟲豸同等，不可以言孝敬矣。然持齋、放生，則無不忤逆父母，爭忮伯叔兄弟，刻薄宗族親戚者，其立説顛倒，勢所必然也。只平平實實見得天地間上下流行，與聖人明倫制禮，那一件不是天理自然。不明西銘，説來必不能停當。」

持齋、放生，雖非儒者之道，然聖人之於物，取之有時，用之有節。「子釣而不綱，弋不射宿」，何嘗不存愛惜之心？持齋、放生，亦有何大罪？果其人愛親敬長，斯爲善人矣。留良乃極其醜詆，謂「即使愛親敬長，已降其親長如蟲豸」，顛倒是非，一至此乎？又謂「持齋、放生之人，無不忤父母，薄宗親」，此亦大謬不然！持齋、放生之人，固未必盡爲孝子悌弟，然何至「無不忤父母，薄宗親」？如留良言，將謂孝子悌弟，當於貪饕暴殄輩求之耶？留良深文酷詆，不顧義理之安，往往如此。

孟子曰「盡信書」章

呂留良云：「孟子此章，專爲不善讀書人害道説法。一種拘文牽義，支離於字句，而反病大旨，如近世蒙存、淺達等講章是也；其一種穿鑿破碎，自以爲得古人不傳之奇，而深害於道，如郝敬之經解、季本之私考，近日黃石齋之易象正、洞璣等經説是也。此皆就文字生病，即可以本文正之，其害猶小。至若陰主邪異之教，而陽借聖賢語言文字以飾其説，如致良知、體認天理、主靜、知本、慎獨體等宗派，言皆聖賢之言，而理非聖賢之理，惑亂至此，雖明眼難辨，害道乃不可勝言矣！然其詖、淫、邪、遁作用，總止在語言文字之粗跡上生狡獪。而今之學者，於聖賢之書，亦止在語言文字之粗跡上作生活，聞其説，便似與聖賢之書無異，鮮不靡然信之，而反不信正學者，皆緣於義理無見，而讀書但知有語言文字之粗跡也。孟子所戒，止爲『盡』字不好，不是教人不信書。『盡』者，正指語言文字之粗跡。雖經傳不能無文法之病，讀書不於義理是非上斷之，將語言文字之粗跡與聖賢指歸，混淪不分輕重，則必反因粗跡而疑及指歸，如泥『血流漂杵』，必疑武王之力篡不仁矣。故必須見孟子此章指歸，而不執語言文字之粗跡。不然，如陽明謂『反之吾心而非，雖言之出於孔子，不敢信也』，彼直是不信書耳，遂爲無忌憚之言，豈非『不如無書』一句粗跡誤事耶？」又云：「孟子教人信書，貴得其大意，不要字句上去傅會。且如咸丘蒙説北山之詩，其始似拘，然遂使天下以臣父爲可；其終則賊，故謂『盡信則不如無』耳。今之後生小子，輕於非詆先儒，村學究便思著書翻案，須知孟子究不曾抹却『血流漂杵』句也。」又云：「孟子正恐人不信書，而言讀書當得其大義所在，若徒求之辭句，反以小者惑其大者矣。程子改大學古本，朱子辨詩序，此能篤信書者也。」又云：「於世務而講斡旋者，必小人也；於學問而講斡旋者，必小儒也。如孟子云『吾於武成，取二三策而已』，一何光明磊落，直接痛快！今人每曲爲之説，曰：『不盡信，正所以盡信。』意若孟子此言有所太甚，而必待我之爲斡旋者。

吾不識孟子何如人，而待公等斡旋耶？朱子之於禮，斷然不信古本大學；於詩，斷然不信小序，何嘗依違囁嚅於其間哉！」又云：「孟子不『盡信書』，必有深信處。今試讀武成篇，諸公且道孟子所取二三策安在？」

此章本旨，全爲當時好戰嗜殺者發。吕留良乃云「專爲不善讀書人害道説法」，此一謬也；立説翻案，詆議先儒，固屬無知妄作，然非此章正意，留良乃謂「不得孟子此章指歸，直以古書爲不足信，則『不如無書』一言爲誤事」，一似孟子立言不能無弊者，此二謬也；程、朱考定大學，以古本文有錯簡耳；朱子疑大小序非子夏之書，然作詩注多采其説，留良乃謂「程子斷然不信大學古本，朱子斷然不信詩序」，又云「不信，正所以篤信」，此三謬也；孟子此章全爲「血流漂杵」一句而發，所謂「不可信」者此也。而留良謂「孟子究不曾抹却『血流漂杵』句」，此四謬也；「取二三策」，謂「奉天伐暴之意，反政施仁之法」，程子已説得確鑿。留良故生疑陣，一似孟子别有微旨，欲人尋求者，此五謬也。留良講書，除剽竊剿襲外，其杜撰者，大抵只在語言字句間，取巧以惑後學，所謂「穿鑿破碎，自以爲得古人不傳之秘，而深害於道」者，正留良之謂也。

孟子曰「聖人百世之師也」章

呂留良云：「此章專就『聞風興起』處，指出清、和之聖，將來鼓舞天下人。自古未有以聖人目夷、惠者，有之自孟子始。當楊、墨鄉願陷溺頹靡，非得一番振興不足以救之，惟夷、惠行高跡著，以之『廉頑』『立懦』『寬鄙』『敦薄』，效速而及廣，故專舉以立之表，是孟子千古特識，此章之微旨在此。但有揚而無抑，故不但與『養氣』『大成』二章之論不同，並與『隘不恭』章專論夷、惠者亦别。看朱子答問兩條，正發明所以不及孔子之故，非於此章補足願學意也。『隘與不恭』章，言外有願學意，此章並無言外。『百世之師』，正極力推崇，以鼓舞人興起，然則孔子非興起百世者乎？看孟子凡説『聞風』，但及夷、惠，而不及伊尹、孔子，伊尹有事功，不用『風』；孔子道大，不可以『風』言也。聞孔子而興起者，止有一孟子，後只有程、朱耳，豈可望之人人乎？惟夷、惠以高行偏勝至聖人，故有『風』，『風』便易動人，春之和，秋之清，皆『風』也，故變化萬物最速。四時元氣流行，豈得以『風』當之哉？故此章言外無孔子。」

夷、惠志潔行高，足以矯厲末俗，其流風餘韻，猶能振興百世，故孟子以此針砭世人。至孔子之道高德厚，教化無窮，又不在「聞風興起」上論也。雲峰胡氏曰：「四時之風，莫和於春，莫清於秋，物無有不動者，然在物猶有跡也。仲尼，元氣也，渾然無跡矣。」此説最得此章「風」字之義。呂留良剽竊胡氏之意，既云「孔子不可以『風』言」，乃又謂「聞孔子而興起者，止有一孟子，後只有程、朱」，欲尊孔子，反説得狹隘，此皆率口妄出之談也。

貉稽曰「稽大不理於口」章

呂留良云：「或謂『青天白日，奴隸知其清明，孟子此言終是激論，此其説尤與於小人之甚者也』，吾試以後事論之：『自漢以來，道莫盛於考亭，而考亭至今「不理於口」矣；自宋以下，禍莫烈於新建，而新建至今「理於口」矣。且如論朋黨，東漢之世，以李膺、范滂爲是，其得更理於曹節、王甫之口乎？如論儒釋，吾以儒爲是，其得復理於釋者之口乎？人惟以「理於口」爲純粹中正，於是於門户始有調停兩是之説，於學問始有異同合一之説，此非小人之尤者乎？故吾直斷以爲世之爲聖人者，斷斷乎未有或「理於口」者也，然斯言亦且攖衆喙矣。』」

孟子所以告貉稽者，勉其爲士，非喜其「不理於口」也。若不論德之修不修，而但以取訕於衆口爲尚，則世有得罪於名教，而萬口唾罵者，反得侈然自附於士乎？至於「青天白日，奴隸知其清明」，自是人心好善惡惡之公。世有聖人，固未嘗求「理於口」，然以爲「爲聖人者，斷斷乎未有或『理於口』」，則亦怪誕之論，而大拂乎公是公非之人性矣。留良之爲此言，蓋自知其罪大惡極，不容於天下後世之清議，而故肆爲不經之論以愚世也。

齊饑陳臻曰章

吕留良云：「陳臻亦疑『不可』，其『不可』從利害來；孟子自有其『不可』，此『不可』從是非出，是即『喻利』『喻義』之辨，亦即『爲己』『爲人』之分。今人纔開口，纔舉足，便只有一箇成敗利鈍橫於胸中，如何得人品事功耶？」又云：「衆之與士，判然不可爲伍者也；陳臻之心與孟子之腹，亦判然不可爲伍者也。須用對照互剌之法，神理始躍然。」

陳臻之疑「不可」，何以知其從利害起見？且指之爲「喻利」，斥之爲「爲人」，劈空誣詆，毋亦以小人之心度君子之腹耶？孟子以馮婦爲喻，冀望孟子「復爲發棠」之齊人，悦馮婦之衆也；疑「不可復」之陳臻，笑馮婦之士也。留良乃謂「陳臻與孟子之心，判然不可爲伍，比照衆之與士，判然不可爲伍」，尤爲謬妄！

孟子曰「逃墨必歸於楊」章

呂留良云：「從來異氏有箝椎棒喝之法，勸誘籠絡之術，而吾儒無有，所以智愚强弱之民盡爲彼所收，而反以儒爲淡泊也。然爲所箝椎棒喝、勸誘籠絡之民，而使其一有悔心，則未有不反而以吾之淡泊爲有味者，何則？人之本心，不可泯没，而先王之法，又皆待以至誠，故惟在受之者有其人耳。」

「逃墨歸楊，逃楊歸儒」，亦言其誤入於異端者，其反正之機如是耳，非謂吾儒之徒，必先從二氏而後來歸也。孟子所云「天下之言，不歸楊，則歸墨」，甚言二氏之邪説足以簧鼓天下。然吾儒之大中至正，二氏卒不能勝，所以爲儒者，決不歸楊、墨而爲楊、墨者。或逃楊、墨而歸儒，正見人之本心不容泯没處。若謂「智愚强弱之民，盡爲彼所收」，必待其悔心之萌，至於窮而無所復入，而始知反正，則歸儒僅爲無聊之極思，而不足爲去邪從正之新機矣。且箝椎棒喝之法，與楊、墨何涉？而混行牽扯乎！

孟子曰「人皆有所不忍」章

吕留良云：「『無受』之『實』，有氣上事，有理上事。孟子所發明，直指理耳。氣之『無受』，不可『充』也，『充』之，則必至於盜賊叛亂，豈『無穿窬之心』之所推乎？」

「人能充無受爾汝之實」，「實」字，集注以爲「中心必有慚忿，而不肯受之之實」，即輔慶源所謂「羞惡之實心」也；語類又云：「看來『實』字對名字説，不欲人以『爾汝』之稱加諸我，是惡『爾汝』之名也，必反之於身，而去其無可『爾汝』之行，是能『充其無受爾汝之實』也。」按此二條，意實相通，惟不容隱忍，故須返求。語類云云，正補足集注之意也。吕留良云「『無受』之『實』，有氣上事，有理上事」，夫所謂「氣之『無受』」者，如後世遊俠之徒，動以睚眥殺人，不但不知返求，并未嘗有羞愧之心，此只是「無受爾汝」，非「無受爾汝之實」也。留良於「實」字之義全未體會，是以徒費氣力分疏，而書旨終欠明晰也。

孟子曰「堯舜性者也」章

吕留良云：「此『命』字，指氣數之命言。若以『漸近自然』爲解，乃『至命』，非『俟命』矣。」

注云：「吉凶禍福，有所不計。」則「命」字指氣數言無疑矣；「漸近自然」，乃補足「所以復其性」意，祇是申明「反之」二字。「盡性」則「至命」，字義又後一層。若即以此爲至命功夫，又是節外生枝也。